유튜브,
온라인 매체와 참여 문화

방송문화진흥총서 225

유튜브,
온라인 매체와 참여 문화

YouTube: Online Video and Participatory Culture

진 버지스 · 조슈아 그린 지음

권재웅 · 노광우 옮김

한울
아카데미

일러두기

1. 본문의 강조, 괄호 안 설명은 지은이가 작성한 것이다.

2. 지은이의 주석은 책 말미의 미주로 두고 숫자로 표시했다. 옮긴이의 주석은 각주로 두고 *로 표시했다.

3. 곡명이나 프로그램명은 번역되어 잘 알려진 경우는 한글 번역명을 사용했지만 그렇지 않은 경우에는 영어 발음을 그대로 표기했다.

차례

2판 서문   7

감사의 글   11

옮긴이 서문   14

1장 _ 유튜브는 어떻게 중요해졌는가   19

기원 21 | 플랫폼 사업 29 | 유튜브 연구 34 | 참여 문화의 정치 40

2장 _ 유튜브와 매체   45

유튜브를 프레이밍하기 47 | 사회적 우려와 매체 공황 50 | 유튜브와 유명세 문화 56 | 일상 동영상의 의미 변화 63 | 저작권을 둘러싼 전쟁 70 | 유튜브 주류 매체 80

3장 _ 유튜브의 인기 문화   87

인기에 대한 설명 90 | 유튜브 플랫폼은 인기를 어떻게 만들어내는가 92 | 두 개의 유튜브: 기존 콘텐츠와 사용자 창작 콘텐츠 96 | 영상 클립과 인용: 기존 매체 콘텐츠 활용 103 | 보드빌에서 브이로그로: 사용자 창작 콘텐츠 108 | 업로더의 정체를 파악하기: 프로와 아마추어의 구분을 넘어서 114 | 영상과 시청에서 채널과 구독자로 120

4장 _ 유튜브 공동체   127

후원자로서 플랫폼 130 | 혁신가로서 유튜버 134 | 다른 이들과 함께 학습하기 144 | 유튜브 공동체 내부의 논란들 149

5장 _ 유튜브의 문화 정치   161

다양성과 문화 시민권 163 ㅣ 세계화와 현지화 171 ㅣ 문화 저장고로서 유튜
브 176

6장 _ 유튜브의 상충되는 미래   181

이제는 누가 미안한가? 183 ㅣ 생산적인 긴장, 계속되는 도전 189

주석   198

참고문헌   204

찾아보기   229

그림

3-1 콘텐츠 유형   98

3-2 업로더 유형   100

3-3 인기 범주에 따른 콘텐츠 유형   101

표

3-1 가장 많이 구독하는 채널과 가장 많이 본 채널(2008)   122

3-2 구독자 수가 가장 많은 채널(2013)   123

3-3 구독자 수가 가장 많은 채널(2017)   123

3-4 가장 영향력 있는 톱 10 유튜버(소셜블레이드 순위, 2017)   124

2판 서문

초판 서문에서도 썼듯이, 이 책의 원래 목적은 '그저 유튜브는 무엇인가, 그리고 무엇을 위한 것인가가 드러날 수 있는가 혹은 아닌가에 관해 자주 상충되는 아이디어들을' 탐색하는 것이었다. 우리는 10년도 더 지난 2007년에 첫 연구를 완료했고, 출판을 위한 원고는 몇 달 후인 2008년 초에 전달했다.

유튜브는 지난 10년 동안 엄청나게 변했다. 유튜브가 현기증이 날 정도로 계속 성장한 것은 물론, 유튜브의 사업 모델, 인터페이스와 특성, 문화적 역할, 콘텐츠와 행동을 조절하는 정도와 관련해서도 변화가 있었다. 유튜브는 혁신적인 '웹 2.0' 신생 기업에서 플랫폼이 지배하는 디지털 매체 환경에서 가장 강력한 플랫폼 중 하나로 진화했다. 그리고 유튜브가 무엇인가와 무엇을 위한 것인가에 관한 초기의 아이디어들은 여전히 확정되지는 않았다. 그렇지만 그 아이디어들을 이제는 매우 많은 이들이 이해하게 되었다. 우리가 초고를 완성한 이후에 나타난 변화의 범위를 보면, 2판을 준비하는 기획은 얼핏 봐도 무척 힘든 것처럼 보였다. 그러나 이 플랫폼이 엄청나게 변화했음에도 불구하고, 우리의 초기 발견과 주장 중 상당수는 시간이 지났어도 여전히 유효하다고 믿는다.

첫째, 지금까지 무엇을 '위한' 것인가라는 유튜브의 가치는 "이제는 구글 Google이 소유한 유튜브 회사, 유튜브 웹사이트에 콘텐츠를 업로드하는 사용자, 그 콘텐츠 주위에서 관여하는 수용자가 함께 만들었다"라는 우리의 원래 핵심 주장이 여전히 옳다고 생각한다. 그때에도 콘텐츠 제공자들은 다양한 집단이었다. 이 집단은 텔레비전 방송국, 스포츠 회사, 주요 광고주와 같은 거대 매체 기업과 권리 보유자부터 주류 방송 제도에 대한 대안이나 저렴한 유통 경로를 찾는 중소기업, 문화 관련 단체, 예술가, 활동가, 매체 문해력이 있는 팬, 비직업적인 아마추어 매체 제작자 들까지 그 범위가 넓다. 우리가 보기에, 이 참여자들은 모두 "각자 자기 목적과 목표를 가지고 유튜브에 접근했고 역동적인 문화 체계로서 유튜브를 집단적으로 구성했다". 이것이 우리가 유튜브가 다양한 다수의 이해관계로 인해 공동 창작되었다라고 그때도 말했고 지금도 계속해서 말하는 이유이다.

또한 우리는 유튜브가 참여 문화의 장이라고 말했다. 그리고, 이 2판에서 더 강하게 강조하듯이, 참여 문화는 유튜브의 핵심 사업이다. 공동체, 개방성, 진정성이라는 문화 논리는 일상의 기록에서 100만 달러 이상의 수입을 올리고 수십억 회의 시청 횟수와 수백만 명의 구독자를 거느린 스타 유튜버들까지 상업적 성격의 다양한 스펙트럼을 보여주는 유튜브 플랫폼과 브랜드에 내재되어 있다. 그러나 유튜브 문화, 또는 레이먼드 윌리엄스Raymond Williams로부터 빌려온 유튜브의 감성 구조structure of feeling는 유튜브의 규모의 성장과 상업적 성격이 성숙해지면서 함께 진화했다. 우리의 임무는 시간이 지남에 따라 어떻게 변화했는가를 말하는 것이며, 유튜브 이야기가 분명하게 대변하는 영리 목적으로 매개된 참여 문화의 부상하는 정치성과 모순을 따져보는 것이다.

따라서 이 2판을 준비하는 우리의 전반적인 목적은 유튜브 플랫폼의 최신 상황에 대한 설명을 제공하는 것이지, 역사 기록을 추가해서 쓰거나 완전히 새로운 책을 쓰는 것이 아니다. 대부분, 우리는 원래 자료를 보존, 갱신, 보충하는 비교와 추가 접근을 시도했지만 시간이 지남에 따라 유튜브 플랫폼이 바꾼 영향과 어떻게 영향을 주었는가에 관해 가능한 명료하고 세세한 정보를 제공하려고 했다. 그에 따라, 우리는 이 책에서 초판에 제시한 사실의 진술과 주장을 명확히 다시 언급하기도 했고, 이 진술과 설명이 언급한 현상의 범위, 성격, 중요성에 어떤 변화가 있었는가를 논의했다.

이런 비교와 추가 접근은 주로 유튜브의 가장 인기 있는 영상들에 관한 우리가 처음에 한 (그리고 다시 반복할 수 없는) 내용 분석 방법과 연구 결과에 주로 의존하는 '3장 유튜브의 인기 문화'에서 특히 중요하다. 이 연구는 2007년에 인기도를 측정하고 재현했던 유튜브의 계측 결과에 의존하고 이를 비판적으로 검토한 것이다. 그 작업에 덧씌워서 쓰기보다는, 그때 사용했던 연구 방법과 결과를 역사적 맥락에서 파악했고, 일부 사례를 업데이트했다. 또한, 우리는 브이로그부터 게임과 언박싱 영상 등, 최근 유튜브의 가장 독특하고 내재된 문화 형태, 실천, 장르가 어떻게 유튜브의 초기 대중문화의 역동성에서 발생했는가를 보여줄 것이다. 초기 유튜브의 대중문화는 유튜브 플랫폼의 지원성affordance, 사업 모델, 콘텐츠 창작자들의 행위와 관심, 인터넷의 폭넓은 일상 문화, 수용자의 소비에 관여하는 실천의 상호작용으로부터 순차적으로 발생했다.

이 책에서, 우리는 원래 자료의 스타일과 어조를 바꾸었고, 옛날식 용어를 최근 용어로 업데이트했다. 예를 들어, 여러분은 여기서는 1판보다 '뉴미디어'나 '웹 2.0'이 2000년대 중반의 지배적인 담론을 언급하는 경우를 제외하고는 그 단어들을 덜 언급한다는 것을 알게 될 것이다. 이와 유사하게, 우리는 유튜브를 '웹사이트'라기보다는 주로 플랫폼으로서 언급하는데, 이는 최근에 스마트폰 앱과 텔레비전 화면으로 유튜브를 사용하는 방식으로 바뀌었기 때문이다. 우리는 유튜브를 '소셜 네트워크'라고 논의하기보다는 '공동체'라는 보편적인 기능적 개념을 받아들였다. 적절한 경우에 우리는 사용자와 사용자 파일보다는 콘텐츠 창작자와 채널에 관해 논의하는데, 이는 유튜브 플랫폼이 작동하는 방식의 변화와 유튜브의 문화 논리가 변한 방식을 반영한 것이다. 2장은 '유튜브와 주류 매체'가 아니라, '유튜브와 매체'라고 제목을 고쳤는데, 이는 더 이상 유튜브를 '주류 매체'와 분리된 것으로 간주할 수 없기 때문이다. 첫째, 유튜브는 그 자체로 이제 꽤 많은 나라에서 지배적인 매체 플랫폼이다. 둘째, 폭넓은 매체 환경은 이제 광범위하게 분포되었고, 디지털화되었으며, 멀티 플랫폼 형태를 띠고, 다양하기에 (뉴 미디어나 디지털 매체와 구분되는) '주류 매체'가 무엇이냐라는 것을 말하기 어렵게 되었다.

이 책의 초판에 우리는 헨리 젱킨스Henry Jenkins와 존 하틀리John Hartley의 논문 두 편을 추가했었다. 젱킨스와 하틀리의 논문은 우리 연구와 동떨어져 있는 것처럼 보였다. 우리의 상세한 연구는 당시 유튜브의 초기 상황에 바탕을 두었고, 유튜브 플랫폼이 매체와 문화 연구의 주요한 관심 영역을 과거, 현재, 미래로 더욱 확장하고 탐구할 도전과 기회를 제공하려고 했다. 이 2판에는 이들의 논문을 포함하지 않았지만, 우리는 여러분이 이 논문들을 다시 찾아보기를 권한다. 아울러, 유튜브의 초기 문화적 중요성에 독특한 학자적 통찰력을 발휘한 논문을 실을 수 있도록 해준 헨리와 존에게 이 자리를 빌려 감사의 뜻을 전한다.

진 버지스
브리즈번에서 2017년 12월

감사의 글

이 책의 원래 버전은 두 사람의 철저한 협력의 결과물이기도 하지만, 기관의 지원과 다른 많은 사람들의 도움 없이는 나올 수 없는 복합적인 경험적 연구 프로젝트의 결과이다. 이 작업은 지구상의 서로 다른 편에 있는 두 기관이 제휴했기에 가능했는데, 하나는 호주 브리즈번Brisbane에 있는 퀸즐랜드 공과대학교Queensland University of Technology: QUT이고 다른 하나는 미국 매사추세츠주 케임브리지Cambridge, Massachusetts에 있는 MIT 대학이다. 이 책이 다루는 최초의 경험적 연구는 호주 창의 산업과 혁신을 위한 우수 사례 연구 위원회Australian Research Council Centre of Excellence for Creative Industries and Innovation: CCI와 QUT의 창의 산업 대학Creative Industries Faculty, MIT의 미디어 비교 연구 프로그램Program in Comparative Media Studies: CMS의 지원을 받아 진행되었다.

또한, 이 책에 제시된 많은 데이터는 융합 문화 컨소시엄Convergence Culture Consortium에서 완성한 프로젝트의 일부로 수집된 것이다. 이 컨소시엄은 MIT의 CMS와 MTV 네트워크MTV Networks, 야후!Yahoo!, 터너 브로드캐스팅 Turner Broadcasting, 피델리티 인베스트먼트Fidelity Investments, GSD&M 아이디어 시티GSD&M Idea City의 파트너십으로 이루어졌다. 우리는 코더였던 샘 포드Sam Ford, 엘리너 베어드Eleanor Baird, 로런 실버먼Lauren Silberman, 샤오창 리Xiaochang Li, 애나 돔 크라우스코프Ana Domb Krauskopf, 엘리 코거Eli Koger에게도 감사의 뜻을 전한다. 이들은 고르지 못한 화질에 확실하지 않은 내용의 유튜브 영상 수천 개를 기록한 메타데이터의 끝없는 스프레드시트를 처리해 주었다. 이들이 수고한 몇 년 후에는 도입된 자동화된 내용 분석 방법을 갖춘 미디어 학자들에게 이런 분석은 대수롭지 않은 일이었을 것이다. 이들의 엄청난 노고와 함께 전문적 참여와 진심 어린 공헌에 대해서도 감사드리고 싶다.

그리고 데이터 수집과 운용에 도움을 준 CMS의 릭 에버하트Rik Eberhardt, 마지막까지 편집에 도움을 준 제니 버턴Jenny Burton, QUT 창의 산업 대학 연구년 지원금Creative Industries Faculty Vacation Research Experience Scholarship의 일환으로 유튜브 연구에 도움을 준 폴 브랜드Paul Brand에게도 감사하고 싶으며, QUT에서 이 버전의 문헌적 자료 업데이트 연구를 도와준 팀 밀풀Tim Milfull에게도 고맙다는 말을 전하고 싶다.

폴리티Polity 출판사에 계신 다음의 분들에게도 감사의 말씀을 드리고 싶다. 처음부터 이 프로젝트를 지지해 준 편집인 존 톰슨John Thompson, '디지털 매체와 사회Digital Media and Society' 시리즈의 일부로 지원해 준 앤드리아 드루건Andrea Drugan, 제작 과정에 도움을 준 사라 램버트Sarah Lambert, 그리고 2판 제작에 도움을 준 메리 새비가Mary Savigar와 엘런 맥도널드-크레이머Ellen Mac-Donald-Kramer의 지원과 응원, 전문적 조언에 대해서도 감사드리고자 한다.

그리고 또한 내가 소속되어 있는 곳과 전 세계에서 처음으로 피드백, 자료, 어려운 질문 들, 정신적 지원을 해준 동료들인 존 뱅크스John Banks, 트리네 비요르크만 베리Trine Bjørkmann Berry, 사라 브루예Sarah Brouillette, 케이트 크로포드Kate Crawford, 스튜어트 커닝엄Stuart Cunningham, 마크 디어즈Mark Deuze, 샘 포드, 앤 갤러웨이Anne Galloway, 멜리사 그레그Melissa Gregg, 제러드 고긴Gerard Goggin, 조너선 그레이Jonathan Gray, 그레그 허언Greg Hearn, 헬렌 클레베Helen Klaebe, 카일리 재럿Kylie Jarrett, 로버트 코지네츠Robert Kozinets, 퍼트리샤 랭Patricia Lange, 제이슨 포츠Jason Potts, 앨리스 로비슨Alice Robison, 크리스티나 스퍼전Christina Spurgeon과 그래임 터너Graeme Turner에게도 감사의 뜻을 전한다.

2판은 우리가 수많은 역동적이면서도 우호적인 연구 환경과 연고가 있어서 혜택을 받았다. QUT 디지털 매체 연구소Digital Media Research Centre 스태프와 대학원생 들, 특히 스튜어트 커닝엄과 그의 USC 애넌버그 스쿨USC Annenberg School의 연구 및 저술 파트너인 데이비드 크레이그David Craig도 고마

울 뿐이다. 유튜브와 다른 디지털 매체 플랫폼에 관한 학문적 영감을 제공해 준 마이클 데주아니Michael Dezuanni, 니컬라스 수저Nicholas Suzor, 패트릭 윅스트룀Patrik Wikström, 아리아드나 마타모로스-페르난데스Ariadna Matomoros-Fernandez, 재러드 월치Jarrod Walczer, 스미스 메흐타Smith Mehta, 가이 힐리Guy Healy에게 또한 감사한다. 마이크로소프트 리서치Microsoft Research는 진 버지스가 2013년에 초빙 연구자로 있는 기간 동안 우리가 같이 연구할 수 있는 공간과 시간을 제공해 주었다. 플랫폼 연구에 관해 이 책이 진화하는 사례가 되게 해준 낸시 배임Nancy Baym과 탈턴 길레스피Tarleton Gillespie의 지속적인 지원과 우정, 관련 주제에 관한 대화에 대해 특히 고맙다는 인사를 하고자 한다.

우리는 박사과정 지도교수이자 포스트 닥터 멘토인 헨리 젱킨스와 존 하틀리에게 말로 표현할 수 없는 빚을 지게 되었다. 이들은 1판에 논문 한 편씩 기고해 줌으로써 이 책에 뛰어난 아이디어와 어마어마한 에너지로 기여해 주었을 뿐만 아니라 우리를 독려해 주고 물질적으로 지원해서 우리가 협동 연구를 밀고 나가 이 결과가 나올 수 있게 해주었다. 이 프로젝트를 진행하게 우리를 믿어주고 끝낼 수 있도록 지원해 준 헨리와 존에게 감사드린다.

마지막으로 이 책의 1판을 읽고, 이용하고, 인용하거나 학부생과 대학원 연구생의 교재로 선정해 준 생각지도 못했던 수많은 동료와 학생 들에게 감사드리고자 한다. 이들 중 많은 사람들이 2판에 대한 요청을 우리에게 보내주었다. 인내심을 가지고 기다려준 그들에게 감사드리며 이 책이 기다린 보람이 있기를 바란다.

옮긴이 서문

21세기의 미디어는 인터넷의 등장과 발전으로 인해 미디어의 새로운 시기가 시작되었다고들 말한다. 그리고 2005년에 등장한 유튜브는 이제는 이미 지배적인 사회적 현상이 되었다. 유튜브는 크게 두 가지 점에서 기존의 미디어와는 다른 의미가 있다. 하나는 미디어의 소유와 운영, 배급 및 유통에 관한 개념을 바꾸었다는 점이다. 기존의 전통적 미디어 소유 기업이 아닌 인터넷으로 시작한 기업이 구현 기술의 발전과 함께 미디어적인 모습을 보여주기 시작했고, 유튜브를 이용하는 구독자에게 적합한 형식과 내용의 콘텐츠가 제작되고 유통되면서 콘텐츠의 제작 및 소비의 경계선을 허물어 버린 것이다. 다른 하나는 유튜브를 통한 콘텐츠 소비가 세계적이라는 점이다. 물리적 공간과 시간의 차이를 넘어서는 동시다발적 콘텐츠의 공개와 소비가 가능해지면서 문화적 기반의 차이를 넘어서는 문화적 동질성의 강화 현상이 나타나고 있다.

네트워크의 기술적 발전과 함께 단기간에 이와 같은 평가를 받을 수 있을 정도로 커진 유튜브는 매체 플랫폼이라는 좀 더 구체적이면서도 발전된 개념으로 보게 되었고, 유튜브의 영향은 전 세계적이면서도 동시에 정치, 경제, 사회, 문화 등 전방위적으로 나타나고 있기 때문에 다양한 관점에서 진행된 연구와 시각은 당연히 나올 수밖에 없는 것이다. 이 모든 것들을 포괄할 수 있는 유튜브의 연구는 쉽지 않은 상황에서 이를 시도한 것이 바로 역자들이 선택한 이 저서이다.

역자들이 선택한 책은 각각 호주의 퀸즐랜드 대학교와 미국의 MIT에서 연구자로 활동 중인 진 버지스와 조슈아 그린이 2009년에 출간했던 1판을 업데이트해서 2018년에 출간한 2판이다. 저자 서문에서도 밝힌 것처럼 1판이 유튜브란 무엇인가라는 점을 중심으로 했다면, 이번 2판에서는 플랫폼으로서의 유튜브의 핵심 중점을 확인하면서, 그사이에 변화된 상황과 모습에 대한 해석을 제시해 주고 있다. 이러한 연구를 통해 유튜브가 매체 산업으로서의 변화의 모습을 드러내고자 했다. 즉, 포괄적 범위의 연구로서 그리고 통시적 차원에서의 연구로서 유튜브를 다루었다는 점 때문에 역자들은 이 책을 국내에 소개하는 것이 필요하다고 생각했다.

책 구성을 살펴보면 이를 확인할 수 있다. 1장에서는 유튜브가 디지털 기술과 인터넷의 발전 속에서 차지하고 있는 사업적 역할과 연구 방향에 대해서 제시하고 있고, 2장에서는 유튜브가 매체 환경 속에서 어떻게 정의되면서 어떤 방식으로 매체 산업으로서 진행되고 있는지를 다루고 있다. 3장에서는 유튜브를 통해서 나타나는 문화 형태의 모습을 인기 문화의 차원에서 살펴보고자 했으며, 4장에서는 유튜브에 참여하는 유튜버와 관련된 사람들의 상호작용과 공동체로서의 담론에 대해 논의하고자 했다. 그리고 5장과 6장에서는 각각 유튜브를 통해서 나타나는 플랫폼으로서의 문화적 가치와 함께 공동체이자 사업체로서의 유튜브의 앞으로의 진행 방향에 대한 논의를 제시하고자 했다. 다시 말해 유튜브가 가지고 있는 현재의 모습을 과거 모습에서부터 살펴보면서 앞으로의 모습에 관해 다양한 시각에서 보여준다.

결국 이러한 연구 결과를 제시하기 위해 이 책은 양적·질적 방법을 모두 활용하면서 영미권 중심이기는 하지만 서구권 전반에 걸쳐 나타나고 있는 현상을 분석하려고 했고, 이를 과거부터 현재까지의 진행 과정에서 나타난 변화 방향을 도출하는 거시적 분석을 했다는 점에서 중요한 의미가 있다.

역자들이 이 책을 선택한 두 번째 이유는 유튜브가 2005년에 처음 등장한 지 4년 후인 2009년에 나온 이 책의 1판은 유튜브에 대한 거의 세계 최초의 학문적인 연구 서적이었다는 점이다. 이미 국내에서도 수많은 유튜버들이 스타가 되었고 정치, 사회, 문화, 교육 등 다양한 측면에서 일반인들에게 지대한 영향을 끼치고 기존 방송국과 신문사도 유튜브 채널을 운영하는 중이다. 공중파와 케이블에 의존하던 콘텐츠 전송 방식에 큰 변화가 일어났고, 유튜브는 우리에게 너무나 친숙한 매체가 되어버렸다. 그에 따라, 다양한 분야의 많은 학자들이 유튜브의 사용 방식에 대한 연구논문을 발표하고 있다. 그래서 역자들은 그 유튜브 연구를 본격적으로 개시한 학문적 서적을 국내에 소개함으로써 예전에 존재했던 일종의 공백을 메우려 했다.

유튜브 관련 외국 학술 서적이 국내에 소개되지 않은 데 비해 국내 방송 및 영화 산업에 엄청난 충격을 준 넷플릭스에 대한 서적은 꽤 많이 번역되고 출간되었다. 넷플릭스를 통해서 〈킹덤〉, 〈오징어 게임〉과 〈수리남〉, 〈이상한 변호사, 우영우〉와 같은 한국 콘텐츠들이 세계적인 인기를 끌어서 화제가 되었다. 아울러 넷플릭스가 망 사용료 문제를 놓고 국내 통신업계와 갈등 관계에 놓이기도 하고, 콘텐츠 제작과 유통과 관련해서 국내 방송사와 배급사와 제휴 또는 경쟁 관계를 맺는 등, 거대 통신 매체 기업과 맺는 관계가 가시적으로 중요해 보인다.

그래서 매체 산업과 경제의 차원에서 보면 유튜브와 넷플릭스는 마치 희소하지 않아서 가격이 낮은 물과 희소해서 가격이 높은 다이아몬드의 관계를 연상시키기도 한다. 유튜브는 어느새 우리 삶에 물처럼 스며들었고 넷플릭스는 다이아몬드처럼 화려하게 그 존재감을 과시했다.

한류와 관련해서 비교해 볼 만한 점은 넷플릭스, 그리고 다른 세계적인 OTT 서비스는 영화와 드라마를 전 세계적으로 유통하고, 유튜브는 케이팝 음악과 뮤직비디오를 전 세계적으로 확산시킨다는 점이다. 「강남 스타일」과 BTS의 세계적인 성공을 유튜브 없이 설명할 수 없는 상황이다.

플랫폼으로서 유튜브의 의미와 가치를 구체적으로 제시해 준 이 책은 미디어뿐만 아니라 매체 플랫폼을 둘러싼 제반 지식이 필요했기에 번역이 쉽지 않았다. 아울러 서양에서 화제가 되었지만 우리에게 아직 알려지지 않은 문화 현상과 표현은 별도로 옮긴이 주를 달았다.

새로운 현상을 다룬 영어 학술 서적을 한국어로 번역하는 과정에 고민이 많았다. 그래서 번역하는 데 원래 예상보다 훨씬 더 긴 시간이 걸렸다. 과거에는 번역이 주로 그런 현상을 일컫거나 학술적 개념과 의미를 담은 한자어를 찾아서 배치하는 작업이었다. 그런데 이제는 그에 맞는 한국어 표현을 쓰거나 영어 단어를 그대로 쓰는 경우도 있기에 본문을 읽고 맥락을 고려해서 요즘 상황에 맞게 단어를 선택했다. 예컨대 celebrity는 방송에 나오는 '연예인'이라고 번역할 수도 있지만, 방송에 나오지 않아도 유튜브와 다른 경로와 기회를 통해 유명해지는 사람도 있고, 말 자체를 줄여서 '셀럽'이라고 쓰는 경우도 있다. 그래서 연예인이나 셀럽 대신 주로 '유명인'이나 '유명세'라는 단어를 선택했다. professional은 이제는 줄여서 '프로'라는 말로 통용되는 상황이고, 과거에는 '전문적', '직업적'이라고 번역했다. 이 책에서는 아마추어보다 실력이 좋고 그것으로 경제적 수익을 얻는 경우를 지칭해서는 '전문적'이라고 번역했다. localization은 본문의 내용이 행위자가 있는 지역의 환경과 상황에 맞게 변한다는 의미가 강해서 기존의 '지역화' 대신 '현지화'라고 번역했다. intimacy는 보통 친밀성이라고 번역되고 실제로 이 책에서도 그렇게 썼지만, intimate라는 형용사는 본문에서 '대화를 외부에 노출하기 꺼리는'이라는 의미인 경우, '내밀한'이라고 번역했다. redact는 사전에는 편집과 수정이라는 의미가 있으나 영상 편집이나 내용 수정이라는 의미와 구분하기 위해서 '개편'이라는 표현을 찾아냈다. encounter는 한자어로 '조우(遭遇)하다'라고 번역할 수도 있지만, '조우'는 이제 잘 쓰지 않는 표현이라 '마주치다'라고 번역했다. 아울러 media event는 '매체 이벤트'라고 비교적 원어에 가깝게 표기했다.

실질적 작업을 꾸준히 끈기 있게 진행해 준 노광우 박사의 노력은 이 자리를 빌려 꼭 감사하다고 언급해야 할 정도로 중요했다. 그리고 이 번역이 나올 수 있도록 인내를 가지고 지원해 준 방송문화진흥회의 최재영 국장님께도 진심으로 감사드리고 싶다. 마지막으로 번역의 가치를 인정해 주고 출간할 수 있도록 도와준 한울엠플러스(주)에도 감사의 말씀을 드리고 싶다. 유튜브 연구라는 분야를 개척한 진 버지스 박사와 조슈아 그린 박사의 선구적인 노력에 다시 한 번 경의를 표한다. 진 버지스 박사와 조슈아 그린 박사의 의도를 잘 살려서 번역하려 했으나 만약 단어나 표현에 문제가 있다면 이는 번역자의 책임이라는 점을 밝힌다.

권재웅·노광우

2023년 3월

1장

유튜브는 어떻게 중요해졌는가

이 장은 중요하고도 복잡한 연구 대상으로서 유튜브를 소개한다. 이 플랫폼의 이야기가 변화하는 디지털 매체 환경의 이야기, 그리고 사회에서 매체와 대중문화의 역할에 대한 무척 오래된 논쟁과 어떻게 연결되는지를 보여준다. 이 첫 번째 부분은 2000년대 중반에 유튜브의 등장, 곧 이 매체 환경에서 지배적인 위치에 오르는 과정, 그리고 유튜브가 성공한 이유가 무엇인가에 관해 경합하는 공적인 내러티브 중 일부에 대해 논의한다. 그 다음 부분, '플랫폼 사업'은 매체 사업이 디지털 기술과 인터넷과 융합됨에 따라 매체 사업의 성격이 변하고 있음을 논의하고, 이런 변화에서 유튜브가 차지하는 역할을 강조한다. 그리고 디지털 매체 플랫폼 연구에 내재된 난제들의 일부와, 유튜브 연구 방법에서 최근 경향에 대해 기술한다. 마지막 부분에서는 유튜브의 문화적 가치와 '참여 문화'의 장으로서 유튜브의 역할에 관한 학자들의 논쟁의 일부를 간략하게 정리한다. 여기서 이 논쟁들의 기원은 유튜브가 존재했던 시기보다 훨씬 이전으로 거슬러 올라가며, 유튜브 그 자체에 관한 논쟁은 아니지만 유튜브와도 관련성이 있음을 보여준다. 이 논쟁들은 대중문화의 중요성과 가치, 상업적 매체의 정치성, 일반인이 문화에서 능동적이고 창의적인 참여 접근성의 유의미성에 관한 중요한 논쟁들이다. 변화하는 디지털 매체 환경과 함께 유튜브가 진화함에 따라 유튜브는 이런 오래된 논쟁들의 지속적인 중심이 되었다. 즉, 유튜브는 어떻게 중요해졌는가를 논의하는 것이다.

기원

페이팔PayPal의 직원이었던 채드 헐리Chad Hurley, 스티브 첸Steve Chen, 자베드 카림Jawed Karim이 만든 유튜브 웹사이트는 2005년 6월에 조촐하게 공식적으로 서비스를 시작했다. 유튜브의 원래 목적은 표면적으로는 문화적 목적보다는 기술적인 목적이 더 컸다. 유튜브 서비스의 목적 중 하나는 웹상에서 동영상을 공유하기 원하는 비전문가 사용자들이 직면한 기술적인 장벽을 제거하는 것이었다. 유튜브 웹사이트는 아주 간단하고, 통합된 인터페이스를 제공했는데, 이 인터페이스는 표준 웹 브라우저와 적당한 인터넷 속도에서도 기술에 대한 지식이 없는 사람도 스트리밍 동영상을 업로드, 공개, 시청할 수 있게 만들었다. 유튜브는 사용자들이 무제한으로 동영상을 업로드할 수 있게끔 했고, 다른 사용자들과 '친구'를 맺을 수 있는 기본적인 사회적 기능을 제공했으며, 동영상을 다른 웹사이트에 쉽게 넣을 수 있는 링크와 HTML 코드를 제공했다. 이런 소셜 네트워크와 영상 공유 기능은 최근에 도입된 블로거Blogger와 워드프레스Wordpress와 같은 대중적으로 접근할 수 있는 블로그 플랫폼의 인기에 편승했고 그 플랫폼들의 가치를 더욱 높이도록 고안되었다. 수많은 블로그 기술들은 이미 콘텐츠 창작, 큐레이션, 소셜 네트워킹을 결합한 주도적인 '웹 2.0' 서비스인 플리커Flickr와 같은 대중적인 사진 공유 플랫폼들에서 이미지를 넣을 수 있는 능력을 보여주었다. 사실, 2005년에 테크놀로지 비즈니스 웹사이트 ≪테크크런치 TechCrunch≫는 주도적인 경쟁자인 유튜브를 '비디오계의 플리커Flickr of Video'라고 명명했다(Arrington, 2005). 2017년에 이르러 유튜브가 지상파와 유선 텔레비전 방송과 음악 산업과 맺는 관계는 매우 복잡해졌고, 자수성가한 유튜브 스타들이 수십억 명의 구독자를 거느리게 되는 등, 유튜브가 매체 플랫폼의 대세가 된 것을 감안하면, 유튜브가 동영상을 공유하는 '웹 2.0' 서비스라고 본 2005년의 이런 전망은 그 당시로서는 아직 갈 길이 멀어 보였다.

헐리, 첸, 카림이 처음부터 유튜브가 소셜 네트워크에서 주류 매체 플랫폼이 되게끔 계획한 것이라고 믿는 것은 큰 실수이지만, 그들이 초기에 가졌던 발상에 대한 정보는 얻을 수 있다. 유튜브에 관심이 있는 기자, 연구자, 학생 들에게는 다행스럽게도, 저작권을 둘러싼 구글 대 바이어컴Viacom 법정 소송으로 인해 초기 유튜브 설립자들 사이에 주고받은 수많은 이메일이 공개되었다.[1] 이 내부의 서신 교환을 보면 이 설립자들은 항상 유튜브를 영리를 추구하는 사업으로 여겼지만, 이들은 이 사업의 콘텐츠 측면에 대해서는 아는 바가 없었다. 이들은 소셜 네트워크 측면을 우선 고려했다. 즉, 그 시기의 웹 2.0의 논리에 따라 휴대전화로 찍은 동영상을 데이트하는 커플이 주고받는 것처럼 사람들끼리 온라인으로 연결하는 데 쓰는 일종의 촉매가 되는 것, 그리고 이후에 이런 연결을 통해 유튜브 사용자의 규모가 커지고 그에 따라 광고와 구독료 수입을 창출하는 것이 원래의 전망이었다. '프리미엄' 미디어 콘텐츠를 볼 수 있는지에 따라 사용자에게 구독료를 받는다는 더욱 투기적이고 야심 찬 발상은 아직 등장하지 않았다. 2005년에 벤처 투자 회사인 세쿼이아 캐피털Sequoia Capital에서 했던 투자 유치 발표회에서[2] 이 설립자들은 평범하고 사회적으로 연결된 사용자들이 창조하고 투고한 아마추어 콘텐츠가 궁극적으로는 합법적으로 업로드된 미디어 콘텐츠, 전문적으로 제작된 미디어 콘텐츠 들과 어깨를 나란히 할 수도 있다는 점을 시사했다. 그와 동시에 그들이 주고받은 이메일들을 보면 사용자들이 업로드한 콘텐츠들이 저작권을 위반했는지 여부에 대해 신경이 예민해져 있음을 알 수 있다. 그러나 (특히 폭력적이고 노골적으로 성적인 콘텐츠에 관련된) 약간의 제한이 있긴 하지만, 현실적으로 유튜브는 이 플랫폼의 사용 인구가 늘어나고 그들의 행위 수준이 지속적으로 성장하는 한 사용자들이 올리는 콘텐츠의 종류에 대해서는 크게 신경 쓰지 않았다. 업로드되는 콘텐츠의 종류와 누가 업로드하는지에 관한 이런 상대적인 개방성은 이미 회사의 목적에 내재되어 있었는데, 이는 이들의 발표 자료와 세쿼이아 캐피털에서 발표할 때 준비한 자료에 첨부한 보도 자료에 이미 포함되어 있었다(결국 이들의 발표는 성공적이었다).

인터넷에서 사용자가 창작한 콘텐츠의 주요한 출구가 되기 위해, 그리고 누구든지 이 콘텐츠를 업로드, 공유, 검색할 수 있게 만드는 것.

발표 자료의 뒷부분에서 이 설립자들은 이 플랫폼의 핵심적인 지원성을 강조했는데 이는 유튜브의 근본적인 기술 특성(평범한 사용자들이 동영상을 온라인상에 업로드, 변환, 공유할 수 있게끔 한다)과 공동체-형성 기능을 결합하는 것이었다.

- 소비자는 동영상을 유튜브에 업로드한다. 유튜브는 이 콘텐츠를 수백만 시청자들에게 제공하려고 만전을 기한다.
- 유튜브의 백엔드 동영상 처리 방식은 업로드된 동영상을 플래시 동영상으로 전환한다.
- 유튜브는 사용자들과 이 동영상들, 사용자와 사용자, 동영상과 동영상을 연결하는 공동체를 제공한다.

발표 자료에 나타난 이런 성격은 초기 유튜브를 기술 산업과 '웹 2.0'과 제휴시키려는 것인데, 이는 사회적 연결의 수단으로서 사용할 수 있는 기능성, 기술적 특성과 콘텐츠를 강조하기 때문이다.

그러나 처음부터 유튜브는 기술 산업과 매체 산업의 사고방식과 작동 방식의 융합에 적극적으로 관여했다. 세쿼이아 투자 발표에서 제시한 판매 및 유통 계획을 보면 유튜브 회사는 사용자의 활동에서 발생한 광고 수익과 프리미엄 서비스(소셜 네트워크 사이트의 사업 모델)의 사용료, 프리미엄 콘텐츠의 구독료와 호스팅비(매체 사업 모델)의 결합을 추구했음을 알 수 있다.

- 광고

- 프로모션용 동영상을 위한 유료 유통 채널로서 기능
- 프리미엄 서비스 회원이 지불하는 요금
- 프리미엄 콘텐츠 시청자가 지불하는 요금

여기 이 초기 형태에서도 공동체와 상업성의 양쪽의 논리가 불편하게 융합했음을 볼 수 있다. 그리고 여기에는 방송과 소셜 미디어 논리의 불편한 융합도 있으며 이는 2017년의 유튜브에서도 여전히 지속, 경쟁, 갈등하고 있다.

유튜브는 2005년 이후 장족의 발전을 했다. 2006년 10월에 구글은 유튜브를 16억 5000만 달러에 인수했다.[3] 2007년 11월에 유튜브는 이미 영국에서 BBC 웹사이트를 제치고 가장 인기 있는 엔터테인먼트 웹사이트가 되었다.[4] 그리고 다양한 웹사이트 조사 기관에 따르면 유튜브는 2008년 초에 전 세계에서 가장 많이 방문하는 웹사이트 톱 10에 포함되었다. 2017년에 유튜브는 구글 다음으로 전 세계에서 많이 방문하는 웹사이트이며, 이 중 85%는 미국 이외의 지역에서 방문했다.[5] 이 책의 초판 원고를 완성했던 2008년 4월에 유튜브는 8500만 개 이상의 동영상을 호스팅했으며, 이는 그 전해에 비해 열 배 이상 증가한 수치였다(그리고 그 당시로서는 경이적인 수치였다).[6] 콘텐츠와 사용자-기반이 지속적으로 성장해서 유튜브 회사는 그 규모를 측정하고 커뮤니케이션하는 새로운 방식을 찾아야 할 정도였다. 단순히 동영상의 수를 세는 것만으로는 이 플랫폼의 시장 지배력의 성장을 충분히 보여주기 어려웠다. 2013년에 유튜브는 1분당 100시간 이상의 동영상이 업로드된다고 보고했다.[7] 그리고 2017년에 유튜브의 회사 웹사이트는 수십억 명 이상의 사용자들이 매일 수십억 시간 이상의 콘텐츠를 본다고 주장했다.[8] 2008년 인터넷 마켓 리서치 회사 컴스코어comScore의 보고에 따르면, 유튜브는 미국에서 시청한 모든 인터넷 동영상의 37%를 차지했고,

그다음으로 많이 시청한 서비스는 폭스 인터랙티브 미디어Fox Interactive Media 인데 단지 4.2%만 차지했다.[9] 넷플릭스Netflix와 같은 스트리밍 서비스나 동영상 앱 들이 급증했지만, 유튜브는 2016년 8월부터 2017년 7월까지 안드로이드 모바일 플랫폼으로 볼 수 있는 톱 10 동영상 스트리밍 서비스 사용 시간 120억 시간 중 80%를 차지했다고 알려졌다(Perez, 2017). 음악 산업계의 보고에 따르면 유튜브는 2017년에 판도라Pandora와 스포티파이Spotify와 같은 비동영상 플랫폼을 포함한 전체 온라인 음악 스트리밍 시간의 46%를 차지했다(McIntyre, 2017). 사용자가 만들거나 관리하는 콘텐츠로 인해 초기에 비약적으로 성장한 매체 플랫폼으로서 유튜브의 규모와 인기는 전례 없는 것이다.

유튜브 플랫폼의 기본적인 특성은 다른 온라인 동영상 신생 기업 서비스와 유사하기에, 많은 논평가들은 유튜브가 초기에 다른 매체들을 경쟁에서 압도한 이유를 찾으려 했다. 유튜브의 세 번째 공동설립자이자 2005년에 복학하려고 회사를 떠난 자베드 카림은 다음 네 가지 특성이 구현되었기에 유튜브가 성공할 수 있었다고 말했다. 그것은 '관련 동영상' 목록을 통한 동영상 추천, 동영상 공유를 가능케 하는 이메일 링크, 댓글(그리고 다른 소셜 네트워크 기능성), 내장 가능한 동영상 플레이어이다(Gannes, 2006). 유튜브를 대중화하기 위한 이전의 시도들이 실패한 다음에 재설계 과정의 일환으로서 이 특성들을 제공했다. 이 실패한 시도 중에는 열 개 이상의 동영상을 올린 매력적인 여성들에게 100달러를 지급하는 것도 있었다. 카림에 따르면 유튜브 설립자들은 이 제안을 크레이그리스트Craiglist에 올렸는데, 아무런 응답도 받지 못했다(Gannes, 2006).[10]

유튜브의 초기 성공을 향한 여정에서 힌트가 될 만한 다른 이야기는 기술이라기보다 문화이다. 이것은 〈새터데이 나이트 라이브Saturday Night Live: SNL〉에서 전형적인 범생이 뉴요커 두 사람이 컵케이크를 구매하고 〈나니아 연대기^{The Chronicles of Narnia}〉를 관람하는 행위에 관한 랩을 하는 풍자적인 디지털 단편 동영상과 관련이 있다. 2005년 12월에 '레이지 선데이^{Lazy Sunday}'라는 제목의 이 동영상으로 인해 유튜브는 유명해졌다. 2분 30초 분량의 이 단편 동영상은 온라인에서 첫 열흘 동안 관람 횟수가 120만 회였던 것으로 기록되었다. 2006년 2월에 〈SNL〉을 방영하는 NBC 유니버설^{NBC Universal}은 유튜브에 이 동영상과 다른 500개의 동영상을 유튜브에서 삭제하지 않으면 디지털 밀레니엄 저작권 법^{Digital Millennium Copyright Law: DMCA}에 입각해서 법적인 조치를 취할 것이라고 경고했는데 이때까지 시청 횟수는 500만을 넘었다(Biggs, 2006). '레이지 선데이'의 등락으로 인해 주류 언론은 기술적인 진전 이외의 다른 측면에서 유튜브를 주목하게 되었다. 《뉴욕 타임스^{The New York Times}》는 '레이지 선데이'가 기존 매체들이 파악하기 어렵지만 다양한 관심사를 가진 요즘 청년층에게 접근할 수 있는 통로로서 유튜브의 잠재력을 보여주었다고 평가했다(Biggs, 2006). 그러나 유튜브가 입소문이 바이러스처럼 퍼지는 바이럴 마케팅의 신기한 나라가 될 것이라고 상상하는 것만큼, 방송 매체 지형의 기존 논리에 다가오는 위협이 되리라는 전망도 있었다(Kerwin, 2006; Wallenstein, 2006a). 초기의 언론 특집기사, 기술, 사업면은 유튜브와 동영상 공유를 인터넷의 다음 세대의 새로운 조류로 여기고 거론했지만(Byrne, 2005; Graham, 2005; Kirsner, 2005; Nussenbaum, Ryan, and Lewis 2005; Rowan, 2005), 이런 '거대 매체'와 관련된 사건들을 통해서만 유튜브는 주류 매체가 주목하는 통상적인 주제가 되었다.

이런 기원에 대한 신화 중 어떤 것이 옳은지는 차치하고, 각 신화는 초기의 유튜브가 무엇이었는가에 관한 각기 다른 생각을 상기했다는 것이 중요하다. 일반인들에게 꼭 써야 하는 것이라고 설득할 필요가 있는, 테크놀로지에 익숙한 이들이 사랑하는 온라인 기술의 흐름 중 하나일까? 또는 텔레비전과 유사하지만 웹에서 나타난 매체의 새로운 유통 채널인가, 인재 발견 플랫폼인가? 어느 쪽이었든 간에, 초기에 유튜브는 이것이 실제로 무엇을 위해 쓰는 물건인가를 둘러싼 공중의 불확실성과 모순의 안개 속에서 부상했다. 유튜브가 등장한 지 얼마 안 되는 2005년 8월에 홈페이지의 '어바웃 어스About Us' 페이지는 유튜브 활용에 관한 가장 불확실하고 애매한 힌트를 주었다.

> 좋아하는 동영상을 세상에 보여주세요.
>
> 개, 고양이, 다른 반려동물 동영상을 찍으세요.
>
> 디지털 카메라나 휴대전화로 찍은 동영상들을 블로그에 올리세요.
>
> 동영상들을 전 세계의 친구와 가족에게 안전하게 개인적으로 보여주세요.
>
> … 그리고 더욱더 많이!

초기에 이 웹사이트는 '당신의 디지털 동영상 창고Your Digital Video Repository'라는 표어를 달았는데, 이는 이제는 너무나도 유명한 '당신 자신을 방송하라Broadcast Yourself' 표어와는 다소 차이가 있다. '당신 자신을 방송하라'는 이제는 일상적으로 사용되는 표현이지만, 2010년에 로고에서 떨어져 나간 이후로는 더 이상 유튜브의 브랜드 정체성의 중요한 일부분이 아니었다. 이 웹사이트를 동영상 콘텐츠의 개인적인 저장 설비에서 자기표현을 대중에게 공개하는 플랫폼이라는 발상으로 전환함으로써 2006년에는 ≪타임The Time≫이 올해의 인물로 '유You'를 선정할 정도로 사용자 주도 콘텐츠 창작과 혁신에 관한 훨씬 더 획기적인 논의가 가능해졌다(Grossman, 2006b). 그 이후, 유튜브의 외견상 임무는 경쟁하는 기업의 논리, 변화하는 플랫폼의 지원성, 수많은 사용자들이 활동함에 따라 계속 변화하는 관계와 긴장의 결과로서 계속 진화했다.

사용자 생성 콘텐츠 혁명을 둘러싼 이런 과장된 이야기도 있고, 유튜브는 기존의 소셜 네트워크를 통해 사적인 동영상을 공유하려고 고안되었다고 유튜브 회사 측은 주장하지만, 유튜브가 지배적인 플랫폼이 된 것은 개인이 만든 동영상의 대중적 인기와 주류 매체의 콘텐츠를 볼 수 있는 가능성이 결합되었기 때문이다. 이런 결합은 수용자의 규모를 키워서 회사에 이익을 제공하기도 했다. 또한 자기표현과 상업적인 매체 문화의 결합으로 인해 유튜브는 저작권, 참여 문화의 정치, 디지털 매체 플랫폼의 거버넌스 구조를 둘러싼 갈등이 벌어지는 주요한 전장이 되었다. 이런 쟁점은 다음 장에서 더 상세하게 논의할 것이다.

플랫폼 사업

유튜브는 출범한 이래 유튜브를 콘텐츠 제작자라기보다는 콘텐츠를 공유하고 시청하는 중립적인 웹 서비스라고 표현했다. 2005년 세쿼이아 캐피털로부터 350만 달러 투자를 유치했다는 보도 자료를 보면 동영상과 소셜 네트워크의 규모를 강조한다. 보도 자료에는 "유튜브 공동체를 통해 하루 데이터 전송이 8TB 정도인데 이는 인터넷에서 비디오 대여 회사인 블록버스터Blockbuster의 체인점 하나를 통째로 옮기는 것과 같다"라고 했다.[11] 유튜브는 데이비드 와인버거David Weinberger의 '메타비즈니스' 모델의 실세계판이다(2007). "메타비즈니스는 다른 곳에서 개발된 정보의 가치를 증진시켜서 그 정보의 원래 창작자에게 혜택을 주는 사업의 (그 당시로서는) 새로운 범주이다"(Weinberger, 2007: 224). 와인버거의 사례에 애플Apple의 아이튠스iTunes 스토어도 포함되었다. 아이튠스는 소비자의 음악 구매로 이윤을 얻지만, 음반 회사들과는 달리 발굴과 제작에 드는 비용을 부담하지 않는다. 그보다는, 아이튠스는 음악에 대한 정보를 "더 쉽게 검색, 발견, 사용할 수 있게" 만들었다(Weinberger, 2007: 225).

그래서 유튜브는 콘텐츠 발견자 역할을 수행해서 수용자의 주목을 끌었으며, 그다음으로 웹사이트에서 판매한 광고로부터 유입되는 수익을 콘텐츠 제공자들에게 제공했다. 동시에 유튜브 플랫폼은 수많은 참여자들을 초대해서 그들의 콘텐츠를 업로드하고 사회적 인맥을 만들라고 권장했다. 이것은 양면 매체 시장에서 다면 매체 시장으로 전환한 초기의 전형적인 예이다(Wikström, 2013). 양면 매체 시장에서는 신문과 같은 전통적인 매체 사업처럼 매체의 출구는 한'편'에 있는 광고주의 이익과 다른 편에 있는 독자 사이에서 균형을 유지할 필요가 있다. (복잡한 소프트웨어 패키지나 소셜 미디어 플랫폼 들과 같은) 다면 시장에서는 다양한 이해관계를 가진 참여자들이 복잡하게 엮여 있고, 각기 다른 지점의 핵심적인 상품이나 서비스로부터 가치를 추출하거나 거기에 가치를 부여한다(Wikström, 2013). 현대의 디지털 매체 환경에서 사업상의 혁신은 조정과 서비스를 시도하고 투자자들의 이런 복잡하고 다면적인 상호작용으로부터 이익을 얻으려고 시도하는 플랫폼의 개발을 주로 강조했다. 유튜브의 사례는 다음을 포함했다. 아마추어, 준프로, 프로페셔널 콘텐츠 창작자, 매체 협력자, 광고주, 다중채널 네트워크Multichannel Networks: MCN와 같은 새로운 중개자, 제3자 개발자 들이다.

버지스가 이미 논의했듯이(Burgess, 2015), 다면 매체 시장으로 전환 과정의 일환으로 2000년대 중후반에서 2010년대 중반까지 플랫폼 패러다임의 발생을 목격했다. 플랫폼 패러다임은 "소셜 미디어가 사용자들을 다른 창작 콘텐츠와 연결하고 아울러 사용자들을 서로 연결하는 신규 사업을 조직하는 방식인 만큼 소셜 미디어의 풍경에 대한 우리의 사고를 조직하는 방식이다". 마찬가지로, 앤 헬먼드Anne Helmond는 이 전환을 인터넷의 '플랫폼화'라고 묘사했다. 플랫폼화는 "인터넷 플랫폼이 사회적 웹의 지배적인 기반 시설이며 경제적인 모델로 부상했음을 의미한다"(Helmond, 2015). 플랫폼 패러다임에서 우리의 많은 사회적·문화적 행위는 소수의 거대 기업이 소유한 장치와 소프트웨어 어플리케이션(플랫폼)을 통해 매개된다. 여기에는 서양의 (유튜브를 소유한) 구글/알파벳[Alphabet]과 페이스북[Facebook], 중국의 〔위챗(WeChat)과 QQ를 소유한〕텐센트[TenCent]가 포함된다. 이들 대기업이 제공하는 플랫폼들은 원래 커뮤니케이션 기능의 단순한 세트를 바탕으로, 콘텐츠 창작, 소비, 대인 커뮤니케이션과 공공 커뮤니케이션의 점진적인 융합에 입각해서 구축되었다(Burgess, 2007). 그중 일부, 특히 페이스북과 위챗은 운영 영역을 확대했다. 그들은 매체 콘텐츠, 광고, 사회적 연결을 여전히 핵심 영역으로 남겨두었지만, 그들의 사업 이익과 행위는 이제 최첨단 데이터 과학, 장소 기반 소매 트래킹, 개인 재무 관리, 기반 시설과 물류를 '지구적인 규모로' 연결했다(Rossiter, 2016).

탈턴 길레스피[Tarleton Gillespie]는 초기에 영향력이 있었던 그의 연구 논문과 최근 연구 작업(2010; 2017)에서 플랫폼 기업들이 복잡한 이해관계를 만족시키고 각기 다른 투자자들의 불만을 줄이려고 '플랫폼'이라는 용어의 은유적인 의미들을 지나치게 남용하는 방식을 비판했다. 플랫폼은 또한 콘텐츠와 행위에 대한 책임을 사용자와 협력자에게 전가하는 중립적인 매개자들이라는 발상에 의존하고 있다. 그러나 필립 나폴리[Philip Napoli]와 로빈 캐플런[Robyn Caplan]이 주장했듯이(2017), 디지털 매체 플랫폼은 자기 회사를 매체 기업이라기보다는 기술 기업이라고 간주하지만, 이는 솔직하지도 않거니와, 더 이상 견지할 만한 발상도 아니다. 유튜브는 몇 년 동안 콘텐츠 제공자라기보다는 콘텐츠를 공유하는 중립적인 플랫폼이라는 이미지를 유지했지만, 유튜브는 이제 플랫폼인 동시에 제공자임을 부정할 수 없게 되었다. 이 사실은 유튜브가 매체 정책과 콘텐츠 규제의 대상이 될 정도로 중요한 문제를 담고 있다. 동시에, 플랫폼은 사용자의 콘텐츠와 행위를 점점 복잡한 사회 기술적 통제 메커니즘을 통해 적극적으로 규제하면서 매체 환경을 형성하고 관리한다(Gillespie, 2017).

처음 시작된 이래 12년이 흐른 2017년에, 유튜브는 매체 사업에 더 많이 관여하게 되었다. 그에 따라, 유튜브 플랫폼은 혼잡성이 줄었고 "체계가 갖춰졌다"(Burgess, 2012a). 유튜브는 하나의 회사로서 성숙해졌고 유튜브 플랫폼에 공개할 수 있는 콘텐츠에 관한 전문화, 주문, 규제를 감안한 체계적인 사업 계획과 실행 방안을 점점 더 많이 마련했다. 그 과정의 일환으로 유튜브는 새로운 광고와 구독에 기반한 수입이 계속 유입되는 방안 개발에 주력했다. 유튜브 플랫폼을 잠재적인 광고주와 매체 협력사에게 소구하려는 욕망이 유튜브 서비스 일부에 거대한 변화를 추진했다. 그런 변화들로는 저작권 적용을 위한 콘텐츠 아이디content ID 체계의 도입부터 관련 제품 전시와 쌍방향으로 광고하는 제품, 효과적인 브랜드 채널을 가공할 지침, 그리고 콘텐츠 창작자와 공표자가 채널을 고급 브랜드로 포장할 수 있는 기회를 제공하는 프리미엄 채널 옵션이 있다. 유튜브 회사는 점점 더 적극적으로 창의적인 제작을 지원하고 오리지널 콘텐츠를 개발했다. 2011년에 유튜브는 오리지널 콘텐츠 지원에 1억 달러를 투자한 것이 가장 주목할 만한 개발 작업이었고 이는 유튜브가 처음으로 이런 방향을 강력하게 추진한 것이었다(Vascellaro, Efrati, and Smith, 2011). 이 프로그램은 (시청자를 늘릴) 가능성이 있는 콘텐츠 창작자를 위한 지원과 프로모션, 유망한 유튜버들이 사용할 수 있는 유튜브 소유의 스튜디오 공간과 예술가 개발 지원 프로그램의 창출은 물론 할리우드 캐스팅 대행사, 제작 회사와 스타 들과 접촉하는 것도 포함한다. 그리고 한때는 아마추어였지만 유튜브 플랫폼에서 경력을 쌓아서 이제는 유명해진 전문적인 매체 스타들을 활용해 구독 기반의 유튜브 레드YouTube Red라는 하위 플랫폼에 오리지널 프로그램과 이전보다 팬 관여도가 높은 작품을 편성하는 데 더욱 주력했다(Popper, 2015). 플랫폼을 체계화하고 상업화하는 이런 실험 과정을 통해 유튜브는 '전문 매체'는 어떻게 보이는가를 재정의하는 데 기여했다. 그리고 이 전문 매체는 때때로 동영상블로그videoblogging, 실시간 게임 플레이, 구매품 논평 동영상,* 뷰티 유튜브, 장난감 언박싱toy unboxing 동영상처럼 보인다. 스타 유튜버들과 교차 플랫폼 인플루언서influencer들이 만든 가내 생산형home-grown 유튜브 장르들은 유튜브와 그 사용자 공동체가 공동으로 창출한, 스튜어트 커닝엄Stuart Cunnigham과 데이비드 크레이그David Craig가 '소셜 미디어 엔터테인먼트'(2017)라고 부른 새로운 산업 분야의 일부가 되었다.

유튜브의 운영 방식은 언제나 양면적이었다. 하나는 전문적인 제작을 지향하는데 이는 저작권 보호라는 필수적인 쟁점, 전문적인 예술성, 그리고 접근과 주목을 상업화하는 도전들이라는 과제였다. 다른 하나는 순전히 규모와 편재성에 대한 관심인데 이는 일상의 표현, 일상의 창의성, 공동체 형성을 위한 플랫폼을 제공하는 것이다. 유튜브의 이 양면성은 실제로 분리된 적이 없으며, 점점 더 혼합되었다. 사실, 이 양면성의 역동적인 긴장과 시너지로 인해 유튜브는 더욱 성장하고, 다양해지고, 하나의 플랫폼으로서 변화했다. 그리고 이 양면성은 언제나 상업적인 면을 지니고 있다. '소셜 미디어 엔터테인먼트'의 영역을 검토하면서, 스튜어트 커닝엄과 그 동료들은 기술 산업과 실리콘 밸리와 관련이 있는 북캘리포니아식 사업 모델NoCal과 이데올로기, 그리고 주요 매체 기업과 할리우드와 연결된 남캘리포니아식 사업 모델SoCal과 이데올로기 사이의 역동적인 긴장을 지적한다(Cunningham et al., 2016). 이 상호 경쟁하는 논리의 긴장으로 인해 유튜브 플랫폼의 문화와 사업의 형태가 정의되고 작동되었다.

이런 양측 논리가 서로 충돌하기 때문에 유튜브의 경제적·문화적·사회적 가치는 오로지 유튜브의 기업 전략이나 사업 행위에 의해서만 만들어질 수는 없었다. 그보다는, 유튜브의 다양한 문화와 가치는 (수용자, 콘텐츠 창

---

*   haul video: 구매한 제품을 공개하고 그에 대한 품평을 하는 영상이다.

작자, 매개자를 포함해서) 유튜브 사용자들의 소비, 평가, 기업가적 행위를 통해 유튜브 플랫폼의 변화하는 구조와 지원성 안에서 집단적으로 만들어진 것이다. 유튜브 플랫폼의 독특한 브랜드 가치는 근본적으로 유튜브의 공동 창작의 역동성과 그 일상 문화에 의존한다. 따라서 유튜브에서 참여 문화는 핵심 사업이다. 그러나 문제는 누가 이 사업에 참여하는가이다. 어떤 조건에서 문화와 사회에 어떤 영향을 주고, 누구의 관심에 그들은 참여하는가? 그리고 이런 역동성은 시간이 지남에 따라 어떻게 변하는가? 이런 사회적으로 중요한 질문을 경험적으로 제기하면서, 다양한 학문 분야와 연구 방법을 이용할 필요가 있다.

유튜브 연구

이 책의 초판은 유튜브를 연구 대상으로 삼은 최초의 시도였다. 그 당시에는, 유튜브의 문화적 사용법과 역동성(심지어 이게 무엇인지 자체)에 관한 이해를 공유한다는 의식이 없었으며, 우리는 이런 상황을 바꿔보고 싶었다. 2007년에 이 연구 프로젝트를 시작했을 때 유튜브의 문화적 의미와 사용법에 대한 진지한 분석은 거의 없었다. 2009년 이후 이 책과 다른 책이 몇 권 출간되었다(Lange, 2014; Snickars and Vonderau, 2009; Strangelove, 2010 참조). 그러나 그 당시에 (텔레비전과 같이 한 매체나 매체 산업의 한 하위 분야라기보다는) 하나의 단일한 플랫폼에 관해 책 한 권을 쓴다는 것은 기껏해야 참신한 시도였을 뿐이다. 최악의 경우에는 어떤 특정한 기업 브랜드에 집착했기에 저지른 실수처럼 보였고, 그 이면의 역사적 동력과 정치적 동력에 주목하지 못하는 결과를 초래할 수도 있었다. 그럼에도 불구하고, 하나의 플랫폼으로서 유튜브를 체계적으로 연구하려는 우리의 시도는 디지털 매체의 역사적 발전 과정을 이해하는 유익한 방법이고, 그 자체로 중요하고 학문적으로 가치가 있는 도전이라고 여겼다.

30여 년 전에, 스티븐 히스Stephen Heath는 텔레비전을 이해하기 위한 방법론적인 도전에 관한 글에서 다음과 같이 썼다.

> 어느 정도는 어려운 대상이다. 이것은 불안정하고, 모든 곳에 있으며 우리가 그에 관해 말할 수 있는 모든 것으로부터 냉소적으로 벗어날 수 있다. (기술, 경제, 편성에서) 변화의 속도, (이미지와 음향, 그리고 계속 사라지는 현재의) 끝없는 흐름, 그 양적 일상성(당일 그리고 매일 보는 이 매체의 그 성질)(Heath, 1990: 267).

(동영상과 조직 체계의) 역동적인 변화, 유사하게 평범한 빈도 또는 텔레비전의 '일상성' 그리고 동영상 콘텐츠의 믿기 어려울 정도로 거대하고 엄청 다양한 아카이브라는 특징이 있는 유튜브는 2007년 시점에서는 불안정한 연구 대상이었고 2017년에도 더욱더 그러하다. 초기부터 유튜브는 대중문화를 유통하는 '하향식' 플랫폼인 동시에 일상적인 창의성을 발휘하는 '상향식' 플랫폼이라는 이중 기능으로 인해 더욱 복잡해졌다. 게다가 이 둘 사이의 경계는 갈수록 모호해졌다. 유튜브는 대중 매체가 독점해 온 판촉 범위에 대해 도전함으로써 상업 매체의 산물을 더욱 쉽게 접근할 수 있게 만드는 유통 플랫폼이라고 이해할 수 있었다. 그와 동시에 상업 매체의 기존 형태에 대한 도전이 등장하고 그런 도전이 뉴스나 뮤직비디오와 같은 전통적인 매체 장르나 브이로그와 '실시간' 게임 플레이와 같은 새로운 장르를 제작하는 독립적인 방식이 되는 장에서는 사용자가 만든 콘텐츠를 위한 플랫폼으로서 각광받았다.

두 번째, 앞선 논의한 '플랫폼 패러다임'이 등장한 것을 감안하면, 이 플랫폼이 무엇이고, 어떻게 작동하는지를 이해하는 것이 중요하다. 이런 회사들이 제공하는 디지털 또는 소셜 미디어 플랫폼은 연결성, 데이터화datafication, 융합과 같은 일종의 '소셜 미디어 논리'를 공유한다(van Dijck and Poell, 2013). 그러나 개별 플랫폼은 콘텐츠와 상호작용을 일정한 방식으로 매개, 조정, 통제하기도 한다. 그리고 플랫폼 나름대로 독특한 사용 문화가 있다. 사실, 특정 플랫폼을 언급하지 않고 그저 '웹' 또는 '인터넷' 또는 '동영상'에 관해 논의하는 것은 더 이상 이치에 맞지 않는다. 각 플랫폼의 특징적인 지원성, 사용 문화와 사회적 규범, 그리고 그 플랫폼들의 사업 모델, 기술, 사용법이 함께 진화함에 따라 매체와 커뮤니케이션의 양상이 만들어지고 다시 만들어지는 방식을 이해하는 것이 중요하다.

유튜브를 하나의 플랫폼으로서 더 잘 이해하려는 우리의 야심 찬 노력은 특수성과 규모를 동시에 다루어야 하는데, 이는 유튜브 문화가 다양하고 사용자의 수와 콘텐츠의 저장량이 엄청나게 많기 때문이다. 그래서 처음에 이 연구 프로젝트를 시작한 것은 방법론적으로 큰 도전이었다. (텍스트 분석이나 민속지학과 같은) 문화와 미디어 연구 방법은 특수성 연구에 유익하다. 이 방법을 쓰면 (집단의) 내부와 고유한 성격을 면밀하게 분석하고 그 맥락을 풍성하게 이해할 수 있는 분석을 할 수 있고, 이런 면밀한 분석을 통해 그 맥락에 대해 논의할 수 있다. 이런 다양한 질적 연구 방법 중에서, 퍼트리샤 랭Patricia Lange은 유튜브 공동체라는 발상을 구성하고 감안하는 데 많이 기여했던 '1세대 동영상블로거들'에 관해 민속지학 연구(2007a; 2007b; 2014)를 했는데, 이 연구들은 유튜브가 어떤 참여자들이 사회적 네트워크를 만드는 장으로 작동하는 방식과 거기서 발생하는 수많은 소통 행위에 관한 주요한 통찰력을 보여주었다. 가장 중요한 것은, 그녀의 연구를 보면 일상적인 문화적 실천의 생생한 경험과 구체성을 충분히 고려해야 한다는 것을 깨닫게 된다. 이 책을 저술하는 데 랭의 연구 작업은 특히 중요한데, 이는 랭의 연구를 통해 실제로 사람들이 유튜브를 일상생활의 일부로서 사용하는 방식에 대해 생각해 볼 보완적인 방법을 얻을 수 있기 때문이다.

그러나 지금과 비교해서 그렇게 발전하지 않았던 '초기 유튜브' 수준에서 (연구) 규모는 이런 특수한 텍스트, 장르, 실천에 관한 설명의 근거와 논리적 짜임새의 한계가 어디까지인가를 시험했다. 처음부터 리믹스 문화, 음악 팬덤, 발 페티시 동영상, 또는 DIYDo-It-Yourself 요리 쇼, 혹은 유튜브를 다르게 활용하는 방식을 탐구하기로 결정했다면, 우리는 연구에 착수했을 시점에 유튜브 플랫폼에서 볼 수 있는 수백만 편의 동영상에 관한 기사와 논문 들을 충분히 찾을 수 있었을 것이다. 그러나 이 책에서 설정한 도전으로 인해 특별한 사례나 미디어 연구의 기존 논쟁들과 연계된 주제의 수준을 넘어서야 했기에, 그런 접근은 도움이 되지 않았다. 그래서 우리는 유튜브 콘텐츠를 유튜브 사용 문화의 디지털 흔적으로 간주해서, 그런 사용 방식이 무엇이냐를 미리 결정하지 않고, 유튜브 콘텐츠를 폭넓게 찾아보는 방법을 찾아야 했다. 이로써 작업은 소규모의 수작업에서 컴퓨터를 활용한 디지털 연구 방법으로 전환되었다.

이 연구 프로젝트를 시작했을 때, 유튜브를 '전체 시스템'으로 연구하는 컴퓨터 활용 연구 방법을 사용하는 접근법은 사회과학의 '경성' 또는 실증주의적 목적에 국한되었다. 즉, 컴퓨터 과학과 정보과학으로부터 소셜 네트워크 분석과 같은 방법론적 도구를 활용했다(Cha et al., 2007; Gill at al., 2007). 이런 연구는 콘텐츠의 패턴을 드러내고, 유튜브 웹사이트를 가로지르는 동영상의 인기 주기를 탐구하며, 사용자가 남긴 흔적을 추적해서 사용자의 행동 패턴을 조사했다. 이런 연구 작업은 더욱 두드러졌고, 2000년대 말에 트위터twitter가 공공 커뮤니케이션의 대규모 플랫폼으로 부상함에 따라 광범위한 학문 분야에서 폭넓게 사용되었고, 이제는 인터넷 연구와 커뮤니케이션 연구에서 보편적으로 활용된다.

디지털 연구 방법은 연구 대상인 유튜브 플랫폼의 정보 구조의 가장 확실하고 접근할 수 있는 특성에 주로 의존한다. 예를 들어, 유튜브에서 초기 연구는 동영상과 그 사용자가 연결되는 방식의 대규모 패턴을 조사하는 하이퍼링크 분석을 사용했는데(Cha et al., 2007), 이는 오직 연결 방식이 하이퍼링크처럼 '긴밀히 연결되어 있을 때'만 가능했다. 유튜브 초기에 이런 대규모의 컴퓨터를 활용한 연구는 유튜브 고유의 범주화와 태그 시스템에 의존했는데, 이 범주화와 태그 시스템으로 인해 업로더들은 자기 동영상을 콘텐츠, 주제, 스타일에 따라 분류할 수 있었다. '반려동물'과 '자동차와 교통수단'과 같이 유튜브가 제공하는 제한된 카테고리의 선택 폭은 결국 유튜브 웹사이트에 걸쳐 콘텐츠를 조직하는 일반적인 틀을 제시했다. 그리고 그 틀은 집합적 실천에서 유기적으로 생겨나기보다는 디자인에 의해 생겨났다. 2017년에, 유튜브의 범주는 여전히 방대했고, 유튜브 웹사이트가 조직되는 방식의 위계 형태에 변화가 생겼기 때문에 사용자들이 동영상을 발견하는 방식으로서 이 범주들은 위력을 상실했다. 이 범주들이 예전에는 표면에 등장했기에 사용자들에게 잠재적인 출발점이었지만, 갈수록 그런 성격은 모호해졌고, 우선 사용자들을 검색과 개인적인 추천 동영상으로 이끄는 동인의 일부가 되었다. 나중에, 유튜브의 인터페이스는 콘텐츠들을 단순화된, 회사가 배치한 '채널'들로 묶기 시작했는데, 이 채널들은 대부분 원래 범주와 사용자에게 부여한 범주 들의 이름을 활용했다. 이는 유튜브 플랫폼이 제공한 메타데이터와 범주 둘 다 변화에 종속되고, 어떤 디지털 방식 연구를 할 수 있는가에 대해 매우 영향력이 높다는 것을 의미한다.

이와 유사하게, 업로더들이 어떤 동영상이 더 많이 보일 수 있도록 인기는 있지만 부정확한 태그와 제목을 어떤 콘텐츠에 적용하고, 인기는 있지만 아무런 관련이 없는 콘텐츠에 대한 대응으로서 어떤 동영상을 표시하는 경우, 특히 그 데이터의 요점과 범주를 액면 그대로 파악하고 유튜브 플랫폼을 사용하는 문화를 이해하지 못한 채, 유튜브 웹사이트의 태그의 기능성을 전략적으로 사용하면 이런 데이터에 주로 의존하는 유튜브의 경험적 연구는 의심스럽게 된다. 비판적 디지털 연구 방법이라는 새로운 하위 분야는 응용 프로그램 인터페이스Applications Programming Interface: API를 통해 접속해서 유튜브에 내장된 수치 기준, 알고리듬, 온톨로지ontology를 사용하기 시작했고, 데이터 분석과 비판적 소프트웨어 연구를 결합하기 시작했다(Rieder et al., 2017; Burgess and Matamoros-Fernandéz, 2016). 이런 종류의 비판적 디지털 연구 방법은 때때로 '플랫폼 연구'(Plantin et al., 2016)나 '인터페이스 연구 방법'(Marres and Gerlitz, 2016)이라는 제목으로 수행되기도 했다. 즉, 이런 방법은 플랫폼이 생성한 데이터에 의존하면서 플랫폼 자체는 비판적으로 다루는 방식이다(Rieder et al., 2017 참고). 그러나 사회적 상호작용을 면밀하게 질적으로 접근하고 디지털 매체의 콘텐츠를 비판적으로 분석하는 것과 디지털 연구 방법을 결합하는 것은 여전히 어려운 일이다. 대규모의 양적 분석과 질적 연구 방법의 감수성 사이에서 잃어버린 중도적인 위치를 찾으려고 노력하면서, 양적 연구는 특히 2007년 8월부터 11월까지 유튜브 웹사이트에서 '가장 인기 있는' 동영상 4320편을 내용 분석하면서 시작되었다. 메타데이터와 각 동영상의 링크를 모으는 자동화된 웹 스크레이퍼를 이용했지만, 그것들의 분석은 수작업으로 했다. 이런 접근법으로 비교적 큰 원재료 양을 미리 선별하지 않고도 정리할 수 있었으며, 표본의 패턴을 확인할 수 있었음은 물론, 익숙한 질적 연구 방법을 사용해서 개별 텍스트의 집합을 조사할 수 있었다. 우리가 발견한 것들은 주로 3장에서 논의하겠지만, 특정 문화 형태들에 걸친 논쟁을 확인하고 미적 특성들을 조사하려는 목적에서 이 책 전반에 걸쳐서 데이터세트로부터 추출한 예들에 의존했다. 처음 연구할 때부터 유튜브에서 수많은 요소들을 가로지르는 '공통 문화'의 구성에서 주요한 패턴을 파악할 수 있었다(아마추어 콘텐츠 대 전통적인 매체 콘텐츠, 그리고 가장 중요한 형태, 장르, 실천 양태 들). 그리고 유튜브가 인기를 얻을 때 그 수치 기준이나 유튜브 사용자의 인터페이스를 포함하는 유튜브 플랫폼의 사회 기술적 특성의 역할에 대해 비판적으로 고찰할 수 있었다. 그리고 2006년부터 2007년까지 유튜브에 대해 주류 매체가 보도한 기사들을 주제별로 분석함으로써 유튜브의 공중에게 어떻게 재현되고 이해되는지를 연구했다. 이 하위 프로젝트의 연구 결과와 주요 예들은 2장에서 논의할 것이다.

특히 내용 분석을 통해 실시한 이 연구는 초기 유튜브의 특정한 형태나 사용 방식의 인기도를 조사하고 측정할 뿐만 아니라, 디지털 매체의 문화 정치에서 급부상한 쟁점들을 더 잘 이해하기 위해서 그 조사 결과를 사용하려고 했다. 이 연구의 경험적 연구 결과와 최근의 공공 논쟁의 비판적 논의, 매체와 문화 연구 관점에 입각한 다른 유튜브 연구자들이 제시한 통찰을 두루 살피면서, 이 책을 통해 대중문화, 시민권, 매체 권력을 둘러싼 매체와 문화 연구의 핵심적인 문제들에 관한 논의에 유튜브를 포함시키려 했다. 이는 '참여 문화'라는 개념을 통해 제기된 문제이다.

참여 문화의 정치

'참여 문화'라는 용어는 소셜 미디어 플랫폼의 등장과 관련해서 접근성이 높아진 디지털 기술, 사용자 창작 콘텐츠User-Created Content: UCC, 그리고 매체 산업과 소비자들 사이의 권력관계의 변화가 서로 명백한 관련이 있음을 논의하기 위해 2000년대에 주로 사용되었다(특히 Jenkins, 2006a 참조). '참여 문화'에 관한 젱킨스Henry Jenkins의 정의는 "팬과 다른 소비자 들이 새로운 콘텐츠의 창출과 유통에 적극적으로 참여하도록 초대받은 문화"이다(2006a: 290). 이는 처음에는 편안하게 정리한 것처럼 보인다(젱킨스는 현재의 현실이라기보다는 앞으로 그렇게 될 가능성이 있는 것으로 보았다). 그러나 유튜브는 실제로 '참여 문화'가 나타내는 경제적 그리고 문화적인 재정리가 잠재적으로 해방적인 만큼이나 파괴적이고 불편하다는 것도 입증했다. 앞으로 논의할 유튜브를 둘러싼 대중 매체의 논쟁과 투쟁은 기술적인 면에 관한 논쟁은 적고 참여 문화라는 원래 공식화가 제기한 규범적인 문화와 정치에 관련된 질문에 관한 논쟁이 더 많다(Jenkins et al., 2006 참조). 누가 말을 하는가, 누가 주목을 받는가, 창의성과 노동에 대해 어떤 보상과 대가가 있는가, 전문성과 권위의 다양한 형태를 둘러싼 불확실성의 문제 등등. 이런 것들은 대중문화의 가치와 정당성에 관한 논쟁에서 반복적으로 제기되는 질문들이다.

대중문화의 정치는 오랫동안 문화 연구라는 학문 분야에서 논의되어 왔다(Storey, 2003). 다양한 시기별 문화 연구 이론가들이 보기에 문화는 '일상적인' 것이며(Hoggart, 1957; Williams, 1958), 동시에 상징 투쟁, 힘 돋우기empower-ment, 자기표현의 잠재적인 현장이었다(Fiske, 1989; 1992a). 이 이론가들이 보기에 대중문화는 어떤 정치적 기획의 일부로서 중요했지만, 반드시 정치적 기획 자체를 위해서만 중요했던 것은 아니다. 이것은 스튜어트 홀Stuart Hall 의 유명한 언급에서 치열하게 표현되었다.

대중문화는 권력자의 문화를 위한 투쟁과 그 문화에 대한 투쟁이 발생하는 현장이다. 또한 이는 그 투쟁에서 잃거나 얻을 수 있는 지분이다. 여기는 동의와 저항의 전장이다. 여기는 부분적으로는 패권(hegemony)이 발생하는 곳이며 패권이 보장되는 곳이다. 여기는 사회주의, 완전히 형성된 사회주의 문화가 단순히 '표현될 수도 있는' 영역이 아니다. 그러나 여기는 사회주의가 형성될 수 있는 장소 중 하나이다. 그것이 '대중문화'가 중요한 이유이다. 그래서 말하는데, 그렇지 않으면 나는 대중문화에 관해 전혀 신경 쓰지 않을 것이다(Hall, 1981: 239).

근대에서 대중성의 정치를 둘러싸고 벌어진 기나긴 이러한 투쟁은 21세기에도 여전히 작동하는 대중문화에 관한 상충되는 정의 방식에도 영향을 끼쳤다. 한편으로, 대중문화는 리얼리티 텔레비전 프로그램, 쇼핑몰, 연예인 추문 기사, 톱 40 차트, 비디오 게임과 같은 대량의 상업적인 소비문화를 일컫는 경멸적인 방식으로 통용되며, 21세기에도 이런 상업적인 소셜 미디어 환경의 대부분은 이 범주에 부합한다. 이런 정의에서 대중문화는 자본주의의 생산과 소비 조건은 물론 그 미적 가치와 관련된 정체성을 통해 전통적인 고급문화와 구분된다. 대중문화를 이해하는 두 번째 방식은 '인민의 문화'로 이해하는 것인데 이는 고급문화와 상업적인 대중문화 양자와 구분되는 진정한, 유기적인 일상적인 문화이다. 대중성, 그와 관련된 정치에 관한 이 두 정의는 유튜브를 둘러싼 초기의 공공 담론에도 담겨 있었다.

디지털 매체라는 맥락에서 대중문화에 관한 자유롭고 진보적인 이데올로기는 점점 더 실리콘 밸리 자본주의와 밀접하게 연결되었고, 플랫폼으로서 유튜브 DNA의 일부가 되었다. 프레드 터너Fred Turner가 주장했듯이, 21세기 초 대부분의 지배적인 소셜 미디어 플랫폼을 생산했던 실리콘 밸리 이데올로기는 민속 문화를 향한 웨스트코스트 반문화의 잔여적인residual 욕망에 의존했고, 이는 오늘날 많은 플랫폼 기업들의 특징인 현재의 기술-자유주의techno-libertarianism의 전조가 되는 일종의 '디지털 유토피아주의digital uto-pianism'를 낳은 기술 문화와 미국식 개인주의로 발현되었다(F. Turner, 2006). 또한 이는 2000년대 중반에 많은 비평가들이 웹 2.0이 가져올 것이라고 희망했던 문화 생산의 민주화에 관한 찬사와 낙관적인 설명을 지지하기도 했다(예컨대 Benkler, 2006: 274~278; Jenkins, 2006a: 135~137).

그러나 버지스는 다른 논문에서 다음과 같은 점을 논의했다(Burgess, 2006). 온라인 소셜 네트워크, 블로그, 사진 공유, 동영상블로그의 증가에서 볼 수 있듯이(Berry, 2015) 공중 문화의 일환인 '일상적 창의성vernacular creativity'이 더욱 세속화되고 예전부터 지극히 개인적이었던 형태가 기하급수적으로 늘어났고, 2000년대에는 사용자가 제작한 콘텐츠가 공영 방송의 논리로 편입되었고, 새로운 사업 모델은 사용자 생성 콘텐츠와 소셜 네트워크의 기반 시설에 집중하는 웹 2.0과 연결되었으며(O'Reilly, 2005), 브랜드 자본주의는 바이럴 마케팅을 통해 상향식으로 개입하는 방식을 시도했다(Spurgeon, 2008). 이 모든 것들은 보다 폭넓은 '참여 전환participatory turn'이 발생하고 있음을 보여준다. 그래서 대중성의 이 두 상반되는 정의의 정치는 여전히 유지되면서도 이 두 정의는 수렴되고 있다. 일상의 창의성은 매체 산업계의 논의와 디지털 문화의 맥락에서 매체 산업의 미래에서 중요한 논점이 되었다. 이제는 소비를 생산의 경제 사슬에서 더 이상 종착점이라고 볼 수 없고 그 자체로 혁신과 성장이 담긴 역동적인 현장이라고 볼 수 있으며(Bruns, 2008; Potts et al., 2008b), 매체의 소비자와 수용자의 실천으로도 확장했다(Hartley, 2004; Green and Jenkins, 2009 참조). 게다가 팬 공동체의 실천은 매체 산업의 논리에 점점 더 편입되었다(Green and Jenkins, 2009; Jenkins, 2006b: 144~149; Murray, 2004; Shefrin, 2004). 그리고 점점 더, 매체 팬덤과 연결된 세심한 관심과 반복 시청을 보상하는 더욱 정교해진 내러티브는 이제는 흔해졌고(Mittel, 2006; Jenkins 2006a), 팬들의 헌신적이고 세심하고 때때로 생산적인 실천은 아주 많은 업계에서 기대하는 수용자와 소비자의 행태의 모델이 되기도 한다(Gray, Sandvoss, and Harrington, 2008).

요하이 벵클러Yochai Benkler가 저서 『네트워크의 부The Wealth of Networks』(2006)에서 보여준 사회 생산의 새로운 네트워크의 가능성에 대한 열광은 산업화 이전 시기의 민속 문화와 20세기 대량 문화의 소외의 상상적 대립에 의존했다. 그가 주장하기를 20세기 대량 문화는 민속 문화를 '대체'했고, '공동 생산자와 복제자'였던 개인과 공동체를 '수동적인 소비자'로 바꿔버렸다(Benkler, 2006: 296). 공동 생산 문화의 부상이 민속 문화의 부활을 재현한다는 이 주장은 대중문화가 인민의 문화라는 한 측면과 상업적 또는 산업적 대중문화라는 다른 측면의 두 정의 사이의 격차를 지나치게 단순화했다. 유튜브에 관한 이야기는 이 두 정의의 융합에 관한 이야기이며, 그런 융합을 낳은 마찰과 긴장에 관한 이야기이다.

초기 유튜브는 소셜 미디어 플랫폼의 상대적 평면성이 생성한 의미, 가치, 대행자가 만들어지는 과정에서 생산자와 소비자 사이에 관계가 점점 더 복잡해지는 것을 보여주었다. 유튜브가 만들어진 12년 동안, 우리는 개인적·사적·공적인 생활이 새롭고 다르게 통합되는 것을 볼 수 있다. 그리고 콘텐츠의 상업적 제작과 아마추어 제작 방식과 수용자의 개입이 통합되는 방식도 마찬가지이다. 데이터를 모으고 이용하는 플랫폼의 역할, 기업의 사업 논리(또는 모기업의 이익)를 위해 작동하는 방식으로 우리의 경험을 조직하고 구성하는 알고리듬을 이용하는 플랫폼의 역할도 주요한 공중과 학자들의 토론 대상이 되었다.

각기 다른 사용자들이 일반 수용자의 즐거움을 위해 유튜브를 각기 다른 방식으로 경험하고 향유한다. 유튜브는 항상 아마추어와 프로페셔널의 생산, 유통, 창의적 소비, 팬덤, 큐레이션과 비판을 위한 플랫폼이었다. 유튜브는 유튜브의 상업적 실천과 유튜브 플랫폼의 참여 조건에 대한 통제의 범위를 늘리고 통제 방식을 더욱 복잡하게 만들었다. 그러나 유튜브는 공동체의 핵심적인 문화 논리, 진정성, 일상 문화를 지지하는 것처럼 보여야 하는 것이 유튜브의 절대적인 상업적 필수조건이다. 이런 긴장은 유튜브의 문화 생성과 성장의 원천이며, 투자자와 유튜브의 정치를 하나의 플랫폼으로서 규정하는 규제 체계의 갈등을 일으키는 원인이기도 하다. 상업적인 참여 문화의 정치를 둘러싼 긴장은 유튜브가 어떻게 다양하고 무척 유의미하게 문화, 사회, 경제에 중요하게 되었는지를 조명한다.

2장

유튜브와 매체

이 장에서는 유튜브와 유튜브를 둘러싼 매체 환경의 관계가 어떻게 진화하는지에 집중한다. 이 관계는 독특하면서도 서로 연결되어 있는 측면들이 있다. 우리는 초기에 '전통적인' 또는 '주류' 매체가 어떻게 유튜브를 프레이밍했는지를 논의함으로써 이 장을 시작한다. 주류 매체는 그 당시에 유튜브가 새롭고 이색적인 문화 현상인 것으로 보도했고 그렇게 의미를 부여했다. 이 장의 다음 부분은 청년 담론과 초기 보도에서 중요했던 '매체 공황' 담론에 특히 집중한다. 이후에는 인재와 문화적 실천이 유튜브의 일상 문화와 전통적인 방송 매체 체계 사이에서 어떻게 순환하는가를 집중적으로 다룬다. 그래서 어떻게 저작권이 유튜브와 전통 매체 산업계는 물론 유튜브와 유튜버 사이의 싸움터가 되었는가라는 문제도 다룬다. 마지막으로, 유튜브가 강력한 주류 매체로 부상하기 전에 어떻게 제도권 매체 산업과 엮이고 서로 의존하게 되었는가, 그리고 그 과정에서 매체 사업 자체의 변화에 합류했는가를 논의한다.

유튜브를 프레이밍하기

2007년에 이르러 유튜브는 이미 기존 매체 사업 모델을 뒤흔들었고 매체 권력의 새로운 전장으로 등장했다. 유튜브는 언론의 주목을 끌었고, 디지털 매체 산업의 주류 행위자가 되었지만, 뉴 미디어와 인터넷이 사업과 사회, 특히 청년층에 미치는 파괴적인 영향에 대한 공중의 논쟁을 반복하는 수단으로서 사용되곤 했다. 여기서는, 유튜브 플랫폼이 초기 매체에서 재현되는 방식을 지지하는 발상을 일부 재검토하고, 변화하는 디지털 매체 환경에서 유튜브의 진화하는 위치를 고려한다.

이 논쟁에 개입하면서 우리는 언론과 뉴스 매체가 유튜브가 등장한 후 2년 동안 어떻게 다루었는지에 대한 (2007년에 완성한) 주제 분석을 이용한다. 그때 등장한 것은 전통적인 뉴스 가치에 부합하고 기존 매체의 이익을 강화하려고 작동하는 일련의 쟁점들이었다. 그때는 새로웠던 유튜브 플랫폼은 아마추어 콘텐츠가 넘쳐나는 혼란스럽고 정리가 안 된 창고이거나 (특히 언론의 경제면에서는) 디지털 경제의 새로운 거대 행위자로서 프레이밍되곤 했다. 이런 정의상의 프레임들은 일부 익숙한 주제들 주변으로 클러스터가 형성되는 뉴스 이야기를 지속적이고 반복적으로 제공하는 결과를 낳았다. 이 클러스터의 한편에는 청년, 유명인, 도덕성이 있고, 다른 한편에는 저작권과 매체 또는 기술 사업이 있다.

어찌 보면 그 패턴이 익숙한 이런 논쟁을 통해 공중은 유튜브가 무엇인지 그리고 무엇이 문제인지에 대해 이해하게 되었다. 매체의 프레이밍과 현실은 역동적인 피드백의 순환 고리를 만들면서 서로를 창조해 낸다. 그래서 기존 주류 매체가 유튜브의 의미와 함의를 이해하려 했던 초기의 노력과 분투는 공중의 근심을 반영했을 뿐만 아니라 공중의 근심을 만들어내기도 했다. 예컨대 유튜브를 아마추어의 '무질서'라고 반복적으로 프레이밍함으로써 무법천지, 전문성의 위기, 문화 가치의 붕괴를 염려하는 의제가 형성되었다. 유튜브가 점점 정교한 광고 플랫폼을 구축하고 프로페셔널 제작자와 거대한 엔터테인먼트 회사를 기용했기에, 유튜브 회사는 유튜브를 독특하게 만든 일상 취향을 간직하면서도 공중이 공유한 이런 메시지에 담긴 프레이밍을 어느 정도는 확실하게 바꾸었다.

이와 유사하게, 유튜브에 대한 주류 매체의 담론은 나중에 정책과 법령에 관한 구체적인 관심거리가 된 문제들을 프레이밍하는 데 기여했고, 그에 따라 플랫폼 자체의 변모하는 지원성과 규약을 만들어냈다. 그래서 예를 들어 저작권 침해, 반사회적 행동, 또는 취약한 청년의 착취에 관한 우려는 곧 법규 제정을 통한 개입이 필요하다는 것을 의미한다. 아동과 청소년을 사이버폭력, 성급한 성적 대상화, 또는 상업주의의 노출로부터 보호하기 위해서 학교 컴퓨터에서 유튜브를 쓸 수 없게 만드는 것과 같은 것들이다.

유튜브에 대한 주류 매체의 초기 보도 중 가장 충격적인 것 중 하나는 이런 뉴스 프레임들이 서로 충돌하는 정도이다. 예컨대, 2007년 마지막 날에 오스트레일리아의 시사 프로그램 〈투데이 투나잇Today Tonight〉과 〈커런트 어페어A Current Affairs〉는 그해에 가장 인기 있던 유튜브 클립에 대해 보도하면서 유튜브 웹사이트를 세상의 '놀랍고, 창피하고, 때로는 매우 위험한 순간들'의 집합소이자 '새로운 스타들'을 위한 출발 플랫폼이라고 묘사했다('You-Tube's Most Watched', 2007; 'Best YouTube Videos', 2007). 그 당시에는 유튜브는 긍정적으로 프레이밍되었고, 별난, 괴짜 같은, 놀라운 사용자 생성 콘텐츠가 올라오는 장소로 그려졌다. 사용자 생성 콘텐츠 중 일부는 사방으로 퍼져 나갈 수도 있었고 재능이 있는 새로운 스타들이 등장할 수도 있었다. 그러나 몇 주가 지난 후에, 그 프로그램들은 유튜브를 매우 나쁜 대상으로 프레이밍하면서 유튜브에 관해 평소와 같은 이야기들을 보도하는 방향으로 선회했다. 즉, 이 프로그램들은 청년층을 취약한 집단이자 말썽의 근원으로 간주하면서 이들이 모인 유튜브를 무법천지, 비윤리적, 병리적인 행태가 있는 제대로 규제되지 않는 현장이라고 보았다.

유튜브가 진화함에 따라, 유튜브의 역할에 대한 뉴스 보도도 변화했다. 유튜브는 수많은 새로운 '웹 2.0' 어플리케이션 중 하나이고 일반인이 자기 표현을 할 수 있는 잠재적인 현장이라고 묘사되기도 했고, 기존 매체의 지배성과 공공질서에 대한 위협적인 존재로, 그리고 최근에는 스스로 주요 매체 기업으로 급부상했다. 2017년까지 방송 매체는 정기적으로 유튜브 탄생 몇 주년을 되돌아보고 회고하는 식으로 유튜브를 계속 찬양했다. 즉, 방송 매체는 텔레비전 뉴스와 시사 프로그램에서 '인간적 관심사'로 유튜브 관련 뉴스를 방영했는데, 이는 유튜브를 계속 기억하게 만들었고, 원시적인 아마추어에서 세련된 프로페셔널로, 사소한 틈새시장을 파고든 매체에서 대량의 인기 있는 소재를 다루는 매체로 진화하는 이야기를 강조했다.

사회적 우려와 매체 공황

대중의 상상에서 유튜브는 항상 사회적 근심, 특히 청년과 디지털 매체에 대한 염려의 대상이 되었다. 이런 염려와 궤를 같이하는 이야기는 특히 헵디지Dick Hebdige가 전후 영국의 청년층에 대한 매체 이미지에서 발견한 "재미로 해본 말썽, 말썽을 부려야 재미"(1988: 30)가 현대에 통합되었다는 특징을 보여준다. 여기서 청년들은 이국적인 타자이자 지나치게 창의적이고 위험한 존재로 재현된다. 청년의 이미지는 자본주의 체제에서 변화에 관한 사상과 계급, 부의 분배, 소비 실천과 같은 사회 구조의 조직 방식과 밀접하게 관련되어 만들어졌고(Murdock and McCron, 1976: 10), 뉴 미디어가 주요한 파괴 행위자로 보일 때는 이 사상과 조직 방식은 종종 융합되었다. 사실, 키어스틴 드로트너Kirsten Drotner가 주장하기를 청년은 새로움과 변화라는 보완적인 은유로 인해 매체와 연결되었고, 그 때문에 청년 담론과 뉴 미디어 담론은 불가피하게 얽혀버렸다(2000: 10). 유튜브의 경우 '재미로 해본 말썽, 말썽을 부려야 재미'의 통합은 '기술 이국주의technological exoticism' 담론에서 제기된 '세대 간 [정보] 격차'에 관한 성인들의 우려를 통해 더욱 커졌다(Herring, 2008). 여기서 유튜브와 그 무책임한 사용자들이라고 가정한 '청년'들은 모두, 방종하고 버릇없는 동시에 새롭고 흥미진진하다(Driscoll and Gregg, 2008). 이것은 청년들의 '타고난' 기술 습득 및 사용 능력에 대한 얼핏 보기에 긍정적인 주장에서 잘 드러난다. 프렌스키Marc Prensky가 지긋지긋할 정도로 고수하는 '디지털 원주민' 개념이 한 예인데(2001a; 2001b), 이는 매체 '세대'에 관한 대화의 근간이 된다(Burgess, 2016).

이런 우려는 예전에는 주로 청소년을 둘러싼 우려였는데, 최근에는 유튜브가 더욱 일상적으로 사용되고 휴대전화 스크린에서도 볼 수 있게 됨에 따라 아동들의 위험과 안전에 관한 염려가 고조되었다. 유튜브는 예전에는 형식적으로나마 13세 이상이어야 사용할 수 있게 제한되었지만, 그보다 훨씬 어린 아동들은 부모나 같은 연령대 아동들과 함께 볼 수 있어서 큰 인기를 끌게 되었다. 이에 대한 해결 방안은 2015년 2월에 나온 유튜브 키즈 YouTube Kids 앱이었다.[1] 유튜브 키즈 앱은 3세에서 5세 아동을 대상으로 스마트폰에서만 쓸 수 있는 유튜브 플랫폼의 광고가 가미된 버전인데, (타이머나 온/오프 스위치가 달려 있는) 부모 통제 기능이 내장된 것으로, 미리 설정한 콘텐츠를 장착했다(Shribman, 2015; Kleeman, 2015). 그러나 장벽을 친 정원의 내부든 외부든, 아동들과 함께 하는 장난감 언박싱 동영상의 엄청난 인기와 아동들을 대상으로 한 소셜 미디어 인플루언서 채널의 등장은 아동 대상 광고를 제한하려고 통제하는 시장 차원에서도 규제가 필요하다는 우려가 제기되었다(Campbell, 2016; Craig and Cunningham, 2017). 유튜브 플랫폼이 정기적으로 추천 혹은 검색 알고리듬을 통하거나 심지어 유튜브 키즈 앱을 통해서 아동들이 부적절한 콘텐츠에 우연히 노출되는 경우에 대해서도 어른들은 계속 걱정했다〔예컨대 로라 준(Laura June)이 '가짜 페파 피그 문제'에 아동들이 노출되는 문제에 대해 쓴 기사(2017) 참조〕.*

유튜브에 관한 초기 뉴스들은 '도덕적 공황'의 패턴을 따랐다. '도덕적 공황'이라는 말은 지금은 흔히 쓰는 말이지만 문화 연구에서는 공중이 우려하

---

* fake Peppa Pig problem: 〈페파 피그〉는 미취학 아동을 대상으로 하는 영국 애니메이션으로서 2004년 5월에 방송을 시작했고, 2021년 3월까지 7시즌을 진행하면서 전 세계적으로 인기를 끌고 있다. 새끼 돼지인 페파(Peppa)와 그녀의 가족 그리고 다른 동물 친구들을 중심으로 벌어지는 이야기인데, 2017년에 유튜브에서 검색되는 페파 피그 중에 가짜가 검색되어 나타났다. 페파 피그 캐릭터를 이용해 누군가가 제작한 이 가짜 페파 피그는 표백제나 끔찍한 치과가 등장하는 두려운 내용이지만, 이를 시청한 아이들은 가짜 페파 피그도 진짜로 믿는 문제가 발생한 것이다.

는 이슈를 둘러싼 매체 재현과 사회적 현실이 서로 영향을 끼치는 특별한 주기를 묘사하는 데 사용되곤 한다(Cohen, 1972). 스튜어트 홀과 그의 동료들은 『치안 유지와 위기Policing the Crisis』(1978)라는 획기적인 책에서 영국의 노상강도 사건이 어떻게 특정 역사적 '국면'이라는 맥락에서 사회에 대한 특별히 위협으로 재현되는 새로운 범죄로 구성되는가를 분석했다. 여기서 그들은 이 새로운 심각한 '문제'가 제도화된 이데올로기적 권력에 발생한 위기가 실제로 무엇인지를 밝히지 않고 은폐하도록 작동했다고 주장했다. 경찰과 매체가 '노상강도 사건'에 주목했기에, 그 문제는 공중의 상상과 현실에서 증폭되었고, '도덕적 공황'을 구성했다. 이와 유사하게, 유튜브에 관한 초기의 매체 보도에서 도덕적 공황의 특성을 설명하는 이야기들은 서로 연결된 두 가지 공중의 우려에 의존하는 동시에 그 우려를 증폭했다. 그 우려의 한쪽은 청년과 도덕성이고, 다른 한쪽은 뉴 미디어와 그 '효과'였다. 드로트너는 뉴 미디어에 대한 우려와 도덕적 공황이 통합되는 이중 패턴을 '매체 공황'이라고 묘사하며(Drotner, 1999), 이를 근대성에 '내재되고 반복적으로 나타나는' 특성으로서 긴 역사가 있다고 설명한다.

톰 로스톤Tom Rawstorne과 브래드 크라우치Brad Crouch가 머독Rupert Murdoch 소유의 뉴스 리미티드News Limited의 신문 《선데이 메일The Sunday Mail》에 기고한 오피니언 기사(2006)는 그 초기의 사례인데, 이 오피니언 기사에서 그들은 사회적 일탈에 대해 청년과 유튜브를 비난하다가도 용서하기도 하는 오락가락하는 태도를 보여주었다. 로스톤과 크라우치는 '뮤직비디오, 일반적인 오락물… 혹은 비디오카메라를 들고 사람들이 망가지는 모습' 뒤에 마우스를 몇 번만 클릭하면 그래픽 콘텐츠로 가득 찬 사악한 공간이 놓여 있는 곳에서 '아무런 규제를 받지 않고 비대해져 버린' 무질서한 동영상이라고 유튜브를 악의적으로 그려놓았다(Rawstorne and Crouch, 2006). 그들이 보기에, 유튜브는 인터넷의 국제적인 성격 때문에 오스트레일리아의 매체 규제의 범위를 넘어서서 노출광들에게 플랫폼을 제공했다. 청년들은 대행자인 동시에 피해자로서 프레이밍되었다. 그들이 보기에 청년들은 유튜브에 올라온 대부분의 저속한 콘텐츠(10대들의 야단법석*과 침실 립싱크**)와 (자동차 서핑,*** 해피 슬래핑,**** 공공 반달리즘,***** 교내 난투극******과 같은) 초매개된 수많은 난동에 대해 책임이 있고, 히틀러Adolf Hitler 연설이나 인종차별주의 선전, 소름 끼치는 시체 해부, 사지 절단 영상, 그리고 바그다드에서 벌어진 박격포 폭격 동영상에 노출될 위험이 있는 취약한 집단이었다.

이런 매체 공황의 통합은 그 당시에는 새로운 개념이었던 '사이버폭력'에 관한 이야기에서 나타났다. 사이버폭력은 디지털 기술을 이용해서 다른 사람을 괴롭히는 행위로, 특히 수치심이나 모욕감을 주는 동영상을 올리거나, 폭력 행위를 기록하고 찬미하기 위해 동영상을 사용하는 것이 그 예이다. 2007년 3월에 오스트레일리아의 빅토리아Victoria주 정부는 학교 시설에서 유튜브에 접속하지 못하도록 했는데, 이는 부분적으로는 소년 열두 명이 17세 소녀를 성적으로 학대하는 동영상이 올라온 것에 대한 대응이기도 했다(Smith, 2007). 유튜브 웹사이트에 접근을 제한하자는 유사한 요구가 영국의 교사 집단과 학교 이사회로부터 나왔고('Teachers in websites closure call', 2007), 미국에서도 비슷한 상황이 나타났다(Kranz, 2008). 그에 대해 유

---

*   teenage hijinks: 원기 왕성한 10대 남녀 간의 제멋대로의 희롱이나 거칠고 위험한 장난을 뜻한다.

**   bedroom lip synching: 침실에서 음악을 틀어놓고 음악에 맞춰 립싱크하면서 노는 것을 말한다.

***   car-surfing: 달리는 자동차 위에 파도를 타는 서핑 자세로 위험을 즐기는 10대 청소년들의 위험한 놀이이다.

**** happy slapping: 아무 이유 없이 불특정 사람들에게 폭력을 행사하고, 이를 비디오카메라나 휴대전화의 동영상으로 기록하는 범죄를 말한다.

***** public vandalism: 공공 기물을 파괴하는 행위를 말한다.

****** school yard brawl: 학교 내 운동장과 같은 곳에서 학생들 사이에 벌이는 싸움을 뜻한다.

튜브는 자체적으로 '비트불링Beatbullying 채널'이라는 반사이버폭력 조치를 내놓았지만, 이 채널은 더 이상 존재하지 않는다('YouTube tackles bullying online', 2007). 사이버폭력이라는 이 새로운 범주는 그것의 생성에 학계도 일말의 책임이 있는데(예컨대 Patchi and Hinduja, 2006; Slonje and Smith, 2008), 청년, 폭력, 위험을 둘러싼 도덕적 공황이 매체에 대한 공황을 생산하는 기존의 매체 효과 담론과 어떻게 연결될 수 있는지를 보여주는 좋은 예시가 된다(Drotner, 1999).

유튜브의 도덕성 쟁점에 관한 매체 담론, 로스톤과 크라우치의 2000 단어 분량의 맹비난, 그리고 '사이버폭력'이라는 새로운 범주의 형성은 휴대전화와 인터넷과 같은 디지털 매체 기술을 자기표현 수단으로 사용함으로써 매체의 전문성과 도덕적 권위를 자극하는 불안함과 불확실성의 징후로 볼 수 있다. 이런 도덕적 공황은 '웹 2.0'에 관한 유토피아적 과장과 문화 생산의 민주화로 인해 증폭되었는데, 이는 사용자가 주도하는 '혁명'이라는 비유의 밑에 깔린 가정들을 뒤흔들지 않고도 가치 판단을 뒤집어버릴 수 있기 때문이다. 대중적인 민주화를 기술 변화의 직접적인 효과라고 보는 신화는 다음 두 가지 경우에 해당한다. ≪타임≫은 2006년에 '올해의 인물'을 '유'라고 발표했으며(Grossman, 2006b), 앤드루 킨Andrew Keen은 그의 저서 『구글, 유튜브, 위키피디아, 인터넷 원숭이들의 세상The Cult of Amateur』(2007: 35~46)에서 참여 온라인 문화가 지적 전문성과 도덕 규범을 훼손한다는 이유로 논쟁적인 공격을 개시했다.

초기의 유튜브에 관한 이런 이야기들의 주제는 새로운 것이 아니다. 이들은 근대 이후 뉴 미디어 기술과 형태가 대량 보급되고 대중화되는 현상을 둘러싼 수사의 패턴과 일치한다. 그런 우려는 19세기 초 소규모 언론pauper press이나(Hartley, 2008b), 20세기 초에 휴대용 핸드 카메라가 등장할 때 나타났고(Mensel, 1991; Seiberling and Bloore, 1986; Nead, 2004), 문화 생산과 문화 기록 수단이 대중, 더 구체적으로는 '하층 계급의 아동'의 손아귀에 들어갈 때(Springhall, 1999) 비슷한 우려가 재생산되었다. 더욱이, 도덕적 공황 담론을 동원하는 것은 뉴 미디어, 청년, 폭력과 같은 주제를 다루는 수십 년 동안 미디어에서는 흔한 일이었다(McRobbie and Thornton, 2002 참조). 도덕적 공황 담론은 이제 기자들의 전문적인 레퍼토리의 일부이며 수많은 일반적인 뉴스 소비자들도 그렇다는 것을 인식하며 비판할 수 있어서, 이제 '도덕적 공황'은 그저 보도 레퍼토리의 일부분이다. 그러나 드리스콜Catherine Driscoll과 그레그Melissa Gregg가 주목하듯이(2008), 당대의 도덕적 공황, 특히 인터넷에 대한 도덕적 공황에서 중요한 차별점은 주류 매체가 보여주는 것처럼 '기성' 담론의 패권은 예전만 못하며, 그에 관한 논쟁을 더는 억제할 수 없다는 것이다. 차라리, 주류 매체들은 폭넓은 다른 관점들을 필수적으로 취합하는데 이는 바로 유튜브 웹이 다양한 의견을 표명할 수 있게 해주기 때문이다. 그리고 2017년에 매체 패권은 급격하게 분산되어서 '그 매체들'은 더 이상 도덕의 중심을 확실히 차지하지 못한다. 예를 들어, 중도좌파 성향의 《스파이크트 온라인Spiked Online》은 2017년 10월에 전 세계 여성들이 성추행과 폭력을 폭로하려고 사용했던 #미투metoo와 같은 소셜 미디어 해시태그 캠페인을 소셜 미디어가 조장한 '남성에 대한 도덕적 공황'으로 프레이밍했다(Whelan, 2017).

유튜브와 관련된 위험이나 반사회적 행동이 전혀 없다는 말이 아니다. 오히려 그 반대이다(플랫폼 관리에 관한 쟁점은 4~6장에서 논의할 것이다). 그러나 디지털 매체 기술이 직접 반사회적 행동을 야기하고 이 기술의 사용자들(특히 청년 사용자들)이 수동적인 희생자라는 가정은 당면한 이슈들을 다루는 데 도움이 되지 않는다. 더욱이, 유튜버들은 유튜브의 가치, 위험, 유리함에 관한 매체의 논쟁에 스스로 적극적으로 관여하는 참여자들이고, 다음 장에서 논의하는 것처럼 이들은 자기가 참여자라는 것을 이해하는 공동체의 행동 규범을 적극적으로 함께 개발하거나 그 기준에 대해 논쟁한다. 유튜브 플랫폼의 사용 문화와 공동체의 다양한 규범의 상황을 이해해야 유튜브 참여의 이런 윤리적 측면을 이해할 수 있다. 4장에서 논의하겠지만, 유튜브에서 이런 규범은 유튜브 '공동체' 안과 다른 소셜 미디어에서도 계속 참가자들이 함께 만들고, 쟁론하며, 교섭하면서 형성된다.

유튜브와 유명세 문화

2000년대 중반 문화 생산의 민주화를 찬양하는 다양한 설명의 공통적인 가정(Grossman, 2006a; 2006b)은 만약 적절한 플랫폼을 사용한다면 가공되지 않은 재능을 가진 사람이 디지털 유통과 결합함으로써 정당한 성공을 거두고 매체의 명성으로 직접 전환될 수 있다는 것이었다. 이 가정은 아마추어 동영상에 관한 주류 매체의 초기 담론에서 특히 주목할 만했는데 이 담론들은 이런 전망을 실현한 개인의 성공담들을 예로 들곤 했다. 예컨대 유튜브의 초창기에 '레이지 선데이'에 대해 매체들이 관심을 보였고 주류 매체들은 〈새터데이 나이트 라이브〉에 새로 합류해서 아직 인지도가 낮았던 코미디언이자 배우인 앤디 샘버그^{Andy Samberg}를 주목하게 되었다. 샘버그와 그의 동료 작가 조마 태코네^{Jorma Taccone}와 아키바 슈내퍼^{Akiva Schnaffer}는 그들의 스케치 동영상을 동영상 공유 웹사이트 '채널101닷컴^{Channel101.com}'과 자기들의 웹사이트 '론리 아일랜드^{The Lonely Island}'에 포스팅한 다음에 연예계의 관심을 받게 되었다(Stein, 2006). '론리 아일랜드'는 2017년에도 여전히 운용 중이다.[2] 이 웹사이트들에 올린 동영상들이 성공적이었고, 특히 미국의 10대들을 다룬 드라마 〈The O.C.〉를 패러디한 〈더 부^{The 'Bu}〉(Malibu의 줄임말)라는 동영상은 폭스 채널 임원들의 눈에 들어서 임원들은 샘버그 팀에게 〔〈오썸타운(Awesometown)〉이라는 제목의〕 스케치 코미디* 시리즈의 시범 프로그램 제작을 의뢰했다. 이 시리즈는 정규 편성되지는 않았지만, 샘버그 팀은 MTV의 구성 작가가 되었고, 마침내 〈새터데이 나이트 라이브〉의 크루 멤버와 구성 작가가 되었다.

또 다른 성공담으로는 미국의 밴드 오케이 고^{OK Go}가 러닝머신 위와 뒤뜰에서 춤을 추는 장면을 집에서 뮤직비디오로 만들었고, 팬들이 이 뮤직비디오들을 오케이 고의 공식 웹사이트에서 다운받아서 유튜브에 올린 후에 주류로 진출하게 되었다는 이야기가 있다(Adegoke, 2006). 이와 비슷한 경우로 뮤지션인 테라 나오미^{Terra Naomi}는 유튜브의 뮤지션 채널에서 가장 구독자 수가 많은 아티스트 중에 한 명이 된 후에 음반 계약을 체결한 것이 있다(Adegoke, 2006; Hutchinson, 2007). 그리고 저스틴 비버^{Justin Bieber}는 한때 그의 동영상이 유튜브 플랫폼에서 가장 많은 조회 수를 기록하기도 했는데, 유튜브에 업로드된 그의 버스킹 동영상을 우연히 접한 신인 발굴자가 2008년에 그를 발견했다는 말이 있다. 음반 회사와 신인 발굴자 들은 점점 더 온라인으로 공표하는 기회에 관심을 기울이게 되었기에(Bruno, 2007), 초기 몇 년 동안 '자기 자신을 방송하라'는 모토로 유튜브는 부와 명성을 얻게 되는 방법이라고 신화화되었다.

리얼리티 텔레비전 쇼가 아직 전성기였던 2003년에 닉 쿨드리^{Nick Couldry}는 주류 매체에서 '평범한' 시민과 유명 연예인 사이의 간격은 일반인이 대중 매체의 재현 모드에 접근했을 때 줄어들 수 있다고 주장했다. 쿨드리는 이런 접근은 '평범한 세계'에서 '매체 세계'로 전환하는 것이라고 언급했다. 쿨드리가 보기에, 일반인과 유명 연예인의 차이가 불분명해지는 것이라기

---

*   sketch comedy: 코미디언이나 배우에 의해 10분 이하의 짧은 일화로 구성되는 코미디로서 예능 프로그램이나 토크쇼 등에서 널리 이용되고 있다. 우리나라의 코미디 프로그램 내의 '코너'라고 불리는 것들이 이에 해당된다고 할 수 있다.

보다는, 벼락출세담과 리얼리티 텔레비전 쇼는 '매체 세계'와 '평범한 세계' 사이의 구분을 재생산하는데, 이는 "매체 기관이 재현하는 상징 권력의 불평등을 은폐한다(그리고 자연스럽게 받아들이도록 만든다)"(Couldry, 2000: 16). 아직 발굴되지 않은 재능 있는 유튜버들이 '평범한 세계'에서 진정한 '매체 세계'로 도약할 수 있다는 전망은 유튜브 자체에 확실히 자리 잡았고, 유튜브의 수많은 신인 발굴 경쟁 프로그램과 기획에서도 명백해 보였다. 오케이 고의 성공에 대한 반응으로, 유튜브는 음악인들에게 채널을 헌정했고, (서비스를 처음 시작한) 2006년 6월부터 8월 사이 3개월 동안 12만 명이 계약서에 서명했다(Adegoke, 2006). 우수한 DIY 콘텐츠의 제작을 격려하기 위한 프로모션에는 '마이 그래미 모멘트My Grammy Moment' 경쟁도 있었다. 이는 유튜브 뮤지션들이 자기가 선택한 악기로 푸 파이터스Foo Fighters의 노래 「프리텐더The Pretender」를 커버하는 경쟁인데, 승자는 그래미 시상식에서 푸 파이터스와 함께 연주할 기회를 얻는다.[3] 그리고 다양한 단편 영화 경쟁 프로그램들, 예를 들어 2007년 11월에는 처음으로 '국제 영화 경쟁International Film Competition'이 생겼고, 2008년 2월에는 '지상에서 대박으로'* 콘테스트,[4] '스케치' 코미디 시상식이 생겼다. 2008년과 2009년에 유튜브 사이트는 온라인으로 협주하는 오케스트라를 만들기 위해 런던 심포니 오케스트라와 제휴했다. 사용자들은 두 편의 오디션 동영상을 제출했고, 심사 과정을 거친 후에, 유튜브 공동체의 투표를 통해 참여자로 선발되었다. 승자들은 카네기 홀에 함께 모여서 공연했고, 연주 콘텐츠, 경연, 연습, 실연은 유튜브에 업로드되었다. 이 행사는 2010~2011년에도 다시 개최되었다.

---

*   From Here to Awesome: 단편 영화 경쟁 영화제였고, 현재 열 개의 수상작이 아마존(Amazon)에 동명의 제목으로 업로드되어 있다. 이 제목은 영화 〈지상에서 영원으로(From Here to Eternity)〉를 패러디한 것으로 보여서 '지상에서 대박으로'라고 번역한다.

이런 겉보기에 다양한 시도에도 불구하고 이 사례들은 DIY 유명인들의 신화를 구현하기보다는 오히려 한계를 보여준다. 존 하틀리[John Hartley]가 매체의 민주화와 'Do-It-Yourself 시민권'의 발전이라고 한 논의(1999)에 대한 대응의 일환으로 그래임 터너[Graeme Turner]는 이 주제에 관해 일반인이 대중 매체에서 잠재적이고 일시적인 유명인으로 재현되는 경우가 증가하는 것은 매체의 '민주화'라기보다는 '통속화'를 보여주는 것이라고 주장했다(2004; 2006). 일반인이 창의적인 노력을 통해서 유명인이 되더라도, 매체 권력이 필수적으로 이양되는 것은 아니다. 유명해진 일반인은 여전히 (할리우드이든 다른 타블로이드 텔레비전*이든) 매체 산업에 고유하고, 매체 산업의 통제를 받는 유명인 체제 안에 있다. 그래임 터너가 보기에, 매체 문화의 '통속으로의 전환'은 '비연예인-유명인'을 배출하는 기존의 유명인 체계에 의존하는데, '비연예인-유명인'은 기존 매체 산업에 대한 대안이 아니라 그로부터 생산되고 포섭되는 것이다.

초기에 유튜브는 아마추어 콘텐츠를 상업화할 수 있는 가능성을 보여주었고, 어떤 경우에는 그 콘텐츠 제작자들이 유명인이 되었다. 그러나 앞에서 언급한 예들이 보여주듯이, 전통 매체 산업의 잔존하는 논리의 영향력은 여전했고, 이런 새로운 형태들의 성공의 표식은 역설적으로 온라인에서 얻은 인기가 아니라 이들이 인기를 얻은 다음에 (음반 계약, 영화제, 텔레비전 파일럿 프로그램, 광고 계약 등과 같은) 구(舊)매체의 게이트 키핑 구조를 통과할 수 있는 가능성이었다.

2017년에 이르러, 유튜버들의 스타 파워와 브랜드 파워는 극적으로 그리고 기하급수적으로 늘어났고, 그와 관련된 매체 생태계는 많이 바뀌었지

---

*   tabloid TV: 신변잡기, 스캔들, 가십과 같은 흥미 유발에 맞춰져 있는 소재나 선정적인 기사 등으로 된 프로그램을 제공하는 텔레비전을 의미한다.

만, 그 '명성'을 얻는 이야기는 그대로 남아 있다. 유튜버들은 악명이나 주목을 끌 만한 뭔가를 할 때, 〔일상 동영상(vernacular video)을 통해 유명해진 인재를 정기적으로 '발견'하는〕 엘런 디제너러스Ellen DeGeneres의 토크쇼 〈엘런〉에 손님으로 출연할 때, 또는 그들의 웹 시리즈나 동영상블로그가 넷플릭스와 같은 스트리밍 사업자에 의해서 더 정식 프로그램으로 개발하기 위해 채택될 때 뉴스 가치가 있다. 이렇게 정식 프로그램으로 개발한다는 보도는 물론 주류 매체가 자체 문화 권력을 강화하고 시장과 계속 연계하는 방법 중하나이다.

유튜브의 인기 있는 콘텐츠가 주류 매체와 음악 산업이 포함된 다양한 기원에서 유래되기도 하지만, 유튜브는 점점 더 일상 관습과 다양한 플랫폼 문화의 가치에 기반하고 그 가치를 반영한 유튜브 고유의 자체적인 유명인 체계를 발전시키고 상업화했다. 처음부터, 유튜브 유명인들이 있었다. 그들 중 일부는 악명이 높거나, 트롤들의 과녁이거나, 또는 기분 나쁘게 하거나 짜증나게 해서 유명했다. 크리스 크로커Chris Crocker가 동영상 '브리트니를 내버려둬Leave Britney Alone'로 얻은 명성이 그중 하나이다.[5] 그러나 아무리 그의 퍼포먼스가 매우 기괴하더라도, 크로커는 유튜브에만 계속 참여했기에 유튜버 '스타'로서의 지위를 꽤 오랫동안 유지할 수 있었다(2015년에 그는 악플의 문제를 언급하면서 채널을 지워버렸다). 이는 리얼리티 프로그램 〈빅 브라더Big Brother〉의 참가자가 텔레비전 프로듀서가 부린 변덕 때문에 일시적으로 짧으나마 주목을 받는 경우나, 어떤 동영상 창작자들(혹은 그들이 다루는 주제들)에 15분의 명성을 부여하는 단발성의 바이럴 동영상들과 연결된 유명세와도 다른 것이다. 예전에 우리는 유튜브의 일상적이고, 플랫폼에 특화된 문화 실천들을 이용하는 새로운 형태의 상업적·전문적 콘텐츠 창작자들을 추적했다(Burgess and Green, 2008). 이 자수성가한 스타들을 '기업가형 브이로거'라고 불렀다. 그들은 전통적인 매체 전문가들처럼 행동하지 않는 것처럼 보였지만, 분명히 상업적인 의도를 가지고 운영했다. 그들은 유튜브를 통해서 유튜브를 위해 제작된 콘텐츠와 때로는 그들 자신의 웹사이트에서 만든 콘텐츠로 많은 수용자들에게 소구함으로써 얻은 광고 수익으로 생계를 유지하는 중이었다. 우리가 검토한 사례 중에 윗더벅what-thebuck[마이클 버클리(Michael Buckley)는 인기 있는 행사와 연예인 들에 대한 브이로그를 만들었다], 핫포워즈hotforwords[말리나 오를로바(Malina Orlova)는 주로 어원을 설명하는 섹시한 인포테인먼트에 특화되어 있다], 스세필sxephil[필립 디프랭코(Philip DeFranco)는 빠른 속도로 진행하는 뉴스 풍자 영상을 올린다]이 있다. 오를로바의 명성은 정점에 달한 후 내림세였지만, 버클리와 디프랭코는 2017년 말까지 꽤 활발했던 성공적인 유튜버들이며 교차 플랫폼 매체 전문가들이었다. 그들은 타블로이드 신문에 나올 법한 예전의 유명인들이 아니다. 그보다 그들은 새로이 등장한 매체 시스템의 첫 번째 스타들이었는데, 그들은 독특한 유튜브식 '활동'을 하고 있었고, 일관된 캐릭터를 유지하면서, 유튜브 플랫폼에 특화된 지원성을 통해 유튜브 수용자를 끌어들이는 높은 수준의 수완을 발휘했다. 그들은 단순히 유명하기 때문에 유명한 것이 아니라 구체적인 어떤 것을 잘하기 때문에 유명해졌다. 그 '어떤 것'이 처음에는 허접하고 아마추어처럼 보이고 전통적인 매체 산업이나 예술계에서는 품격이 있어 보이지는 않았다. 그러나 바로 그것이 유튜브를 둘러싼 성공적인 매체 브랜드 이미지를 확립하는 데 필수적인 것임이 드러났다.

지난 10년간, 많은 사람들이 코미디 뉴스, 게임 플레이, 요리 쇼와 뷰티 브이로그와 같이 세심하게 제작된 문화 형태와 이 플랫폼에 특화된 문화 실천을 통해서 고소득을 올릴 수 있지만 안정적이지 못한 경력을 쌓는 '인플루언서'라는 직업(Abidin, 2015a; 2015b; Duffy, 2017)과 '소셜 미디어 엔터테인먼트'가 창의 산업의 하위 분야로 새로이 등장했다(Cunningham et al., 2016). 그들의 사업 모델은 브랜드와 마케팅과 복잡한 관계를 맺을 수도 있는데,

특히 뷰티 분야가 가장 유명하고 자동차, 주류, 완구, 스낵류에도 적용할 수 있다(Nazerali, 2017). 업계 인사들이 천명하듯이, 인플루언서들은 전통적인 매체의 연예인들과 같지 않고, 스타 유튜버들도 마찬가지이다. 이 콘텐츠 창작자들은 디지털 매체의 문화 경제에 내재되어 있고, 일상 문화와 유기적으로 연결되어 있으며, 그 매체의 미적 코드와 커뮤니케이션 코드를 능숙하게 다룰 줄 안다. 성공적인 유튜버들은 엔터테인먼트에 진정성을 접합하는 방법과 그들의 행위와 자기표현에 내재된 양면성을 다루는 방법을 안다. 이들은 친밀성, 유머, 무례한 태도를 적절히 섞으며, 진정성, 공동체, 브랜드의 관계성의 균형을 세심하게 유지한다(이런 문화 및 경제 역동성에 대한 상세한 논의는 Banet-Weiser, 2012; Duffy, 2017; Smith, 2014 참조).

2017년, 유튜브에 올라오는 대다수의 사용자 창작 콘텐츠들이 평범하고, 무미건조하고, 재능이 없는 아마추어 수준이라고 가정하면, 유튜버들이 경험하는 성공 수준에 오르는 것은 전통적인 매체가 더더욱 주목할 만하다고 간주하는 것이었다. 미국 ABC 네트워크가 방영하는 뉴스 매거진 프로그램 〈20/20〉에서 유튜브 관련 보도에서 존 스토셀[John Stossel] 기자는 이미 알려진 아마추어 동영상의 문화적 범위에 대해 다루었다. 그는 시청자들에게 소구하는 오프닝 멘트에서 약간 전형적인 톤으로 유튜브에 대한 회의적인 태도를 드러냈다.

아이들이 어리석고 무모한 짓을 하는 것을 보고 싶나요?
동물들이 귀여운 짓을 하는 것은요?
미인 대회 참가자가 넘어지는 것도요?
또는 수천 명의 재소자들이 마이클 잭슨(Michael Jackson)의 〈스릴러(Thriller)〉 음악에 맞춰 춤추는 장면은요?
이 모든 것들은 다 유튜브에 있습니다.

비록 유튜브가 상업적인 온라인 동영상 콘텐츠의 주요한 공급원이 되었음에도 불구하고, 우연히 '바이럴'하게 동영상 스타가 될 수 있다는 신화는 여전히 남아 있다. 그리고 이는 성공한 유튜버들과 유튜브 플랫폼 자체로 인해 세심하게 계발된 신화이다(유튜브 플랫폼은 창립 기념일 특집으로 바이럴 영상의 주체들인 '우연한 계기로' 스타가 된 유튜버들을 등장시키기도 한다).

동시에, 어떤 바이럴 영상이나 밈meme을 처음 만든 사람들은 제대로 물질적 보상을 받지 못하고, 다른 이들의 주머니를 채워주기도 한다. 또는 이 다른 이들이 그 주체들을 착취하거나 망신을 줄 수도 있다. 바이럴 영상과 밈에 대해 때로는 주저하거나 정통하지 않은 스타들이 그 좋은 예인데, 이들이 등장하는 콘텐츠가 빠르고 광범위하게 확산되었기 때문에 유명해진 경우이다. 여기서는 힘 돋우기가 작동하는 만큼 착취라는 쟁점이 있음을 고려해야 하는데(Senft, 2013: 352~353), 어떤 사람들이 동의하지 않은 상태로 유튜브에 공유된 영상에 등장함으로써 원하지 않은 명성을 얻게 되거나 때로는 조롱의 대상이 되는 경우가 있다. 그리고 부모가 만든 유튜브 채널을 통해 '미시-미시유명세micro-microcelebrity'를 얻은 아동들의 미시유명세를 둘러싼 복잡한 상황과, 심지어는 이 아동들에 대한 상업적 착취에 대한 우려의 목소리도 등장했다(Abidin, 2015a). 그들이 원하지 않았던 명성은 때로는 그들이 청소년기를 지나 심지어 성인이 된 이후에도 꼬리표처럼 따라다닐 수 있다.

일상 동영상의 의미 변화

수많은 유튜브의 일상 문화 형태는 유튜브와 심지어는 웹이 등장하기 이전에도 있었고 집단적이고 협력하는 대안 매체의 하위문화와 역사적 연속성을 지니고 있다. 이 대안 매체의 하위문화의 활동은 그전에도 이미 있었고 유튜브 창립자들의 제한된 문화적 상상을 벗어난 콘텐츠와 실천 방식을 유튜브 플랫폼에 제공할 수 있었으며, 이 책의 초기 판본에 담긴 헨리 젱킨스의 글이 그 가능성을 보여주었다(Jenkins, 2009). 젱킨스는 대안 매체, 진 문화,* 팬 영상, 활동가들의 영상 문화가 "(유튜브와 같은 플랫폼의) 초기 수용, 빠른 채택, 다양한 활용 방식을 위한 길을 닦았다"라고 주장했다(Jenkins, 2009).

유튜브에 올라온 콘텐츠의 상당수는 언제나 평범하고, 일상적이며, 사적인 것들이었다. 유튜브 창립 10주년을 맞이한 2015년에 발간된 퓨 인터넷 Pew Internet과 아메리칸 라이프American Life의 보고서는 다음과 같은 사실을 강조했다. 많은 수용자들을 거느린 스타 유튜버들은 극소수이지만, 2013년에 영상을 웹에 올린 31%의 성인들 중에서(이는 2009년에 비해 두 배 이상 증가한 수치이다), 45%는 '반려동물의 영상'을 올렸고, 58%는 '친구와 가족 들의 일상'을, 54%는 '참가한 행사 영상'을 올렸다. 그에 비해 '교육 영상'(30%)이나 '일부러 연출한 영상'(23%)은 적은 편이었다. 그리고 이들 중 단지 3분의 1이 "많은 사람이 보거나 '입소문이 나기를' 희망하면서 영상을 올렸다"고 말했다(Anderson, 2015). 평소에 하는 스토리텔링, 홈 무비(Zimmermann, 1995), 개인적인 사진 찍기와 같은 일상적인 실천을 포함하는 '일상적 창의성'(Burgess, 2006)이라는 이론적 렌즈를 통해 보면, 영상의 창작과 공유는 집단적인 문화 참여, 사회적 연결, 일상적인 미적 실험의 수단이지만, 그와 동시에 반드시 많은 이들의 주목을 받으려는 욕망이 아닌 그저 개인적인 자기 표현 방식이기도 하다.

---

*   zine culture: '진(zine)'은 잡지를 의미하는 '매거진(magazine)'의 약자이고 진 문화는 이미지와 텍스트를 모아서 스스로 출판물을 내는 문화를 의미한다. 1930년대부터 이런 문화는 있었고, 2000년대에는 인터넷 홈페이지, 블로그에서도 등장했다.

'브이로그vlog'(videoblog의 축약어) 장르는 유튜브의 가장 핵심적인 문화 형태들 중 하나이고, 유튜브 플랫폼에서 다수의 가장 인기 있는 채널들의 주요 콘텐츠이며, 유튜브 플랫폼의 초창기부터 2017년까지 유튜브의 '아마추어' 영상과 일상 창의성의 매우 지배적인 형태이다. 이 장르는 유튜브 플랫폼 이전부터 있었다. 특히, 트라인 비요르크만 베리Trine Bjørkman Berry의 브이로그의 문화사와 더불어, 캠걸camgirl들이 솔직하게 자기 생각을 말하는 '평범한' 소구 방식과 수용자들이 개입하는 사회적 네트워크의 실천에 대한 테리사 센프트Theresa Senft의 논의(2008)를 참고하라. 센프트의 논의는 그런 실천 행위가 유튜브보다 몇 년 앞선 하나의 프로젝트임을 알게 해준다. 브이로그의 가장 기본적인 형태는 주로 카메라를 보고 직접 혼자 말을 하는 방식이기에 웹캠으로 찍고 재치 있게 편집해서 제작할 수 있으며, 콘텐츠의 주제로는 코미디에서 유명인의 가십, 정치에 관한 토론에서 일상다반사에 대한 소소한 이야기를 다룰 수도 있다. 그러나 양질의 스토리텔링과 직접적이고 사적으로 소구하는 것이 항상 이 장르에서 가장 본질적이었다.

유튜브의 초기 바이럴 히트 콘텐츠 중 하나인 '헤이Hey' 클립6은 유튜브에 관한 주류 매체의 관점과 일상 창의성 관점을 모두 보여준다. 주류 매체의 관점은 유튜브에서 청년, 성, DIY 유명인이 등장한다는 것이고, 일상 창의성 관점에서는 예전의 개인적인 매체 소비와 문화 생산은 디지털 매체 플랫폼을 통해서 문화의 공적 영역의 일부분으로서 재매개되었다는 것이다. 그 영상에서 이스라엘의 20대인 리탈 미젤Lital Mizel과 그의 친구 아디 프리머만Adi Frimerman은 픽시스Pixies의 노래 「헤이Hey」를 틀어놓고 립싱크하고, 춤추고, 기타를 치는 척하면서 빈둥거린다. 이 영상은 여러 번 찍은 다음에 각 컷이 노래의 비트와 맞도록 편집한 것이었다. 2006년 중반까지 이 영상의 조회 수는 수백만을 기록했으며, 유튜브 웹사이트에서 꾸준히 인기 있었고, 2017년 9월까지 3400만 회 이상의 시청 횟수를 기록했다. 미젤은 이것이 침실 댄스 영상이라는 일상 장르의 규칙을 잘 이해하고 있음은 물론 이 영상이 그저 하나의 일상적인 모습일 뿐이라는 자조적인 인식을 잘 보여주면서 이 영상을 만들게 된 동기와 의미에 관해 설명했다.

> 우리는 단지 카메라를 켜고 재미있게 춤을 추었을 뿐입니다…. 나는 나중에 사람들에게 왜 이 영상을 좋아하냐고 물어보기도 했는데, 그들은 '이건 진짜라서'라고 말하더군요. 이건 집에서 만든 것이라서 우리는 즉흥적이고 자연스러웠죠. 그냥 춤추고 재미있게 논 거예요. 이걸 보고 사람들은 젊은 시절과 거울 앞에서 춤추던 때를 기억하더군요(Kornblum, 2006).[7]

저작권 위반으로 유튜브에서 내려지는 운명에 직면한 이 클립은 대체로 긍정적인 (그리고 최근에는 향수에 젖은) 댓글이 달리면서 꾸준히 스트리밍되었고 디지털 문화의 상징이 되었다. 미젤은 이 클립으로 인해 유튜버로서 명성이나 전문성을 얻은 것은 아니지만, 브이로그나 리믹스한 뮤직비디오들을 올리면서 2017년 9월까지 1만 명 미만의 구독자를 지닌 이 채널을 유지했다. 미젤과 프리머만은 그 후에 영화 제작을 배웠고 픽시스가 이스라엘 공연을 할 때 픽시스와 만나, 2014년에는 픽시스의 공식 뮤직비디오를 연출하는 등(Gorali, 2014), 딱 한 번 바이럴 히트를 친 것으로 얻은 지속적인 명성을 성공적으로 활용했다. 그들은 뮤직비디오 연출 프로젝트를 완성했고 픽시스의 노래 「링 더 벨Ring the Bell」 뮤직비디오의 한 장면에서 어떤 숲에서 막춤을 추는 모습으로 카메라 앞에 나타나기도 했다.[8]

그들이 만든 '헤이' 클립은 수많은 다른 립싱크와 커버 동영상처럼 청년층, 특히 젊은 여성들이 매개하는 '침실 문화'의 사례이자 영리한 자축 행사였다. 생산적 유희, 매체 소비, 문화 연행cultural performance은 언제나 문화 참여의 유사-사적인 공간들의 레퍼토리의 일부분이었다(McRobbie and Garber,

1976; Baker, 2004). 그러나 1990년대와 2000년대에는 이들이 웹캠, 소셜 미디어, 유튜브로 인해 점점 더 공개적인 것이 되었다. 공적 연행과 수용자의 개입을 위한 이런 플랫폼들로 인해 상대적으로 '사적인 매체 사용'이었던 것들의 순환 과정은 새로운 차원에 진입했다(Bovill and Livingstone, 2001).

웹캠 문화, 특히 성인 여성과 소녀 들의 온라인 문화와 연결된 웹캠 문화는 유튜브 등장 이전에도 유의미한 역사가 있으며, 초기 학문적 연구와 비판은 감시와 관련된 웹캠 문화의 의미에 주목했고, 이로 인해 수직적 모델에서 수평적 또는 '참여' 모델로 변모했다(Knight, 2000). 리얼리티 텔레비전 프로그램의 자기 착취적인 참여(Andrejevic, 2003)와 대조적으로, 이 저자들은 '캠걸'들이 그들 자신의 재현의 생산과 소비 조건을 잘 통제하고 있어서, 웹캠 문화는 관음주의 측면만큼 '힘을 돋우는 과시 행위'(Koskela, 2004) 측면에서도 이해해야 한다고 주장한다. 따라서 브이로그와 셀카 문화와 마찬가지로, 초기 웹캠 문화는 사회적 연결과 공동체를 구축하는 수단으로 이해할 수 있다. 이는 테리사 센프트가 선구적인 저작 『캠걸Camgirls』(2008)에서 주장했던 것이다. 여기서 센프트는 '미시유명세'라는 말을 만들어냈다.

이 장의 앞부분에서 다룬 참여 문화의 '도덕적' 차원들처럼, '표현'과 '과시', 연행과 감시 사이의 긴장은 참여자들 스스로 능동적으로 교섭한 것이다. 심지어 유튜브의 초창기에도 일상적 생산자들은 상대적으로 '사적인' 기여가 그들의 통제를 벗어나는 정도에 대해 어느 정도 인식하고는 있었지만, 그들의 참여가 지닌 '공공성'을 다양한 방식으로 통제하려고 시도했다(Lange, 2007b). 2017년, 동영상블로그 분야에서 이미 유명해진 참가자들은 아마추어이든 프로페셔널이든 간에 미디어 논평에서 나르시시즘과 미시유명세에 관한 담론들이 이미 많이 다루어져서 그에 대해 모를 수가 없었다. 그리고 이 규범들의 한계는 다시 동영상블로거들은 물론 그 수용자들에 의해 결정되었다.

'론리걸15Lonelygirl15'의 사례(Bakioğlu, 2016)는 '아마추어'와 '프로페셔널'의 문화 생산, 플랫폼-중심의 일상 코드와 관습의 등장, '확산 미디어'(Jenkins et al., 2013)의 시대에 등장한 브랜드 통제와 관련된 새로운 도전, 그리고 가장 중요한 점인 유튜브의 진정성을 신뢰하기 어렵다는 점의 복잡한 새로운 관계를 보여주는 초기 예이다. 2006년 7월부터 9월 사이에 ≪뉴욕 타임스≫, ≪엘에이 타임스The LA Times≫, ≪샌프란시스코 크로니클The San Francisco Chronicle≫과 같은 미국의 주류 매체들은 론리걸15라는 사용자명으로 동영상블로그를 하는 유튜버인 브리Bree를 특별히 주목했다. 2006년 7월 4일에 그녀는 부모와 겪는 갈등이 관계 증진에 어떻게 지장을 초래하는지에 관해 이야기하는 감정적인 포스트를 올렸는데, 이 글은 48시간 안에 50만 회의 조회 수를 기록했고, 이는 그의 예전 동영상들이 일주일당 조회 수가 5만 회에서 10만 회를 보인 것에 비하면 엄청나게 증가한 것이었다(Davis, 2006: 238). 론리걸15의 영상들은 인상적이었다. 이 영상들은 그가 종교적인 부모와 겪는 난감한 관계와 친구이자 동료인 브이로거인 대니얼Danial과의 관계의 부침을 그대로 보여주었다. 론리걸15의 영상들은 각 영상별로 약 30만 회 정도의 안정적인 시청 횟수를 기록할 정도가 되었다.

미디어 논평가들, 특히 ≪뉴욕 타임스≫의 블로거 버지니아 헤퍼넌Virginia Heffernan[9]은 브리가 급속도로 유명해진 것과, 그의 동영상들이 진짜인가를 둘러싼 유튜브 사용자 공동체 안에서 제기된 높은 수준의 억측에 관해 관심을 보였다. 그 영상들은 카메라를 직접 보고 말하는 토킹 헤드라는 브이로그 형태에 맞는 것처럼 보였고, 그 형태의 특성을 고려한 가정 내부와 개인적인 권력관계를 다루었지만, 그중 일부는 '지나치게 세련되어' 보였다. 그 영상들은 편집 수준이 약간 지나치게 뛰어났고, 일련의 사건들은 사적인 일기라고 보기 힘든 내러티브 전개 방식을 보여주었다.

유튜브 공동체는 특히 이 영상들에 대해 주목했다. 사용자들은 유튜브에 댓글을 달거나, 온라인 토론 또는 블로그 포스트에 올리는 댓글로 이 영상들이 진짜인지를 공공연하게 물어보기 시작했다. ≪뉴욕 타임스≫도 이 토론에 합류했다. 일부는 브리의 영상들을 청년들이 창의적 능력을 실험하는 예로 이용하면서도 론리걸15에 관해 조심스럽게 논의했고 브리가 실존하는 브이로거인가 여부에 대한 논쟁을 인정했다(Murphy, 2006). 그러나 론리걸15 '브이로그'는 사실 독립 영화 제작자 메시 플린더스^{Mesh Flinders}, 마일스 베케트^{Miles Beckett}, 그레그 굿프리드^{Greg Goodfried}가 만든 영화 제작 실험이었다는 진실이 밝혀지자(Fine, 2006; Gentile, 2006; Heffernan and Zeller, 2006), 다른 이들은 그의 정당성에 관한 논쟁에 저돌적으로 개입했다(Chonin, 2006).

론리걸15 사례는 유튜브의 아마추어 콘텐츠의 중요성을 둘러싼 신화를 지지하는 동시에 뒤집었다. 브이로그의 미적 감각과 형태의 제약과 마치 고백하는 듯한 스타일을 능숙하게 이용함으로써, 론리걸15의 영상들은 문화 생산의 한 장르로서 브이로그를 홍보했고 정당화했다. 그러나 그 영상들이 진짜라고 결정하는 것은 확실히 론리걸15 유니버스에서 각 등장인물이 지닌 유튜브의 사회적 네트워크의 내재성이다. 그 영상 시리즈의 등장인물들이 자기 유튜브 프로파일과 영상 들을 이용해서 자기들을 소개하고, 내러티브를 진행하고 이와 더불어 마이스페이스^{MySpace}와 같은 다른 소셜 미디어 플랫폼들을 가로지르는 연결 방식들을 강화한다. 브리, 대니얼 그리고 다른 등장인물들은 마치 실제 인물인 것처럼 만들어졌는데, 이는 작가들과 연기자들의 재능뿐만 아니라 소셜 네트워크에서 그들이 다른 참가자들과의 사회관계를 창조하고 교섭하려고 유튜브를 이용했기 때문이다. 이와 마찬가지로, 론리걸15에 올라온 영상들의 시리즈와 등장인물들의 진정성을 둘러싼 논의와 유튜브 사용자들이 추적하는 노력에서 보여준 '딱 걸렸어^{gotcha}' 에너지는 이런 소셜 네트워크 기능들의 핵심적 역할을 강조한다.

론리걸15는 초기 유튜브가 실제로 작동했던 방식과 오랫동안 밀접하게 관련되어 있었던 DIY 문화와 연계된 진정성의 이데올로기를 무너뜨렸다. 진실이 폭로된 이후에도 침실 로케이션 촬영을 넘어 시네마 베리테* 스타일로도 찍은 영상들이 계속 업로드되었지만, 론리걸15는 유튜브 안에서 브이로그의 사용 방식을 실험하고 확대하는 새로운 가능성과, 브이로그 문화에서 진정성, 친밀성, 브랜드 전략에 관한 새로운 양면성의 국면을 보여주었다. (상호 반영적이든 반어적으로 쓰이든 간에) 진정성은 여전히 유튜브의 근본적인 문화 논리이다. 진정성, 친밀성, 공동체 사이의 해소되지 않는 역동적인 관계들로 인해 유튜브의 유튜브다움이 만들어지며, 이로 인해 유튜브는 주류 매체와 구별되지만 브랜드가 포화된 상업 문화의 맥락에서 양면성이 발생하기도 한다. 모든 유튜버들은 이런 점을 감안해야 한다(Banet-Weiser, 2012; Cunningham and Craig, 2017). 그러므로 진정성의 양면성을 교섭하고 어떤 방식으로든 수행하는 것은 성공적인 유튜버들과 소셜 미디어 인플루언서들의 필수적인 능력이다.

저작권을 둘러싼 전쟁

기존 매체와 음악 산업과 유튜브가 맺는 관계가 진화함에 따라, 저작권은 특히 민감한 문제가 되었다. 그리고 저작권 문제에 대한 유튜브의 해결책은 저작권 문화의 구축에 기여하면서도 제한을 가했다. 특히, 구글과의 인수 합병을 준비하면서 기술과 사업 관련 페이지에 나온 논의들은 실제로

---

* cinéma verité: 다큐멘터리 스타일의 일종으로 1960년대 프랑스에서 일어난 다큐멘터리 운동이기도 하다. 유사하지만 다른 스타일로는 비슷한 시기에 북미에서 발생한 다이렉트 시네마(direct cinema)가 있다. 시네마 베리테는 창작자나 진행자가 사람들을 인터뷰하는 장면이 들어가고 내레이터의 보이스 오버가 삽입되기도 하지만, 다이렉트 시네마는 인터뷰나 내레이션을 삽입하지 않고 촬영 대상을 관찰한다.

유튜브에 올라온 저작권 위반 콘텐츠들이 유튜브 콘텐츠의 판매와 공급의 확장을 막는 걸림돌이 될 수 있음을 지적했다(Bawden and Sabagh, 2006; Elias, 2006; Goo, 2006; Harris, 2006; Kopytoff, 2006; McKenna, 2006). 저작권 문제를 둘러싼 유튜브에 관한 초기 보고서는 유튜브가 마치 혜성과 같이 나타나 다윗과 골리앗처럼 거대 매체에 맞선다는 신화를 재생산했다. 유튜브가 저작권 위반자들의 도피처이자 심지어는 위반을 바탕으로 성립된 기업체라고 우려를 표명하면서, 법률 소송으로 위협하는 대기업과 거대 권리 보유자가 보여주는 무력시위에 관한 이야기들을 알고 있다(Blakely, 2007; Elfman, 2006; Karnitschnig and Delaney, 2006; Martinson, 2006). 유튜브가 다양한 디지털 관련 법률 대처 전략들과 다른 저작권 관리 방법들을 개발하기 시작함에 따른 '경성' 기술 혁신에 관한 보고는 또 다른 이야기이다(Geist, 2006; Letzing, 2007; Swartz 2007; Veiga, 2006). 그리고 유튜브 회사를 무릎 꿇게 만들 수도 있는 고소 사태가 발생할 수 있기 때문에 유튜브의 저작권 관리 전략들, 실제 소송 제기, 합의 도달, 영상 삭제, 후속 보고가 있었다는 이야기를 들었다(Arthur, 2006; Charny, 2007; Li, 2006; Noguchi and Goo, 2006).

'레이지 선데이'의 성공이 유튜브 플랫폼을 공중에게 알리고 이 플랫폼이 바이러스처럼 널리 확산되는 성공을 만들어낼 잠재력이 있음을 보여주었기에,[10] NBC와 바이어컴을 위시한 거대 매체 기업들이 유튜브 서비스를 판촉용 플랫폼으로 조심스럽게 인정하기 시작했다(*PC magazine*, 2006). 2006년 3월 유튜브는 '레이지 선데이' 영상을 삭제하고 NBC 유니버설의 최고경영자 제프 주커Jeff Zucker가 보기에 신뢰할 만한 파트너임을 입증한 후에 (Ryan, 2006), NBC는 자사 콘텐츠들을 유튜브 서비스를 통해 전송하는 계약을 성사시키려고 시도했다. 그러나 2007년 10월 23일에 이르러, NBC는 자사의 프리미엄 콘텐츠 웹사이트인 '훌루Hulu'를 시범적으로 운용함에 따라 협상은 결렬되었고 NBC는 모든 콘텐츠를 '사유물'로 관리하기로 방침을 바꾸었다.[11] 훌루는 NBC 유니버설과 폭스 그룹의 텔레비전 프로그램과 영화를 공급하고, 콘텐츠를 전송하면서 사용자들이 영상 클립을 사용자의 웹페이지에 올릴 수 있게 허용함으로써 훌루를 둘러싼 대대적인 미디어 캠페인은 훌루를 유튜브와 직접 경쟁하는 위치로 격상시켰다.

　'레이지 선데이'가 삭제된 지 얼마 지나지 않아서, 바이어컴은 유튜브와 구글에 저작권 위반으로 10억 달러의 위자료 청구 소송을 제기했다(Hilder-brand, 2007). 이보다 앞선 2006년 말에 유튜브 서비스는 약 10만 편 이상의 바이어컴 콘텐츠 클립을 제거했는데 여기에는 바이어컴 브랜드인 코미디 센트럴Comedy Central, 니켈로디언Nickelodeon, MTV가 포함되어 있었다(Becker, 2007). 바이어컴은 특히 청년 문화 지향적인 채널 MTV2를 위해 유튜브를 처음에는 포용했지만(Wallerstein, 2006b; Morrissey, 2006), 2006년 말에 이르러서는 유튜브 서비스에 영상을 올리는 것이 과연 홍보 가치가 있는지 확신하지 못하게 되었다. 바이어컴은 코미디 센트럴의 〈데일리 쇼The Daily Show〉와 같은 프로그램들이 유튜브 서비스에서 가장 많이 본 영상들 중 하나라고 주장하면서도 수익 배분 결과에 만족하지 않았기에 바이어컴은 유튜브가 바이어컴의 수고로부터 너무 많은 이윤을 가져간다고 비난했다.[12] 바이어컴은 "유튜브와 구글이 (사용자들이 올린) 영상으로부터 발생한 모든 수익을 가져가면서 노력과 비용을 들여서 그것을 만든 사람들에게 정당한 보상을 치르지 않고 있다"(Karnitschnig, 2007)라고 주장했다. 유튜브가 유튜브 사이트의 일부 영상에 광고를 이미 덧붙이고 있었고, 저작권자의 허락을 받지 않고 저작권의 보호를 받는 콘텐츠를 올리는 것을 바이어컴이 좋아할지를 제대로 파악하지 않았기에, 바이어컴은 유튜브가 바이어컴과 다른 이들의 저작권을 침해한 콘텐츠를 유튜브에 올림으로써 이윤을 얻을 뿐만 아니라 그런 행위를 정당화하고 있다고 주장했다. 바이어컴은 소송을 제기한 지 얼마 안 되어 배포한 보도 자료에서 다음과 같이 썼다.

유튜브와 구글은 아무런 허락도 받지 않고 우리가 만든 결실을 계속 가져가고 있으며 그 과정에서 거대한 가치를 파괴하고 있다. 이 가치는 그것을 만든 작가, 연출자, 출연자와 이런 혁신과 창의성이 가능하도록 투자해 온 바이어컴과 같은 회사들에 귀속되는 것이 정당하다.[13]

이는 바이어컴만이 아니다. 2008년 중반에 실비오 베를루스코니Silvio Berlusconi 의 미디어세트Mediaset도 저작권 위반으로 유튜브에 5조 유로 소송을 제기했고, 프랑스의 가장 큰 방송사인 TF1도 1조 유로 소송을 제기했으며('UPDATE 2-Mediaset sues Google, YouTube; seeks $780 mln', 2008), 2007년에 영국 프리미어 리그도 유튜브에 저작권 위반 소송을 할 것을 발표했다('Premier League to take action against YouTube', 2007).

2008년 바이어컴의 소송은 수용자들의 일상적인 실천과 동떨어진 것이었고, 매체 산업계에서 나타나는 미래의 디지털 전환이라는 기호를 잘못 이해한 것으로 드러났다. 〈데일리 쇼〉와 〈콜버트 리포트The Colbert's Report〉 프로그램이 초기에 성공을 거둔 데는 직접 P2P 방식과 온라인 영상 공유 방식의 온라인 유통이 어느 정도 작용했다(Goetz, 2005; Broersma, 2007). 사실, 〈콜버트 리포트〉의 스티븐 콜버트Stephen Colbert는 팬들이 그의 공연을 리믹스한 영상들을 유튜브에 올리도록 권하는 등, 그 시점까지 유튜브를 꾸준히 활용했다. 2006년에 콜버트가 백악관의 기자 초청 만찬에서 한 공연 영상도 인기 있는 영상이었고 구글 영상 서비스(나중에 구글로부터 분리되었고, 지금은 없어졌다)에서 무료로 볼 수 있었지만, 미국의 비영리 방송국 C-SPAN*은 이 영상의 삭제를 요구해서 콜버트는 다시 주목과 악명을 동

---

*   Cable-Satellite Public Affairs Network: 1979년에 비영리 공공 방송을 목적으로 설립된 케이블 텔레비전 네트워크이다. 미국 연방 정부와 여러 공보 프로그램을 방송하고, 미 의회의 전

시에 얻게 되었다(Delaney, 2006). 이 사건 이외에도 바이어컴은 종종 유튜브 감시에 지나치게 극성이었는데, 이는 적법한 패러디와 우연의 일치라고 볼 수 있는 완전히 무관한 영상들도 해당되었다(Mills, 2007). 나중에 구글의 주장에 따르면, 바이어컴은 꽤 많은 이런 영상들을 유튜브에 직접 올리곤 했고, 이를 위해 '평범해 보이는 사용자명'으로 컴퓨터 여러 대를 이용해서 영상 클립을 올려서 바이럴 클립이 되게끔 만드는 여론 조작* 기술을 사용할 여러 마케팅 대행사들을 고용했다(YouTube Official Blog, 2010).

바이어컴의 입장에서는 유튜브에 저장된 전체 영상들의 상당 부분이 저작권 위반 콘텐츠로 구성되어 있으며, 이 콘텐츠를 보려고 수용자들이 유튜브 서비스에 몰려든다는 것을 입증하는 것이 가장 큰 관심사였다. 그러나 그 당시 유튜브 콘텐츠의 인기는 '조회 수'만큼 '논의 횟수', 또는 '응답 횟수'를 둘러싸고 형성되었다. 이는 다음 장에서 논의할 것이다. 가장 많이 논의되거나 반응을 보인 영상은 전통 매체의 콘텐츠가 아니라 일상 콘텐츠였다. 그때에는 일상 콘텐츠를 창작하는 일반 유튜버들이 가장 구독자 수가 높은 채널들이었다. 유튜브의 가치는 기존 매체의 콘텐츠를 유통하는 것만큼, 일상 콘텐츠 창작과 관련된 수용자의 실천(개입, 공유, 그리고 콘텐츠의 관리 기획)을 통해 만들어졌다. 2010년에 법원은 구글의 손을 들어주었고, 일련의 상고 과정을 거쳐서 2014년에 최종 판결이 나왔는데(Kafka, 2014), 저작권은 유튜브 플랫폼에 의해서 가장 많은 주목을 받은 관리 영역이자, 유튜브 플랫폼의 다양한 (콘텐츠 제공자, 수용자, 광고주, 매체 협력사) '시

회기를 방송하기도 한다. 관련 채널로 C-SPAN2, C-SPAN3, C-SPAN Radio를 운영하고 있다.

* astroturfing: 특정 회사나 기관의 입장을 마치 일반 대중의 입장인 것처럼 조작하는 행위를 의미한다. 인조 잔디 제조회사인 AstroTurf를 응용한 단어이다. 영어로는 일반 대중을 우리 말의 민초라고 번역할 수 있는 잔디(grass root)라고 표현하는데, 마치 인조 잔디가 이런 천연 잔디인 것처럼 위장한다는 의미를 가지고 있다.

장'의 이해관계의 조정이 저작권을 공정하게 적용하는 과정에서 가장 복잡하고 의문시되는 점이 많은 영역이 되었다.

유튜브의 내부 저작권 정책은 외부 구조에 상응하도록 고안되었는데, 콘텐츠 아이디와 같은 복잡한 자동화 장치를 통해 유지된다. 콘텐츠 아이디는 저작권이 있는 자료들의 데이터베이스와 업로드된 콘텐츠를 대조한다. 이런 장치는 디지털 밀레니엄 저작권 법DMCA에 따라서 플랫폼에 제공된 보호 장치를 유지하는 데 필수적이다. 디지털 밀레니엄 저작권 법은 어떤 콘텐츠가 저작권을 위반한지를 알게 되면 그 콘텐츠를 제거하는 상호 매개자들에게 일종의 '안전지대'를 제공한다. 그러나 콘텐츠 아이디는 저작권을 위반하지 않은 영상들도 표시하곤 했으며(Solomon, 2015), 위반 표시를 철회하는 경우는 드물었다. 그리고 대다수의 창작자들은 자료를 재사용할 그들의 권리를 모르는 경우가 많았다. 이 권리는 공정 이용 조항Fair Use provision에 의해 보호받는다(미국 이외의 지역에서도 유사한 조항이 있다). 이런 무지는 창작열에 찬물을 끼얹는 효과를 낳았다.

공정 이용 원칙The doctrine of Fair Use은 창작자들의 부담을 줄이기 위해 고안되었고, 창작자들이 각자의 작품에 기반을 두고 콘텐츠를 만들 수 있도록 허용하는 것이다. 즉, 창작자들은 다른 창작자들의 작품의 일부를 명확하게 허락을 받지 않고도 재사용, 리믹스, 비판, 패러디할 수 있다(Aufderheide and Jaszi, 2011 참조). 유튜브 공동체의 저작권 지침YouTube Community Guidelines on copyright(YouTube, 2017a)은 "당신이 만들지 않은 영상을 업로드해서는 안 되고 음악 트랙, 저작권의 보호를 받는 프로그램의 일부, 또는 다른 사용자가 만든 영상들과 같이 다른 사람이 저작권을 보유한 콘텐츠는 반드시 허락을 받고 사용하라"고 말하면서, 공정 이용 조항이나 미국 이외 지역의 유사 조항을 준수하라고 적극적으로 유도하지 않는다. 보다 확장적인 저작권 센터Copyright Centre 페이지들은 공정 이용을 언급하고 유튜브 웹사이트는 그 주제에 관한 상세한 지침을 제공하지만(YouTube, 2017b), 얼핏 보면 그 내용은 확실히 지나치게 장려하는 것은 아니다.

공정 이용과 공공 저작물 자유 이용(public domain), 둘 중 하나를 선택하기 전에 그 둘이 어떻게 작동하는지를 확실히 이해해야 합니다. 당신이 어떤 주장을 반박할지 여부를 결정하는 데 유튜브는 어떠한 도움도 줄 수 없습니다. 무엇을 할지 잘 모르겠으면 법률 조언을 스스로 찾아보아도 좋습니다.

반박(disputes)을 가볍게 생각해서는 안 되며, 당신의 영상에 담긴 콘텐츠에 관해 당신이 모든 필수적인 권리를 가진 경우에만 해당됩니다. 논쟁 과정의 반복된 악의적인 남용은 당신 영상이나 계정에 불이익을 가져올 수도 있습니다.

'공정 이용이란 무엇인가What is Fair Use' 페이지는 유튜브 회사가 저작권 보유자들에게 (법률에 의거해서) 저작권 게시 중단 요청을 제출하기 전에 그들이 공정 이용을 숙지하고 있음을 확인하라고 명시하고 있고, 심지어 '게시 중단이 저작권 위반 소송을 야기한 사건에서' 소송비용으로 100만 달러를 창작자들에게 배상하면서까지 공정 이용을 잘 실천하고 있음을 보여준 프로그램의 창작자들을 선별했다. 예상대로, 이 프로그램을 위해 선택된 창작자들과 콘텐츠들은 확실히 적법한 것이었다. 미디어 비평에서 사용한 혹독하게 비판한 상업 광고의 짧은 클립, 영화 〈트와일라잇Twilight〉의 페미니스트식 리믹스 영상, 논쟁을 목적으로 반대파의 영상을 이용하는 정치적 비평 등이었다.

그 장치가 아무리 정확하고 공정하더라도, 매체 콘텐츠의 일상적 사용을 해적 행위라는 프레임을 씌우면서 저작권 위반 혐의로 감시하는 것은 새로이 부상하는 수용자의 실천과 '확산성'(Jenkins et al., 2013)의 역동성, 디지털 매체와 연관된 밈 문화(Burgess, 2008; Shifman, 2014)를 다루기에는 지나치게 단순한 방식이다. 다음 장에서 논의하겠지만, 유튜브의 대중문화는 오랫동안 (브이로그와 같은) 유튜브 '고유의' 장르들과 일반 사용자들이 비공식적으로 올리는 텔레비전 프로그램, 뮤직비디오, 영화 들의 짧은 토막이나 편집된 영상과 같은 짧은 클립과 인용물에 의해 그 특성이 형성되었다. 그런데 이런 짧은 토막 영상들도 일반 수용자들의 실천을 보여주는 중요한 흔적들이었다. 자기가 좋아하는 텔레비전 프로그램이나 스포츠 경기의 일부를 선택해서 편집한 영상들은 피스크^{John Fiske}가 '언술적 생산성^{enunciative productivity}'이라고 부른 것(1992b: 37~38)의 예인 셈이다. 일반 사용자들이 매체 콘텐츠의 일부를 공유하는 것은 페이스북과 트위터에서 시각적 주석, 리액션, 감탄의 의미로 GIF를 사용하는 것과 그 방식이 비슷했다(Miltner and Highfield, 2017). 다른 논문에서 이미 논의했듯이(Burgess, 2012a), 유기적인 팬덤 활동의 일환으로 청년들이 만드는 뮤직비디오처럼 일상 창작에서 매체 콘텐츠를 아마추어들이 재사용하는 것은 특히 가차 없이 처리되었다('춤추는 아기(Dancing Baby)' 사례가 있는데, 이는 Rimmer, 2017 참조]. 저작권 감시는 일상 창의성과 팬들의 참여 활동의 열기에 찬물을 끼얹는 효과를 낳았다.

다른 한편, 창의성은 가장 가혹한 제약 상황에서 나오기도 한다. 악명 높게도, 가장 인기 있는 [보니 타일러(Bonnie Tyler)의 〈토털 이클립스 오브 더 하트(Total Eclipse of the Heart)〉를 포함한] '문자 뮤직비디오'는 저작권 문제로 인해 내려졌다(여기서 문자 뮤직비디오는 뮤직비디오의 원래 가사 대신 뮤직비디오의 상황과 동작을 묘사하는 대사를 자막과 노래로 삽입한 뮤직비디오를 말한다). 그런데 '음악 없는 뮤직비디오' 장르도 있는데, '음악이 없는 뮤직비디오'는 동영상의 시각 콘텐츠에 맞춰서 노랫소리를 폴리^{foley} 음향 효과와 발성으로 대체한 것이다. 음악이 없는 뮤직비디오는 저작권 통제로부터 발생한 밈으로서, 콘텐츠 아이디로 만들어진 음성 인식을 문화적으로 패러디하는 동시에 회피하는 것으로 작동한다(Sánchez-Olmos and Viñuela, 2017). 그런데 이것은 원래 뮤직비디오의 영상을 사용하는 경우에는 게시가 중단될 위험성이 여전히 있다.

물론, '아마추어' 콘텐츠의 현금화 가능성이 늘어남에 따라 콘텐츠의 일상적 활용과 상업적·전문적 활용을 단순하게 구분하기 어려울 정도로 복잡해졌고, 이는 아마추어 리믹스, 팬 영상, 패러디 영상 들을 더욱 위기로 내몰았다. 유튜브에 올라온 아마추어 영상과 바이럴 영상 들은 상업적 목적으로 사용할 가능성이 커서, 저작권은 회사에 속하지 않은 창작자들을 보호하고 보상해 주는 역할을 한다. 예컨대, 모리얼Joanne Morreale은 어노잉 오렌지Annoying Orange(반복적으로 반사회적인 태도와 거슬리는 목소리를 가진 애니메이션화된 오렌지) 캐릭터의 족적을 영화학도의 아마추어 창작물부터 텔레비전 시리즈와 머천다이즈 상품들의 계통까지 궤적을 통해 추적하는데, 모리얼은 이를 이용해서 유튜브의 전문화에 관한 내러티브를 구성한다(2014).

공인된 저작권 논리는 유튜브의 일상 밈 문화에 대한 특히 심각한 도전이다. 밈은 수많은 상이한 창작자들이 '독창적인' 발상들을 다양하게 조합하고 다양한 공급원으로부터 추출함으로써 반복적인 변주를 발생시키기 때문에 (창작자 한 사람이 만들었을지도 모를) 시청 횟수 높은 단발성 바이럴 영상들과 다르다(Burgess, 2008; Shifman, 2014). 밈의 인기와 창의성을 만들어내는 특성으로 인해 저작권을 강제하려는 목적으로 그 발상의 소유권을 확인하는 것이 어렵다(그리고 직관에 반한다). 상업적으로 이용할 수 있는 밈들이 기존의 민속 문화나 비상업적 대중문화를 차용, 리믹스, 전유함으로써 만들어진다면 상황은 더욱 어려워진다. 이 문제는 특히 광범위한 원천으로부터 얻은 아마추어 혹은 일상의 문화적 발상에 관한 변주를 창안, 복사, 창작하는 집단적인 창의성에 대해 아무런 보상도 하지 않고 저작권을 활용함으로써 일상 밈들이 결국은 상업적인 이해관계에 의해 포착되는 경우와 밀접한 관련이 있다. 예컨대 소하Micheal Soha와 맥도웰Zachery McDowell은 할렘 셰이크Harlem Shake 사례를 논의한다(2016). 한때 인터넷에 춤을 추는 장면을 올리는 것이 대유행한 적이 있었는데 그 대유행의 변주와 바이럴한 확산은 일상에서 춤추는 장면이 온라인에 계속 올라와서 발생했다. 그 밈이 바로 할렘 셰이크였다. 그러나 이 영상의 인기는 (콘텐츠 아이디를 통해 강제된) 저작권 통제를 통해 포착되었고 그 춤에 사용된 EDM「할렘 셰이크」의 원제작자인 바우어Bauer가 자기 이윤을 위해 이용했는데, 그것이 그 전반적인 밈과 '대유행'의 유일한 요소였지만, 저작권 논리를 통해 가장 쉽게 착취할 수 있었던 요소였다.

유튜브와 저작권의 관계의 변화로 발생한 배신감을 피하기는 어렵다. 소하와 맥도웰은 다음과 같이 말했다.

> 유튜브는 제한된 법적 의무로 저작권의 보호를 받는 자료들을 주관하는 능력을 활용해서 시장 지배력을 획득하고 그 시장 지배력을 활용해서 콘텐츠 창작자와 저작권 보유자 모두에게 사용 허가를 강제할 능력을 획득한다(Soha and McDowell, 2016: 7).

이 저자들이 주장하기를 이는 "사회적 혹은 비상업적 문화 교환이라는 '기본적인 거래'"를 배신한 것이고, "비상업적인 아마추어 문화 창작을 점점 더 공격적인 이윤 추구로 활용하는 패턴"을 확립하고 "공격적인 디지털 소작의 플랫폼을 확립"한 것이다(Soha and McDowell, 2016: 10).

사용자가 업로드한 기존 매체 콘텐츠와 (상업적 매체 콘텐츠의 재사용을 포괄하는) 일상 창의성은 모두 상대적으로 자유방임적인 환경에서 만개할 수 있었던 가치-확립 활동들이었다. 그러나 이 둘은 사업 모델이 기존 매체의 라이선스의 지배를 받는 영역으로 귀속됨에 따라 (자동화와 알고리듬을 포함하는) 감시와 통제에 점점 더 종속되었다. 비판적인 입장에서 보면 이런 방식은 유튜브와 사용자 공동체의 관계를 '디지털 소작' 관계로 축소하는 것이다. 다른 측면에서 보면 야심 찬 유튜브의 전문 콘텐츠 창작자들은 다른 사용자들의 콘텐츠 도용과 오용으로부터 자기의 불안정한 기업과 경력을 보호하는 데 도움이 될 저작권이 필요하다. 어느 쪽이든, 저작권에 의해 창작자들이 제공받을 수 있는 보호에 접근할 권리가 남용되거나 균등하지 않은 경우는 심히 우려되는 것이며, 그 불균형은 유튜브 플랫폼의 생성, 참여 문화를 지탱하고 유지하기 어려운 중요한 위험으로 남는다. 저작권은 권력과 통제를 위한 업계의 핵심적인 갈등으로 남아 있고, 유튜브의 문화 정치와 공동체 내부 정치에서 중요한 역할을 한다. 이는 4장과 5장에서 더 깊게 논의할 것이다.

유튜브 주류 매체

어맨다 로츠Amanda Lotz의 책 『TV 혁명The Television Will be Revolutionized』(2007년 초판 발행)은 유튜브에 주목한 첫 연구 서적이었다. 로츠는 2006년에 그 책을 탈고한 다음, 나중에 유튜브에 대한 논의를 추가했는데, 그때 유튜브는 아직 신생 기업 단계였고, 언론과 학계에서 이제 막 주목을 끌기 시작하던 때였다. 업계의 (콘텐츠) 제작에 대해 아마추어 영상의 확산이 지닌 함의에 대해 로츠는 다음과 같이 썼다.

2006년 말까지 아마추어 영상의 돌풍은 그저 지나가는 유행일지 아니면 텔레비전을 획기적으로 변화시킬지 여부는 확실하지 않았다. ⋯ 꽤 많은 새로운 기술 분야처럼, 지금 나오는 아마추어 영상은 2006년 말까지 주로 고등학생이나 대학생들의 노력에 국한되어 있었다. 그러나 유튜브에 관한 문화 토론이 늘어남에 따라,

정치가와 기업 들은 신속하게 영상을 추가해서, 테드 케네디(Ted Kennedy)의 토킹 헤드 영상, 패리스 힐튼(Paris Hilton)의 뮤직비디오, 사람이 쓰는 화장실을 사용하는 고양이까지 아우르는 기괴한 혼합이 창출되었다(Lotz, 2007: 252).

여기서 유튜브를 일종의 문화 시스템으로 간주하는 학술 작업이 없었던 시기에 유튜브의 다양성을 의미하기 위해 기괴함의 목록을 사용하고 있음을 본다. 유튜브가 지속적으로 성장한 속도와 12개월이라는 기간 동안 매체 환경의 일부분으로서 정상화되어 온 방식도 알 수 있다. 이것은 유튜브를 둘러싼 주류 매체의 담론이 기괴함에서 진지한 산업적·법적·윤리적 문제들의 핵심으로 진화하는 과정에서 발생한 패턴이기도 하다.

2015년에 이르러 ≪타임≫은 올해의 인물이 '유'라고 더는 말하지 않았다. 그 대신, 유튜브의 10년이 "텔레비전의 미래를 바꿨다"라고 말했다(Moylan, 2015). 유튜브가 어떻게 어디서 소비되는가를 바꾸고 '일반인'이 제작에 접근할 수 있게끔 한 것뿐만 아니라 유튜브가 산업으로 작동하는 방식과 그것을 구성하는 매체의 형태, 장르, 실천의 종류를 바꾸었다. 예를 들어, 이 기사는 유튜브가 어떻게 보완적 플랫폼 혹은 트랜스미디어 플랫폼으로서 텔레비전 프로그램의 성공에 필수적인가와 일상 유튜브 장르에 숙달했기에 성공한 '일군의 새로운 스타들'의 출현을 가능케 했음을 보여준다. 퓨디파이PewDiePie(게임 플레이), 타일러 오클리Tyler Oakley(브이로그), 베서니 모타Bethany Mota (구매품 논평 동영상)가 그런 채널들이다. 게다가 유튜브는 고전 또는 최근 텔레비전 프로그램의 아카이브로 기능하기도 한다. 플랫폼 문화의 이 모든 것은 다음 장에서 논의할 것이다. 이 ≪타임≫ 기사의 결론에는 유튜브의 일상 DNA는 여전히 진행 중이고 유튜브의 혁명적 잠재력에 대한 주류 매체의 과장도 여전히 담겨 있지만, 특히 유튜브와 텔레비전의 관계는 재구성되었다.

유튜브는 텔레비전의 저작권을 침해하거나 프로그램을 도용한다기보다 텔레비전을 증폭하는 데 기여한다. 유튜브는 우리의 기억과 관심을 계발하고, 텔레비전을 시청할 이유를 제공하며(유튜브 영상 클립들이 아니라면 존 올리버*는 어디에 있을까?) 미래의 프로그램을 위한 아이디어를 창안한다. 유튜브는 누구나 목소리를 낼 수 있는 공적 접근 텔레비전을 대체했을 뿐만 아니라, 텔레비전에 비견될 만한 생태계를 창출해 냄으로써 공적 접근 텔레비전의 기능을 완성했다. 요즘에는, 유튜브 스타들이 〈빅뱅 이론(Big Bang Theory)〉의 출연진들보다 더 유명한 연예인이라고 생각하는 10대들이 등장했기에 공적 접근이 모든 전파를 장악하는 것은 시간문제이다.

유튜브는 이제 주류 매체이다. 그러나 매체 업계는 복잡하고 빠르게 변하고 있다. 유튜브 플랫폼에서 사용자 프로필은 종종 '채널'이라고 언급된다(많은 장수 채널들은 여전히 초창기 유튜버들이 선택한 가명의 사용자명으로 알려져 있긴 하다). 유튜브는 본 영상이 시작되기 전에 붙는 짧은 광고인 프리롤, 인터넷 화면에 뜨는 인디스플레이 광고, 채널 후원과 같은 다양한 광고 모델을 (종종 다양한 광고 방식을 동시에) 시도했다. 브랜드를 인기 있는 유튜버들, 교차 플랫폼 '인플루언서'들과 연계하는 것은 '소셜 미디어 마케팅' 산업에서 각광을 받기 시작했다(Serazio and Duffy, 2017). 창작자들이 그들의 영상 조회 수로 인해 발생한 광고 수익의 일부를 받는 유튜브 파트너 프로그램The YouTube Partner Program: YPP이 2007년 4월에 등장했다. 처음에 그 프로그램은 초대받은 사람만 사용할 수 있었지만, 나중에 그 프로그램을 쓸 수 있

---

* John Oliver: 영국계 미국인 코미디언으로 주로 미국에서 활동한다. 배우이자 작가, 정치 평론가, 텔레비전 프로그램 진행자이기도 하다. 2014년부터 HBO의 〈존 올리버의 주간 논평(Last Week Tonight with John Oliver)〉이라는 심야 토크쇼를 진행하고 있다.

는 2012년부터 20개국의 모든 사용자도 사용할 수 있게 되었다(Schroeder, 2012). 5년 후인 2017년 4월에는 문제가 있는 콘텐츠라는 사안을 극복하려는 노력으로 유튜브는 창작자들이 시청 횟수 1만 회를 넘기면 현금을 지급할 수 있다고 공표했고(YouTube Creator Blog, 2017), 심사 과정을 진행했다. 창작자 공동체 내부 관점에서 본 현금화와 비현금화에 관한 논란은 6장에서 논의할 것이다.

유튜브는 디지털 매체 산업에서 상호 매개와 비상호 매개의 새로운 형태가 등장하는 각축장이기도 했다. 유튜브는 다중채널 네트워크^{MCN}라는 새로운 디지털 상호 매개 집단의 등장을 보여주었다(Lobato, 2016; Cunningham et al., 2016). 광고주와 유튜브의 복잡한 콘텐츠 유니버스 사이의 '뒤죽박죽 상태인 중간'을 관리하는 방식을 찾아야 할 필요가 있었기에, 2007년에 구글은 "플랫폼상의 광고를 취합하고, 업로드한 영상들의 질을 개선하며, 지식 재산권 위반 건수를 줄여서, 전반적으로 광고주에게 더 소구하는 공간을 만들어낼 수 있는" 외부 업체와 협력 관계를 맺기 시작했다(Lobato, 2016: 350~351). 그 이후, 많은 독립 MCN이 디지털 매체 산업의 중간 지대를 개발하기 위해 뛰어들었다. 현대의 음반 회사나 연예인 대행사 들과 마찬가지로 MCN의 사업 모델도 다양하긴 하지만, 대다수의 MCN은 〔게임, 라이프스타일, 뷰티, 또는 따라 하기(how-to)와 같이〕 분명하게 정의된 시장의 틈새에 유사한 유튜브 채널들을 모으고, 복잡한 교차 플랫폼의 측정 기준을 제공하며, 기업가형 유튜버들을 통합 광고, 부가적 콘텐츠 유통과 창구 전략, 그리고 (도서 출판, 라이브 공연, 그리고 머천다이즈와 같은) 부대 수입과 브랜드 구축 기회를 얻기 위해 브랜드 후원 기업과 연결해 준다. 그러나 전통적인 음반 회사나 연예인 대행사 들과 달리, 가입 절차는 서비스에 대한 동의를 클릭함으로써 온라인으로 관리되는 경우가 많다(Lobato, 2016: 355). 유튜브 이전에 채널들을 통합한 초기 MCN은 머시니마^{Machinima}(게임 MCN)와 메이커 스튜디오^{Maker Studios}(수천 개의 유튜브 채널들을 대변했던 서비스)였다. 2017년에 이르러, MCN이 너무 많아져서 유튜브의 측정 기준 제공자인 소셜블레이드^{Socialblade}(나중에 MCN 브로드밴드TV와 제휴하기도 했다)는 그 웹사이트의 한 섹션을 할애해서 톱 250 네트워크 랭킹을 제공하게 되었다.[14]

유튜브의 다면 시장의 중간 조정 층위는 안정적이지 않다(Cunningham et al., 2016). 소셜 미디어 인재를 구하기 위한 경쟁은 격화되었고, MCN은 기업 인수를 유발한 동시에 인수 대상이 되었다. 결국, 전체 업계를 구축한 수용자의 관여와 구독자의 충성심의 열쇠를 쥔 것은 콘텐츠 창작자들이었다. 결과적으로, 커닝엄과 동료들은 매체 제작뿐만 아니라 매체 관리도 창작 작업의 '불안정한' 형태임을 알려준다(Cunningham et al., 2016). 그들이 보기에 이런 불안정성은 "새로운 스크린 생태계 안의 불안정한 상황을 창출하는 MCN으로부터 발생한다. 불안정성은 빠르게 늘어나는데 이는 MCN의 유지 가능성과 직접적인 관계가 있다"(Cunningham et al., 2016: 383). 라몬 로바토^{Ramon Lobato}는 "기업가적 계산을 플랫폼을 가로지르는 문화적 규범으로 확립했고 유튜브의 제작자 공동체를 디지털 경제 담론과 기대에 노출시켰다"(2016: 357)라고 주장하면서 이 상호 매개의 추가적인 층위의 문화적 결과물을 찾아낸다. 더 나아가, MCN은 (패션, 뷰티, 게임, 기술 리뷰와 같은) 기존의 소비자 '품목'과 제휴한 채널들에 주로 관심이 있었기 때문에, "MCN의 부상은 어떤 종류의 콘텐츠를 다른 종류보다 더 많이 제작하도록 촉진함으로써 유튜브 아카이브 특유의 구조에 두드러진 효과를 내기 시작하고", 이는 플랫폼의 주목 경제에서 보다 일반적이거나 공익 지향적인 콘텐츠의 가치를 떨어뜨렸다(Lobato, 2016: 357~358).

2017년에 이르러 유튜브가 수십억 달러의 수익을 올리는 멀티 플랫폼 디지털 매체 산업의 지배적인 일부가 되긴 했지만, 2016년까지는 여전히 수익이 높지 않았다. 그 당시에 유튜브 대표 수전 워치츠키^{Susan Wojcicki}는 수익성이 회사의 최우선 과제는 아니라고 말했다고 하는데, 이는 회사가 "여전히 투자 단계에 있기 때문이었다"(Rao, 2016). 이는 유튜브 플랫폼의 문화 발견과 실험 기능의 중요성과 유튜브가 속한 업계의 복잡성을 보여준다. 2017년에 ≪엘에이 타임스≫는 (그 당시 대략 100억 달러 정도였고 그 이후 계속 늘어난) 유튜브의 광고 수익은 새로 만든 유튜브 TV 이니셔티브YouTube TV initiative가 케이블 방송 허가를 받고, 심지어 자율주행 자동차와 같은 새로운 사업 분야로 모회사 알파벳이 사업 다각화를 시도할 수 있게 하는 기반을 제공하면서 모회사 구글/알파벳에 중요해졌다고 보도했다. 확실히 유튜브의 방대한 영상 콘텐츠 아카이브와 상호작용 데이터는 구글의 인공지능 연구와 개발 영역의 자산이기도 하다.

온라인 영상의 풍경에서 새로운 사업 모델, 고화질 동영상 스트리밍을 위한 새로운 용량, 그리고 제작, 편집과 수용자의 참여를 보장하는 항상 사용할 수 있는 도구의 등장으로 인해 디지털 기술 사업, 소셜 미디어 혹은 공동체 지향적 매체, 주류 상업 매체 산업 사이의 접합 관계는 계속 새로워지고 불확실해졌다. 이런 불확실성이 이 플랫폼에 관한 두 개의 지배적 설명 방식들 사이에서 발생한 동요를 부분적으로나마 알 수 있게 해준다. 하나는 유튜브를 디지털 경제의 행위자로 보는 방식이고(하향식 관점), 다른 하나는 유튜브를 일상 창의성과 문화 혼돈의 온상이라고 보는 방식이다(상향식 관점).

그러나 이 '하향식' 대 '상향식' 관점은 플랫폼으로서 유튜브의 변천사를 설명하지 못한다. 유튜브는 개인의 창의성과 집단 창의성, 그리고 의미 생산 사이의 관계를 조정하는 메커니즘으로 작동하는 점진적인 제도적 기능을 차지하고 있으며, 유튜브 자체를 포함해서 다양한 경쟁 산업, 공동체, 수용자의 관심 사이에 중재자로 작동하는 것으로 이해하는 것이 더 도움이된다. 오랫동안, 이런 관심들 사이의 조정과 경쟁은 새로운 매체 장르, 문화 실천, 직업 정체성의 생산에 기여해 왔다. 다음 장에서는 유튜브의 가장 인기 있는 영상과 콘텐츠 창작자들에 대한 경험적 분석에 입각해서 이런 새로운 장르, 실천, 정체성을 상세하게 구분할 것이다.

유튜브의 인기 문화

이 장에서는 2007년에 했던 것과 같은 방식으로 유튜브의 가장 인기 있는 콘텐츠에 대한 대규모 분석의 결과를 재해석한다. 이는 유튜브의 초기 사용 문화를 묘사하고, 지난 10년 동안의 변화를 파악한다. 여기에서 우리는 연구 설계와 그 한계를 기술하고, 유튜브가 인기를 측정하기 위해 사용한 측정 기준이 어떻게 인기 자체를 형성하게 되었는가를 밝힐 것이다. 그 다음에 그 연구의 핵심적인 발견을 제시하고 논의한다. 여기에는 일상 매체 콘텐츠와 전문적인 매체 콘텐츠의 구분, 유튜브 업로더 생태계의 다른 행위자들의 역할, 핵심 유튜브 장르의 문화 역동성, 그리고 마지막으로 개별 영상에 대한 수용자의 몰입보다는 유튜브가 최근에 보여주는 채널과 구독자를 강조하는 것도 포함한다.

이 콘텐츠 조사가 이 책의 초판본에서 경험적인 핵심이었으며, 다음 장들에 나올 많은 아이디어와 사례 들은 여기서 나왔다. 새로운 판본을 위해 이 조사를 다시 하지는 않았는데, 이는 유튜브 플랫폼과 인터페이스에 근본적인 변화가 있어서 새로운 연구를 하는 것이 물리적으로 불가능했기 때문이기도 하지만(이 장의 '유튜브 플랫폼은 인기를 어떻게 만들어내는가' 절에서 그 이유를 더 상세하게 다룰 것이다), 초기 유튜브 문화의 기록에 중요한 역사적 가치가 있다고 믿기 때문이기도 하다. 그러나 유튜브의 인기 문화*가 오랜 시간 동안 어떻게 변했는가에 관한 이야기가 등장하도록 언어를 업데이트했고 최근 사례와 비교했다. 특히 2007년에 등장하던 일상 장르와 실천 들이 나중에 유튜브 플랫폼의 문화 논리의 중요한 부분이 되었고, 2017년에도 여전히 뚜렷하다는 것을 포함하고 있다.

---

*   popular culture: 보통 대중문화라고 번역하지만, 이 장에서는 유튜브에 올라온 영상의 인기를 측정하는 방식에 관해 논의하고 있기에 '인기 문화'라고 번역했다.

인기에 대한 설명

이 장의 내용을 구성하는 이 콘텐츠 조사를 설계할 때, 그 당시에 쓸 수 있었던 도구와 방법으로 유튜브 플랫폼의 한계와 설계된 틀 안에서 유튜브의 문화 활용을 가능한 한 체계적이고 이해하기 쉬운 그림으로 표현하려고 했다. 우리는 청년들의 도덕적 공황, 기존 매체 사업의 파괴에 관한 논쟁, 저작권 위반, 또는 고양이 영상과 같은 사소한 일은 미루어두고, 평범한 사람들이 일/주/월별 평균적으로 그 플랫폼에 실제로 창작, 공유, 관여하는 콘텐츠는 어떤 종류인가에 관해 더 폭넓게 이해하고 싶었다. 여기서, 라몬 로바토가 요약했듯이, 텔레비전 편성표를 '어떤 프로그램의 유형, 장르, 생산의 출처/맥락, 또는 특정 텍스트의 속성을 측정하기 위해서' 검토하는 초기 텔레비전 연구의 접근 방식을 연구에서도 계속 유지했다(Lobato, 2017: 3). 로바토가 제안한 이 접근법은 항상 변하고 국제적으로 다양한 넷플릭스의 작품 목록에 대한 연구에도 적용할 수 있다(Lobato, 2017: 8~11).

물론, 방송이나 스트리밍 텔레비전의 편성과 작품 목록을 연구하는 것처럼, 가장 인기 있는 콘텐츠의 패턴을 연구하는 것은 수용자와 콘텐츠 창작자 들이 만들어낸 유튜브의 인기 문화가 의미 있게 되는 물질적·사회적 맥락의 일부를 간과하게 된다. 유튜브 영상들은 웹, 모바일 장치, 텔레비전 화면에서 유통되고 이해된다. 이것들은 웹과 소셜 미디어의 포스트와 연결되며, 거실, 직장, 바, 버스, 기차 안에서 많은 이들이 논의하고 함께 보고, 창작자와 관련 조직의 네트워크 내에서 특정한 일상적·전문적인 환경에서 제작된다. 그러나 우리가 견지한 콘텐츠-중심적 시각과 코딩 작업 자체에 필요한 유튜브 플랫폼의 문화에 깊게 몰입함으로써 여전히 부상 중인 이 플랫폼과 관련된 수많은 매우 독특한 형태의 패턴과 사회문화적 유행을 확인할 수 있었고, 그것들의 풍부한 맥락에 기대어 해석할 수 있었다.

이 연구는 2007년에 시행한 '조회 수', '선호도', '응답 횟수', '논의 횟수'라는 유튜브의 네 가지 인기 측정 범주의 영상 샘플을 이용했다. 그 당시에, 이 범주들은 유튜브 웹사이트의 탭 위에서 그냥 볼 수 있었고,[1] 유튜브 플랫폼은 단순한 순위 목록을 제공했고, 개인화 혹은 지역화된 검색 결과보다는 전체 글로벌 유튜브 플랫폼을 통해 인기 있는 영상에 근거해 사용자들이 콘텐츠를 검색하게 했다. 그리고 콘텐츠 관리의 자동화 수준은 아직 높지 않아서 다른 사용자가 보는 것과 어떤 사용자 사이의 관계는 알고리듬에 입각한 콘텐츠 관리의 시대보다 훨씬 더 투명했다. 인기를 측정하는 이런 범주들로 2007년의 (8월, 10월, 11월) 3개월 동안 6일에서 2주에 걸쳐서 샘플링을 통해 4320개 영상을 모았다. 연구팀은 텍스트 특성과 텍스트 이외의 특성에 따라서 이런 영상들을 범주화하기 위해서 몇 개월 동안 코딩 시스템을 개발해서, 기원, 업로더, 장르, 주제에 따라 코딩을 했다. 검색창을 통해서 수백 개의 영상을 보고 난 후에 데이터를 모아서 스프레드시트에 입력하는 방식으로 코딩을 수작업으로 진행했다.

코딩 계획은 (다음 단계에서 고려할 형태와 장르와 같은 하위 수준 범주들과 함께) 두 개의 상위 수준 범주들을 포함했다. 이것은 첫째, (사용자 창작인가 혹은 전통 매체 기업의 산물인가라는) 영상의 명백한 산업적 기원이고, 둘째, (전통 매체 기업, 중소 매체 기업 또는 독립 제작자, 정부 기구, 문화 단체, 또는 그에 유사한 단체들이나 아마추어 사용자인가와 같은) 업로더의 명백한 정체이다. 이 조사는 (전 시기가 아닌) 연구 시기에 가장 인기 있었던 영상들에 집중했는데, 이는 부분적으로 이렇게 하는 것이 샘플을 정리하는 데 도움이 되었기 때문이고, 아울러 유튜브를 대중이 사용하는 데 더 역동적인 일부 패턴을 이해하려고 노력했기 때문이다.

그러나 인기가 유튜브에서 어떻게 작동하는가를 이해하기 위해서 가장 많이 본 영상의 목록을 만들고, 순위를 매기며, 기술하는 것 이상을 해야 할 필요가 있다. 이 장의 도입부에 나왔던 인기 문화에 관한 우리의 논의로 돌아간다면, '인기'는 단순히 도달 횟수나 판매량으로 측정하는 정도의 문제인가? 또는 이것이 가장 열렬히 사랑받는 문화 형태나 가장 많은 '사람들이' 좋아하는 문화 형태라는 종류의 문제인가? 심지어 초기 유튜브에서도 콘텐츠는 아래에 제시된 것을 포함해, 각기 다른 측정 방법들에 따라 인기가 있기도 하고 없기도 했다.

조회 수, 응답 횟수, 논의 횟수, 1위 경험, 선호도, 예전 인기, 활성화 정도

우리는 이 인기 범주 중 조회 수, 선호도, 응답 횟수, 논의 횟수라는 네 개에 주목했는데, 이는 그들을 비교하면 각기 다른 영상 콘텐츠들이 각기 다른 방식으로 수용자들에게 인기를 얻는 방식을 파악할 수 있다고 생각했기 때문이다.

유튜브 플랫폼은 인기를 어떻게 만들어내는가

유튜브 플랫폼은 인기의 중요성을 강화할 뿐만 아니라, 그 설계, 인터페이스, 사용자 들에게 소구하는 수사법을 통해 인기를 형성했다. 우리가 데이터 수집을 끝낸 2007년에는 유튜브 웹사이트 사용자들은 다른 유튜브 수용자들 사이에서 인기 있는 콘텐츠를 잘 정리된 일련의 목록으로 만든 시각적으로 명확하게 재현한 투명한 '데이터베이스'를 쉽게 볼 수 있었고, 그 목록 중에서 선택해서 볼 수 있었다(이에 대해서는 Carrasco, 2013 참조). 이 사이트는 웹의 설계 관습이 변하고 모바일 앱으로 바뀜에 따라 우리가 보고 싶은 콘텐츠와 프로모션용 콘텐츠로 바로 연결할 수 있도록 점진적으로 재설계되었다. 로그인하면 개인의 취향에 맞춘 콘텐츠를 전달하고 재생 목록

을 관리할 수 있다. 2017년에 이 홈페이지를 탐색하는 것은 끊임없이 스크롤하는 행위로 축소되었고, 일단 사용자가 대부분의 장치를 보기 시작하면 그 플랫폼은 자사의 알고리듬을 통해 선별되고 제시되는 '관련 영상'을 통해 사용자들이 끊임없이 찾아보도록 유도한다.

사용자가 쓰는 관리와 재-제시re-presentation 체계는 2017년이 2007년에 비해 기술적으로 훨씬 더 복잡해졌지만, 2007년에도 유튜브 플랫폼은 인기 척도에 입각해서 콘텐츠를 편성했고, 그 인기 척도는 수용자가 개입하는 상이한 논리에 따라 유튜브의 구성 방식을 만들었다. 이 모든 측정 방식은 정량 평가, 즉 모든 것을 세는 방식에 의존했지만, '응답 횟수', '논의 횟수', '선호도' 범주는 전통 방송 매체에서 수용자 조사 방식을 지배했던 주목 측정 방식과는 다른, 플랫폼에 특화된 주목 측정 방식에 접근하는 방법을 제공했다. '조회 수'는 전통 매체 산업에서 '화면 앞에 놓인 안구'를 세는 방식으로 사용하는 주목 측정 방식과 가장 유사했지만, 다른 세 측정 방식은 유튜브 공동체에 참가하는 정도를 보여주는 행위에 바탕을 둔 인기에 대한 설명을 제공했다. 그 밖에 다른 조건이 없다면, 이 모든 측정 방식은 사용자가 유튜브에 계정을 만들고 로그인을 해야 한다는 조건이 있었다. '선호도' 범주는 어떤 사용자의 프로필에 추가되는 데 충분할 정도로 인기 있는 영상들을 취합했고, '논의 횟수'는 댓글이 많이 달린 영상들을 모았고, 그에 비해 '응답 횟수'는 시청자가 자기 소재를 찍거나 다른 영상들의 링크를 유튜브 플랫폼에 거는 방식으로 영상에 대한 응답을 포스팅하도록 가장 자주 유발했던 영상들을 기록했다. 2013년에 유튜브는 이 '영상 응답' 기능을 삭제했다.

이런 인기 측정 방식들을 사용해서 콘텐츠의 유형들을 비교했기 때문에 이 콘텐츠 조사를 통해 우리는 유튜브의 초기 역사의 이 시점에서 무엇이 '있었는가' 이상을 알게 되었다. 그리고 가장 인기 있는 영상들의 샘플을 봤기 때문에 이 콘텐츠 조사의 결과는 그 당시 유튜브 수용자의 집단적 취향을 단순히 반영만 하는 것은 아니다. 인기를 측정하는 각 방식은 또한 다른 점을 강조하게 되었고, 그래서 유튜브가 무엇인지 혹은 어떻게 사용되는지에 대한 다른 해석이 가능해졌다. 물론, 어떤 면에서는 척도는 우리가 생각했던 바를 그대로 담아냈다. 그 척도로 다양한 기준에 따라 어떤 특정 시기에 어떤 영상들이 상대적으로 인기가 있었음을 알아냈다. 그러나 그것이 그 척도들로 할 수 있는 모든 것이 아니었고, 아울러 소셜 미디어의 척도로 오늘날 알아낼 수 있는 모든 것도 아니었다. 그것들은 실제의 재현representation이 아니고, 다시 제시하는re-presentation 기술이었다. 그것들은 유튜브에서 인기 있는 영상이 무엇인지를 수용자에게 알려주기 때문에, 이 척도들은 유튜브에서 인기 있는 영상의 실제를 창조하는 데 적극적인 역할을 하기도 한다. 척도는 단순히 묘사하거나 재현하기보다는 무언가를 수행하기도 한다.

미셸 캘런Michel Callon은 시장 경제 이론이 시장을 신뢰할 수 있게 만듦으로써 실제 시장의 '포맷을 만들고', 따라서 그 시장에 참가하는 실제 행위자의 선택에 영향을 끼친다고 주장한다(1998). 이것은 시장 '담론'이 우리의 선택을 '사회적으로 구성한다는' 것과 다르다. 그보다는, 시장에 관한 우리의 모델과 이해는 기술적으로 작동하고, 실전에서 사용할 수 있는 지식을 생산하지만, 이는 지식이 구조화되고 제시되는 방식의 제약 안에서만 가능하다. 초기 유튜브의 인기를 측정하는 다양한 방법들도 비슷한 기능을 했다. 어느 수준까지는 수용자의 개입을 계산하고 측정할 수 있는 단순화, 원자화된 모델을 만들어냈다. 이 단순한 모델은 조회, 댓글, 응답 영상, 사용자들의 즐겨찾기에 추가하는 원빈도raw frequency에 바탕을 두었다. 그다음에, 그 척도는 가장 인기 있는 콘텐츠의 특성을 구성한다. 사용자들은 미리 조정한 기준, 척도, 알고리듬에 따라 대규모 주목을 만들어내는 콘텐츠를 의도적으로 제작하려고 시도하거나, 또는 그것들을 모두 무시할 수도 있다

(그리고 아주 적은 수의 수용자들의 주목을 끄는 경우도 있다). 유튜브의 존재 이유에 관한 주류 매체의 해석에서, 이는 인지된 유튜브의 사용과 가치 논리 사이, 그리고 '실질적' 사용과 의미 사이에 피드백의 순환을 만들어낸다.

이 연구에 우리가 사용했던 그 척도들은 이제는 유튜브 플랫폼 사용자의 인터페이스의 일부로서 존재하지 않는다. 그 플랫폼의 중요하고 지속적인 설계 변경은 그 웹사이트의 외양과 느낌을 '현대화'했을 뿐만 아니라, 사용자가 유튜브의 지원성과 관계에서 자리매김하는 방식을 바꾸기도 했다. 검색, 첫 화면의 레이아웃, '관련 영상'의 자동 재생과 같은 알고리즘의 검색과 특성을 위한 훨씬 개인화된 사회적 알고리즘을 통해 인기가 구축되고 형성되는 방식에 근본적인 설계상의 변화가 있었다. 그리고 이런 '관련 영상'의 자동 재생은 회사가 보유한 자체 알고리즘에 의존한다(Rieder et al., 2017). 그러나 많은 저자들이 지적했듯이, 이런 알고리즘의 기능은 수많은 주주, 행위자, 이해관계자 사이의 상호작용으로부터 출현했다. 그것들은 자동적으로 작동하지만 인간의 입력과 의도 없이 작동하지 않으며(Gillespie, 2016), 그로 인해 리더^Bernhard Rieder가 '순위 문화'라는 용어를 사용해서 순위 문화를 설계하고 그것에 의해 구성되는 알고리즘과 문화 맥락(Rieder et al., 2016)을 흡수하려 한다. 포스티고^Hector Postigo는 더 나아가 척도가 유튜버들의 선택과 수행 방식을 어떻게 형성하는가에 주목한다(2016). 척도가 유튜버들의 선택과 수행 방식을 형성하는 방식은 승자독식 경제를 강화하고 회사의 이익을 위해 복무하는 방향으로 플랫폼 문화를 몰아가서, '유튜브 머니'를 획득하기 위해 참여하게 만든다.

척도는 유튜브 사업 생태계의 일부이기도 하다. 부가적인 서비스, 상호 매개자, 신생 기업 들은 유튜브 수용자와 주목 척도, 데이터 분석에 바탕을 두고 구축되었다. 예를 들어, 유튜브가 2010년에 자체적으로 만든 유튜브 트렌드 블로그^YouTube Trend blog는 데이터-기반 관찰, 데이터 시각화, 유튜브의 문화 트렌드 분석을 교환하며, 동시에 유튜브의 인기 문화의 특수한 측면을 부각시키고 강조한다. 소셜블레이드는 그런 부가적인 플랫폼 중 가장 두드러진 플랫폼이며, 유튜브에서 인기 있는 콘텐츠를 거의 실시간으로 업데이트하고, 영상보다는 채널에 더 초점을 맞춘다. 창작자들에게 그들의 가치를 보여주기 위해서, 많은 MCN은 척도 혹은 척도를 재는 서비스를 제공하는 협력 업체를 흡수한다. 이런 많은 서비스들은 상업적 창작자들과 광고 생태계와 연결되며, 유튜브의 구조와 성격을 구성하는 과정에서 재현적 역할과 수행적 역할과 더불어 능동적인 역할을 한다.

두 개의 유튜브: 기존 콘텐츠와 사용자 창작 콘텐츠

앞선 장에서 논의했듯이, 유튜브의 첫 5년 동안, 유튜브를 이해하고 논의하는 방식은 '프로'와 '아마추어' 콘텐츠와 사용 방식이라는 이분법적 구분에 종종 의존했다. 한편으로 유튜브는 이름을 대면 알 만한 매체의 형태와 장르에 의존하고, 공식 매체 혹은 음악 업계 안에서 금전적 대가를 받는 전문가들이 제작한 프로페셔널 콘텐츠의 유통을 위한 새로 부상한 또는 잠재적인 플랫폼이었다. 다른 한편으로는, 업계 외부에서 무료로 비직업적인 개인들이 제작한 일상적인 형태와 장르에 의존하는, 아마추어 콘텐츠의 창작과 공유를 위한 공개된 플랫폼이었다. 이런 식의 정의에서도 자명하듯이, '프로'와 '아마추어' 콘텐츠라는 범주는 정치경제, 제작자 정체성, 형태 또는 장르라는 차원 들을 융합한다. 이 연구에서, 우리는 이런 차원들을 구분해서 수많은 새로운 범주들을 만들어냈으며, 그 새로운 범주들을 결합하면, 시간이 지나 플랫폼이 변화할 때 이런 새로운 차원들의 새로운 윤곽이 나타나고, 독특한 장르, 실천, 창작자의 정체성을 형성하는 방식에 관한 우리의 이해를 발전시킬 수 있었다. 앞 절의 '인기에 대한 설명'에서 이미 논의했듯이, 이 차원들을 '기원', '업로더', '장르', '주제'라는 차원으로 구분했다.

2007년에는 유튜브가 사용자들이 기존 매체로부터 불법 복제한 영상들을 업로드할 수 있게끔 무차별적으로 허용하고 이런 불법 도용이 일차 목적이었을지도 모를 정도라는 우려가 있었던 상황에서, 우리의 급선무는 '기원' 차원을 평가하려고 시도하는 것이었다. 가장 인기 있는 콘텐츠 중에서 텔레비전, 영화, 또는 음악계와 같은 기존 매체로부터 온 콘텐츠의 비율이 얼마나 되는지를 알고 싶었고, 그 부분을 '기존 매체'라고 표시했다. 그리고 매체 산업 외부에서 창작된 콘텐츠의 비율도 있었는데, 이를 '사용자 창작 콘텐츠'라는 범주로 표시했다.

물론 '사용자 창작'과 '기존' 매체 콘텐츠라고 구분하는 것은 유튜브를 이 두 범주의 새로운 융합의 장 또는 중개자라고 이해하는 입장에서는 문제가 더 크다. 그럼에도 불구하고, 2007년에는 이 방식이 이해하기 쉬웠고, 이 구분으로 대규모 콘텐츠 조사에 유용한 프레임을 만들었다.

유튜브의 '당신 자신을 방송하라'는 문구에 맞게, 가장 인기 있는 콘텐츠 조사는 사용자 창작 영상들을 좀 더 우선시했다. 약 절반 정도인 2177개 영상은 주류, 방송, 기존 매체의 외부에서 제작된 콘텐츠로서 '사용자 창작'으로 코딩했다. 이 영상들의 다수(약 40%)는 이미 유튜브의 일상 콘텐츠의 상징이 된 대화 형태인 브이로그였다. 다른 장르로는 사용자 창작 뮤직비디오 (15%, 여기에는 팬 동영상과 아니메 뮤직비디오도 포함된다), 실황 영상(13%, 음악 연주, 스포츠 영상, 일상의 단면(slice of life)], 뉴스, 비디오 게임 리뷰, 인터뷰와 같은 정보 콘텐츠(10%)도 있었다. 스케치 코미디, 애니메이션, 머시니마 machinima(연출된 게임 플레이의 장면을 포착하고 편집해서 만드는 게임엔진을 이용해서 만든 애니메이션)와 같은 '대본이 있는 자료'(8%)는 샘플의 작은 부분을 차지했다. (다음에 논의할) 어떤 기존의 형태를 따르기보다는 테크닉의 조작에 대한 열광을 보여주는 새롭거나 분류하기 어려운 장르들이 이 샘플의

그림 3-1 콘텐츠 유형

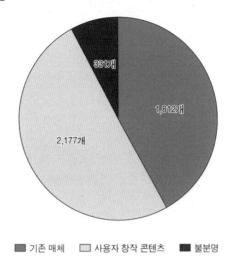

■ 기존 매체　□ 사용자 창작 콘텐츠　■ 불분명

10% 정도를 차지한다.

　그러나 가장 인기 있는 영상의 샘플에 아마추어의 평범한 '일상의 단면' 영상들은 놀라울 정도로 수가 적다. 일상을 다룬 영상이 많을 것이라는 신화를 가지고 있지만, 고양이 영상을 그리 많이 보지는 못했다. 심지어 아이들이 서로 괴롭히는 영상, 선량한 사람을 때리는 '해피 슬래핑', 자기가 사는 지역에서 벌어지는 '후닝'*도 없다. 초기 유튜브에 이런 자료가 있었다는 점을 부정하는 것이 아니지만(확실히 이런 영상들은 뜨개질 영상이나 명품 다큐멘터리와 함께 어딘가에는 있었다), 유튜브의 가장 인기 있는 콘텐츠의 샘플에 나타나지 않았다.

---

*　hooning: 난폭 운전, 무허가 거리 레이싱, 타이어 연소와 같은 자동차 관련 불법 행위를 의미한다.

샘플의 약 42%(1812개 영상)는 기존 매체의 출처에서 나온 것으로 나타났는데, 이 영상들은 기존 매체 산업계에 제작된 영상들, 텔레비전 방송이나 DVD와 같은 프로그램에서 뽑은 영상들을 충분히 편집하지 않고 웹사이트에 올린 것이다. 여기서 인기 있는 장르들에 정보 제공 프로그램(30%)이 포함되는데, 정보 제공 프로그램은 미국, 영국, 라틴 아메리카의 주요 뉴스 서비스의 영상 클립들, 특히 2008년 미국 대통령 후보들, 유명 인사 인터뷰, 토크쇼와 더불어 리얼리티 텔레비전 프로그램의 한 토막을 담은 자료들이었다. 그다음으로 큰 범주는 '대본이 있는 자료들'(21%)이고, 여기에는 스케치 코미디, 애니메이션과 튀르키예와 필리핀의 텔레비전 연속극의 일부가 포함된다.

기존 매체를 출처로 하는 영상은 주로 스포츠 게임과 미국 대선 후보 토론이 담긴 '실황 중계 콘텐츠'(17%)이고 그리고 주로 미국의 톱 40 가수들의 뮤직비디오(13%)가 그다음 순위이다. 마지막으로 중요한 범주는 영화 예고편과 상품광고와 같은 홍보 영상(11%)이다. 유튜브가 보유한 타이틀과 저작권 콘텐츠에 대한 다른 연구에 근거해서 볼 때,[2] 이는 이미 제거되었기 때문에 코딩을 할 수 없었던 영상들의 대다수는 기존 매체로부터 온 경우이다.

대부분의 영상은 기존 주류 매체 기업들에 종사하지 않는 사람들이 올린 것으로 보인다(〈그림 3-2〉 참조). '사용자'라고 코딩한 집단은 이 샘플의 다수인 약 60%를 구성했다. 지식 재산권 문제와 관련해 유튜브를 계속 감시해 왔던 NBC와 같은 텔레비전 네트워크로 대표되는 기존 매체 기업과 NBA National Basketball Association와 같은 조직으로 대표되는 거대 권리 보유자들은 약 8% 정도를 차지했다. 이 두 범주 사이에 '중소기업Small-to-Medium Enterprise: SME'이나 독립 제작사라고 부르는 집단이 있다. 이 집단은 프로페셔널한 매체 산업계 안에서 사업을 하지만 거대 기업 조직의 영역에 속하지 않는다. 이 집

그림 3-2 업로더 유형

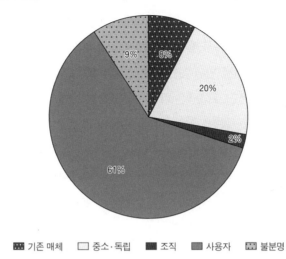

단은 업로드된 콘텐츠의 약 20%를 차지한다.

　인기 측정에 관해 사용자 창작과 기존 매체를 비교하면, 인기 콘텐츠가 사용되는 방식에서 놀라운 차이가 등장하기 시작했다(〈그림 3-3〉 참조).

　사용자 창작 콘텐츠가 전반적으로 샘플에서 지배적이고, '사용자'가 이 시스템에 기여하는 가장 큰 집단임이 밝혀졌지만, 사용자 창작 콘텐츠가 모든 인기의 범주를 지배하는 것은 아니다. 이전 장에서 논의한 기존 매체 행위자들의 대다수가 취한 일반적인 의심과 주의를 감안하면 그리 놀랍지 않게도 기존 매체와 거대 권리 보유자 들이 차지하는 비율이 낮지만, 방송과 대중 매체 콘텐츠는 조회 수와 선호도에서 코딩된 영상의 중요한 비율을 차지했다(〈그림 3-3〉 참조). 사실, 방송과 대중 매체에서 제작한 프로그램 영상이 조회 수 범주의 3분의 2를 차지하는데, 조회 수 범주에서 가장 비중이 큰 장르는 특히 뉴스, 정치 토론, 유명 인사 가십, 인터뷰 들이 포함된 정

그림 3-3 인기 범주에 따른 콘텐츠 유형

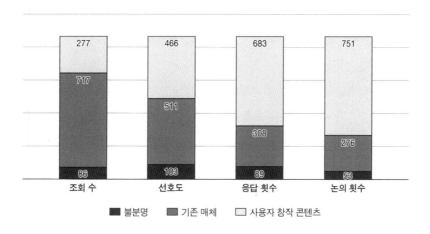

보 제공 자료, 스포츠와 음악 공연과 같은 실황 중계 콘텐츠, 그리고 텔레비전 시리즈, 연속극, 드라마는 물론, 애니메이션과 일부 스케치 코미디와 같은 대본이 있는 프로그램이다. 이런 콘텐츠는 대체로 텔레비전에서 나왔지만, 기존 매체나 거대 권리 보유자 들이라기보다는 대부분을 사용자들이 업로드했다. 조회 수 범주에서 사용자 창작 콘텐츠는 주로 브이로그 형태를 취했지만, 교육 콘텐츠, 사용자 창작 스케치 코미디와, 어떤 공연의 일부이거나 사용자가 집 또는 스튜디오에서 카메라를 보고 직접 연주하거나 노래하는 음악 실연 영상도 일부 있다.

영상 사용자들이 자기 프로필에 영상을 추가하는 것을 뜻하는 선호도 범주는 기존 매체(47%)와 사용자 창작 콘텐츠(43%)가 거의 비슷하게 나왔다. 무엇인가를 '선호'한다는 것은 자기표현이자 정체성을 실행하는 것이다. 사용자가 자기가 좋아하는 영상 목록에 어떤 영상을 추가할 때, 그것들을 나중에 볼 목적으로만 추가한 것이 아니다. 개인 취향의 표시로서 공개하는 것이며 다른 사용자에게 추천하는 것도 암시한다. 2017년 9월에 이런 특징은 유튜브 플랫폼에서 더 이상 볼 수 없다. 그 대신, (수많은 다른 소셜 미디어 플랫폼을 통해) '공유'하고, 나중에 보기 위해 저장하거나, 재생 목록에 추가할 수 있다.

인기의 개별 범주의 일정 부분은 '불분명'으로 코딩했다. 선호도와 조회 수에서 모두 약 10% 정도를 차지하는데 이 영상들은 코딩 작업자가 정의를 내릴 수 없었던 영상들이다. 코딩했던 많은 영상들은 유튜브에서 삭제되었고, 다른 영상 공유 사이트나 인터넷의 다른 사이트에서도 찾을 수 없었다. 다른 영상들은 코딩 작업자들이 잘 모르는 매체 시스템에서 나온 것들인데, 아마도 영어, 스페인어, 중국어 이외 다른 언어로 된 영상들일 것이다. 또는 코딩 작업자들이 그 영상의 기원을 확인할 수 있는 형태적·미적·텍스트 외적인 표식을 해독할 수 없었던 경우도 있다. 마지막으로, 업로더의 프로필, 인터넷상의 다른 사이트에 제공되는 하이퍼텍스트 링크, 또는 그 영상 들에 관련된 업계, 언론, 또는 다른 출판물에서 이루어지는 논의와 같이 상호텍스트적 기원과 텍스트 외적 기원 들이 알려주는 영상의 콘텐츠와 세부 내용들에 근거해서, 코딩 작업자들이 그 콘텐츠가 사용자 창작 콘텐츠인지 또는 전문적인 매체 제작자의 제품인지를 명확하게 구별하기 어려운 경우에 그 영상들을 '불분명'이라고 코딩했다.

이 '불분명' 영상들은 유튜브의 콘텐츠를 분류할 때 발생하는 매우 흥미로운 난점들이 무엇인가를 보여준다. 분류 작업을 할 때, 이 조사에서 '기존 매체'와 '사용자 창작 콘텐츠' 범주 사이에 확실하게 구분되지 않는 부분이 있고, 이 양자를 구분하는 것은 콘텐츠 자체에서 표식에 따라 구분하듯이 그 자료가 텍스트 외적 자료와 상호텍스트적 자료에 의해 배치되는 방식에도 의존한다. 그러나 이런 문제는 우리의 전반적인 프로젝트에 매우 생산적이기도 하다. 코딩 과정은 유튜브의 전문적인 콘텐츠와 사용자 창작 콘텐츠의 구분을 둘러싼 불분명성의 구체적인 기원들의 일부를 드러냈다.

영상 클립과 인용: 기존 매체 콘텐츠 활용

모든 매체와 마찬가지로, 유튜브는 일상생활이라는 맥락에서 이해할 때 파악할 수 있고, 이는 수용자가 '기존 매체 콘텐츠'를 어떻게 이용하는가에서 우리가 관찰한 패턴들을 보면 사실이다. 액셀 브룬스Axel Bruns는 '생용'*에 관한 책(2008)에서 (예를 들어, 블로그 플랫폼과 같은) 공개된 참여 웹과 디지털 매체 툴은 수용자가 자기 주변의 문화에 대응하는 보조적 매체 형태에 더 이상 의존할 필요가 없다는 점에 주목했는데, 이는 매체 수용자성의 일상적 경험은 평범한 매체를 사용하는 생활의 일부로서 발생하는 문화 생산의 새로운 형태를 포함하는 것이라고 다시 생각할 필요가 있을지도 모른다고 암시한다. 초기 유튜브 참여자들은 확실히 새로운 형태의 '공표'를 실천했는데, 이는 부분적으로는 '시민-소비자'로서 경험을 포함하는 그들의 문화 경험을 설명하고 전달하는 방식이었다. 그런 '시민-소비자'로서의 경험은 상업적인 대중 매체와 밀접한 관련이 있다. 존 하틀리는 2000년대 중반의 매체와 정보 환경의 변화에 주목하면서, 문화 의미 생산의 이 방식을 "기존의 콘텐츠를 편집하는 과정을 거쳐서 새로운 자료를 제작하는 개편redaction"이라고 썼다(Hartley, 2008a). 하틀리가 보기에 개편은 다음과 같다.

---

* produsage: production과 usage의 합성어이다. 정보 사회의 온라인 환경에서 사용자(소비자)가 참여하는 콘텐츠 생성 관련 활동을 말하는 것으로서, 제작자와 사용자(소비자)의 역할이 융합된다는 의미를 담고 있다.

텍스트로 축소되지 않는 제작의 형태(이 형태는 '편집'이라는 더 익숙한 단어가 적절하지 않은 이유이다)이다. 사실, 요즘 추세는 개편 사회(redactional society)라고 규정할 수 있는데, 이는 누구나 세상을 전체적으로 볼 수 있는 정보를 즉시 얻을 수 있는 시대임을 알게 해주며, 정보의 편집 작업으로 규정할 수 있는 사회가 등장했음을 알려준다(Hartley, 2008a: 112).

하틀리는 디지털 문화에서 의미의 기원은 문화 산업의 '가치 사슬' 축을 따라 '저자'에서 '제작자', 그리고 텍스트, '시민-소비자'로 이전되기에 '소비'는 가치 창출의 원천이지, 단순한 최종 목적지가 아니라고 주장한다(Hartley, 2008a: 19~35). 매체 소비는 이런 모델에서 이제는 '읽기-전용' 행위가 아니라 '읽기-쓰기' 행위로 바뀐다.

이 개편 개념은 기존 매체 콘텐츠를 유튜브에 올리는 행위를 둘러싼 논쟁과 기업의 협상을 끊질기게 따라다니는 저작권 위반 담론에 대한 대안을 제시한다. 위에서 논의한 '불분명'으로 코딩한 영상 중 일부는 사용자가 개인적으로 만들거나 제거했지만, 대부분은 저작권 위반이라고 주장한 결과 이용할 수 없는 영상이라고 표시되었다. 일부는 명백히 이용 약관 위반이기에 이용할 수 없기도 하다. (그 당시에는 정의가 엄밀하지는 않았지만) 이는 도발적 콘텐츠를 둘러싼 유튜브 정책 위반이라는 신호였거나, 저작권이 있는 콘텐츠를 사용자가 업로드했기에 생긴 결과이기도 했다(이것도 유튜브 이용 약관 위반이다). 그래서 기존 매체로부터 가져온 인기 있는 영상들이 우리가 조사할 때 데이터를 모으는 기간과 코딩을 하는 기간 사이에 삭제되었다면, 그 자료의 양은 연구 결과가 제시한 것보다 더 클 것이다.[3]

이 샘플의 몇몇 사례에서 바이어컴과 같은 매체 기업이 가장 염려했던, 전체 에피소드를 부분으로 쪼개서 올리는 업로드 유형이 나타났다. 특히, 이 샘플에는 필리핀과 튀르키예의 텔레비전 연속극이 포함되었다. 이 자료는 신속하게 저작권 위반이라고 표시되기도 했지만, 이 두 영상은 모두 저화질 시청 경험을 위해 만들어졌다. 2008년 초에 유튜브는 고화질 영상을 도입한다고 발표했지만,[4] 이 시점까지 저화질 유튜브 영상과 업로드된 영상은 10분을 넘을 수 없다는 시간 제약으로 인해 유튜브는 사기업의 콘텐츠를 불법적으로 유통하는 수단 중에서 비트토렌트BitTorrent와 같은 데이터 전송 규약, 다른 영상 공유 서비스가 지지하는 디빅스DivX와 제비드Xvid와 같은 압축 기술과 비교할 때, 뒤처지는 수단이 되었다. 2006년 초에 유튜브는 영상 업로드에 10분 제한을 이미 시행하기 시작했는데, 바로 그 이유에 대해, 그 변화를 수반해야 가입할 수 있다는 것을 블로그에서 설명했다.

대부분 사용자가 짧은 영상 클립을 올리기도 하고 보기도 한다면, 변화를 만드는 것을 꺼릴 이유가 있는가? 고장 난 것이 아니라면, 굳이 고쳐야 하는가? 만약 당신이 우리 블로그 포스트나 언론 기사를 계속 읽고 있다면, 우리가 저작권 소유자들의 권리와 사용자들의 권리 사이에 균형을 유지하려고 부단히 노력하고 있음을 알 것이다. 우리는 그런 체계를 찾으려 했고 더 긴 영상들은 포스팅된 짧은 영상들보다는 텔레비전 프로그램과 영화에서 추출한 저작권이 적용되는 영상들일 수도 있다는 것을 알았다('Your 15 Minutes of Fame', 2006).

그러나 이 연구에 나온 예들을 면밀히 살펴보면 기존 매체 콘텐츠의 짧은 클립을 유튜브 웹사이트에 올리는 것은 단순히 '파일 공유'나 전국적인 상업적 유통망으로부터 벗어나려고 시도하는 것보다 더 복잡한 문화 실천의 범위의 일부임을 알 수 있다. 초기 유튜브는 풍부한 양의 짧은 영상 '인용물'을 담고 있었다.[5] 인용물은 사용자들이 프로그램의 가장 중요한 부분에 관심을 끌기 위해 공유했던 자료의 한 토막이다. 문화 분석 관점에서, 인용하기 실천은 전체 프로그램을 업로드하는 것과는 전혀 다르다. 유튜브를 개편 체계라고 이해하면, 방송사 고유의 콘텐츠를 올리는 것은 단순히 주류 매체 유통 체계의 제약을 피해 가려는 노력이기보다는 최소한 부분적으로는 의미 생산 과정이기도 하다. 특히 유튜브는 매체 '인용물'을 업로드하는 실천을 통해 사람들이 새로운 이야기를 만들어내고 사건에 대한 주의를 환기하는 것과 더불어 공적인 매체 이벤트를 따라잡는 방법으로서 사용하는 중요한 정보 처리 서비스로서 기능했다. 그리고 2017년에 유튜브는 텔레비전 뉴스 영상의 아카이브이자 직접 눈으로 목격한 사건 영상의 중요한 저장고로 남아 있었다.

캠퍼스 경찰이 UCLA 학생 모스타파 타바타베이네자드Mostafa Tabatabainejad에게 테이저 건을 사용하는 영상이 2006년 11월에 유튜브에 포스팅되자, 미국 전역의 언론은 유튜브의 시민 저널리즘 잠재력에 주목했다. 그러나 조회 수 범주에서 인용 자료는 속보보다는 이미 중요한 공적인 뉴스 의제가 된 토픽들을 반영하는 경향이 많았다. 그래서 우리는 예를 들어 2007년 8월부터 시작된 2008년 UEFA 유럽 축구 챔피언십 예선 경기 하이라이트 영상들을 많이 보았다.

그리 놀랍지 않게도, 이 미국-지배적인 플랫폼의 성격을 고려하면, 2008년 미국 대통령 선거 캠페인은 이 샘플 안에 캠페인 자료, 토론, 프레스 영상 클립은 물론 논평, 논의, 논쟁의 형태로 잘 나타나 있었다. 유튜브가 이미 미국에서 하향식과 풀뿌리 수준의 정치 캠페인의 장으로서 중요한 역할을 수행하는 것을 고려하면, 이런 점은 충분히 예상할 수 있는 것이다(Shah and Marchionini, 2007). 그런 자료가 있다는 것은 유튜브 공동체가 미국 정치에 개입하는 유의미한 정도를 가리키는 지표로 간주할 수 있는데, 이는 공식적인 수준이 아니라 대중적인 수준의 개입이다. 그러나 이 영상들에 담긴 정치적 개입의 형태는 심의 과정이나 공식 정치 문화와 관련이 있는 것만큼 유명인 문화와 매우 관련이 깊었다(Couldry and Markham, 2007). 이는 타블로이드 주류 매체가 개별 후보를 마치 매체 출연자들처럼 간주하고 주목하는 방식과 비슷하다. 존 톰슨John Thompson은 매체가 정치인의 생활을 과장하고 사적인 면에 주목하는 것을 '새로운 가시성'이라고 불렀는데(2005) 그 효과를 강조하면, 어떤 면에서는 특정 사안과 정치적 스펙트럼에서 정치인들이 취하는 입장은 그들이 매체에 등장하는 순간과 '딱 걸렸어' 순간이 전면에 등장하는 드라마를 위한 병풍 역할을 하는 이야기일 뿐이다. 미국 공화당에서 세력이 약한 대통령 후보 론 폴Ron Paul의 경우, 선거를 둘러싼 유튜브를 활용한 선거 운동은 주류 매체와 민주당과 공화당이 만든 우월한 위력에 도전해 이 승산이 적은 후보의 인기를 (아마 장난으로) 끌어올리기 위한 일사불란하고 조직적인 시도를 보여주었다. 이런 패턴은 포퓰리즘의 부상, 트롤 부대*의 힘, 요즘 선거와 전국 정치에서 소셜 미디어 플랫폼의 중요성으로 이어지는 과정에서 초기에는 좋은 취지를 지닌 전조였다. 이런 발전 과정은 2017년 말에 이르러 중요하고 광범위한 대중의 관심사가 되었다. 2017년에 페이스북, 트위터, 유튜브와 같은 플랫폼들은 민주주의에 필수적인 커뮤니케이션 과정을 지지하거나 해치는 데 어느 정도 역할을 할 수 있는 수준을 이제 막 유지하기 시작했을 뿐이었다(Gillespie, 2017).

유튜브를 일상적인 매체 사용의 일환으로 이해하는 것의 중요성에 관한 우리의 초기 논의를 비추어 보면, 뮤직비디오가 선호도 범주에서 돋보이는 것은 특히 의미가 있다. 음악은 마이스페이스와 같은 다른 소셜 네트워크 서비스와 소셜 미디어 플랫폼의 형성에서 핵심적이다(boyd, 2007). 마이스페이스에서 음악은 사용자, 특히 10대들의 프로필에서 정체를 표시하는 중요한 역할을 했다. 초기 유튜브에서 선호도가 높은 영상의 중요한 콘텐츠

---

*   troll armies: 가짜 계정으로 인터넷과 소셜 미디어를 통해 가짜 뉴스를 만들어 퍼 나르거나, 선전선동의 목적으로 특정 메시지를 전달하는 일련의 집단을 가리킨다.

유형으로서 뮤직비디오가 등장한 것은 도래하는 어떤 것을 암시하는 것이었다. 톱 40 뮤직비디오이건 혹은 침실의 기타 연주이건 간에 2017년 당시에 음악은 유튜브의 가장 강력한 품목의 하나이고, 유튜브는 전반적인 온라인 음악 스트리밍을 지배했다. 업계 보고서에 따르면 모든 온라인 음악 스트리밍 시간의 46%를 차지했다(McIntyre, 2017).

이 연구에서 목격한 문화 취향과 실천의 양상은 더 크게 보면 현재 미국 대중문화의 지배 형태와 연결된 취향과 실천의 양상과 관련이 있다. 이런 패턴은 2008년 미국 대통령 선거와 같은 지배적인 매체 이벤트에 개입하는 것으로 규정된다. 그리고 유머와 일상 영상, 톱 40 음악과 10대 아이돌, 타블로이드 문화와 유명 인사 가십을 선호하는 것으로도 규정된다. 그러나 이런 패턴에도 일종의 '유튜브다움'이라는 것이 존재했다. 특정 밴드, 아티스트, 유명인, 그리고 영상 장르에 개입하는 치열함은 최소한 부분적으로는 유튜브 자체 안에서 만들어졌다. 그 당시에 론 폴이 버락 오바마Barack Obama나 힐러리 클린턴Hillary Clinton보다 유튜브의 주목 경제에서 더 중요했던 사실을 달리 어떻게 설명할 수 있는가. 또는 다른 팝 아티스트들보다 조나스 브라더스Jonas Brothers가 더 사랑받은 것은 어떻게 설명할 수 있는가. 콘텐츠 조사에서 등장한 이런 패턴들은 유튜브 공동체 문화의 형성에서 암시하는 바가 있다. 그것은 유튜브만의 독특한 것이거나 기존 대중 매체 문화를 반영하는 것도 아닌, 이 두 가지가 플랫폼 특유의 혼합을 보여주는 '감성 구조'이다.

보드빌에서 브이로그로: 사용자 창작 콘텐츠

사용자 창작 콘텐츠는 응답 횟수와 논의 횟수 범주로 코딩한 콘텐츠의 3분의 2 이상을 차지한다. 사용자 창작 콘텐츠는 응답 횟수 범주에서는 63%,

논의 횟수 범주에서는 69%를 차지했는데 이는 기존 매체보다 매우 높은 비율이다. 특히 이는 기존 매체 콘텐츠라고 코딩한 영상이 3분의 2인 조회 수 범주와 비교하면, 상황은 정반대이다. 앞에서 언급했듯이, 이 샘플에는 사용자 창작 영상 형태의 원형들이 많다고는 할 수 없지만 어느 정도 포함되었다. 일상을 다룬 영상, 단편 영화, 팬 영상, 짜깁기 영상 들이 있고, 아니메 뮤직비디오, 비디오 게임 공략 영상, 머시니마의 예들도 있었다.

그 특별한 형태가 무엇이든지 간에, 사용자 창작 콘텐츠의 모든 범위를 살펴보면 주목할 만한 예술적 경향이 있고, 이는 신생 매체와 관련된 실천과 가치의 종류를 나타낸다. 때때로, 사용자 창작 콘텐츠의 아름다움은 특히 영상의 형태를 실험하는 것을 중시했는데, 이런 실험은 새로운 매체 기술의 등장에 역사적으로 관련된 매체 자체가 분명하게 전면에 등장하는 것이고, 이를 헨리 젱킨스는 초기 보드빌^{vaudeville}의 기술적 실험과 예술적 시도와 유사하다고 보는 것이다(Jenkins, 2006c).

대부분의 인기 있는 사용자 창작 콘텐츠 중 많은 것들이 하나의 기술로서 영상, 그리고 예술성보다는 기교를 전시하는 것에 주목했다. 이는 사용자가 영상의 상영 시간을 6초로 제한하는 바인* 플랫폼의 극단적인 제약과 순환 기능, 또는 애니메이션화한 GIF라는 관련된 예술 형태로 실험하기 때문에(Miltner and Highfield, 2017) 지속하는 것으로 보았던 예술적 양상들이었다. 이와 유사하게, 유튜브 초창기에 트릭 영상들이 유튜브 공동체에서 인기 있었다. 이런 트릭 영상들은 그린 스크린 기술, 화면 분할, 역재생 영상은 물론, 예를 들어 음향 프로세싱을 사용해서 '엉뚱한' 우스꽝스러운 목소리를 만들어내는 것과 같이 기술 자체를 전면에 내세우는 기교를 부리

---

*   Vine: 트위터가 벤처 기업이었던 바인을 인수해서 2013년 1월부터 시작한 7초 정도의 짧은 동영상을 올리는 인터넷 서비스로서 청소년의 인기를 끌었다.

는 영상들이었다. 영상 녹화와 편집 기교 재능과 트릭 개념을 창의적으로 조합한 두 개의 사례가 있는데, 하나는 미국 국가 「스타 스팽글드 배너Star Spangled Banner」를 거꾸로 부른 다음에 영상을 역으로 재생하면 원곡이 드러나는 '윗 송 이즈 디스?What Song is This?',[6] 다른 하나는 기욤 레이먼드Guillaume Reymond가 만든 '오리지널 휴먼 테트리스The Original Human TETRIS' 공연 영상[7]인데, 이 영상은 테트리스 사운드트랙을 정확하게 아카펠라로 재연하면서 여러 사람이 형형색색의 옷을 입고 나와 게임의 진행 순서에 따라 테트리스 게임에 나오는 도형들이 내려오는 것을 흉내 내는 스톱 모션 애니메이션이다. 사실, 이 두 영상은 모두 2007년 유튜브 시상식에서 '창의성' 부문의 후보가 되었다. 유튜브 시상식은 2008년까지만 시행한 단명한 기획이었다〔이 시상식은 나중에 '스트리미 어워드(Streamy Awards)'로 바뀌었는데 이 스트리미 어워드는 유튜브와 ≪튜브필터(Tubefilter)≫라는 부수적인 온라인 웹진이 공동 제작했고, 브이로그 스타일의 유튜브 프로그램에 주목했다〕.[8]

디지털 영상 편집의 기술적 재능에 대한 이런 초기의 열광적인 실험의 또 다른 사례는 제작자들이 '유튜브 풉'*이라고 언급한 영상 범주이다. 종종 열광적인 반응을 얻었던 이런 영상들은 일시적으로 유행하는 장르로 등장했는데, 텔레비전 프로그램의 일부를 조합해서 불경하고 부조리한 작품으로 만들어버렸다. 유튜브 자체의 영상과 아니메 시리즈를 위해 만든 '풉 영상들'도 있지만,[9] 이 영상들은 1990년대 토요일 아침 만화영화〔특히 〈슈퍼 마리오 브라더스 슈퍼 쇼!(The Super Mario Bro. Super Show!)〉와 같은 저급 미국 만화영화〕와 광고에 특히 열광했다. 편집은 종종 일관성이 없이 튀고, 음향

---

* YouTube poop: 저급한 영상물을 뒤섞어 만든 영상을 말한다. 대체로 기존 영상을 각종 편집 기술로 리믹스하고 이어 붙여서 만든 기이한 영상이다. 마치 여러 가지 음식물이 소화되어 배설물이 되는 것과 같다는 의미에서 이렇게 쓴다.

은 빠른 컷, 속도 변화, 대안적인 사운드트랙을 삽입함으로써 조작된다. 그 결과는 종종 매끄러운 내러티브를 포기하고 패러디나 비디오 아트와 유사한 어떤 것을 닮았다. 이 조사에서 사용자 창작 콘텐츠들은 모두 어떤 기교가 사용되었는지 관계없이, 샘플은 대부분 참신성과 유머를 중시하는 문화가치의 논리를 명확히 보여준다. 아울러 리믹스 영상을 끊임없이 생성한다.

그러나 샘플의 대부분은 브이로그라고 기재했는데, 논의 횟수로 코딩한 영상의 거의 40%를 차지하고 응답 횟수로 코딩한 영상의 4분의 1 이상을 차지한다. 브이로그가 온라인 영상 제작에서 거의 전적으로 사용자 창작의 형태인 것을 본다면, 브이로그의 우세는 유의미하다. 브이로그 자체는 유튜브에서 반드시 새롭거나 독특한 것은 아니지만, 유튜브 참여의 상징적인 형태이다. 이 형태에는 웹캠 문화, 개인 블로그, 텔레비전 토크쇼와 일상생활을 관찰하는 데 치중하는 리얼리티 프로그램을 규정하는 광범위한 '고백문화'(Matthews, 2007)라는 선례가 있다. 그리고 유튜브가 등장하기 몇 년 전에 웹상에는 비교적 소규모이지만 관여도는 높았던 동영상블로거들의 공동체도 있었다. 트라인 비요르크만 베리의 주장에 따르면, "우리가 유튜브, 바인, 스냅챗Snapchat과 다른 영상 사이트에서 본 공통적인 수많은 실천 방식은 동영상블로거들의 초기 공동체가 디지털 환경을 위해 개발한 것이며"(Berry, 2015: 195), 이는 유튜브가 제공한 백엔드 트랜스코딩, 퍼블리싱, 스트리밍에 획기적인 혁신이 나타나기 전에 맞춤형 플랫폼에 퀵타임Quick-time 영상을 공표하는 방식이었다.

제 프랭크Ze Frank[실제 이름은 호시 잰 프랭크(Hosea Jan Frank)이다]의 성공은 그 장르의 특정 버전을 공공연하게 정의하고 문화 생산의 진정한 방식으로서 그것의 가능성을 성립하는 과정에서 무척 중요했다. 심지어 그것이 유튜브에 아직 나타나지도 않았다는 사실에도 불구하고 말이다. 2006년 3월부터 2007년 3월까지의 12개월짜리 브이로그 프로젝트, '제 프랭크 쇼

The Show with Ze Frank'는 유튜브에서 재매개되고 자리 잡았던 형태에서, 특히 코미디, 빠른 편집, 그리고 카메라 앞에서 보여주는 멋진 퍼포먼스에 의존하는 형태로 그 장르의 일부 형태적 특성을 구축했다.

브이로그의 간단한 구성은 형태와 구성의 범위에도 적용되는데, 이는 때때로 실황 공연 전통에 의존한다. 그리고 브이로그의 형태는 다양하지만, 19세기 말과 20세기 초의 보드빌 전통과 비슷하다. 헨리 젱킨스(2006c; Butsch, 2000 참조)는 보드빌은 다양한 짧은 공연을 올리는 비교적 공개된 플랫폼이라고 언급했다. 보드빌의 짧은 공연들은 공연 시간이 20분이 넘지 않았고, 공연자들은 지시하는 연출자가 없는 상태에서 직접 소재를 선택했고 관객의 직접적인 피드백을 보고 기량을 다듬었다. 기억할 만한 순간과 극적인 순간을 만들어내기 위해서는 감정에 의존했다. 브이로그는 이런 실황성, 직접성, 대화를 강조하는 특성을 공유한다. 유튜브의 가장 두드러진 장르의 이런 특성은 유튜브의 특수성을 이해하는 데 핵심적이며, 현대의 미디어 엔터테인먼트가 소셜 미디어 플랫폼을 활용하는 방식에도 근본적이다.

브이로그는 개인 간의 대면 커뮤니케이션의 지속적인 문화적 중요성을 강조하고 온라인 영상과 텔레비전 사이의 중요한 차이가 무엇인지를 알게 해준다. 웹캠, 타이밍에 대한 감각, 기본적인 편집 기술 정도만이 필요하기에 기술적인 면에서 브이로그는 비교적 제작하기 쉬울 뿐만 아니라 시청자에게 직접 소구해 필연적으로 피드백을 끌어내는 형태이다. 뉴스, 스케치코미디, 텔레비전 연속극의 클립과 같은 텔레비전 콘텐츠는 사람들이 뒤늦게라도 다시 볼 수 있지만, 기존 매체 콘텐츠가 대화적이고 창작자 사이inter-creative(Spurgeon, 2008; Meikle, 2002)의 참여를 명쾌하게 끌어내는 것은 아니다. 이런 대화적이고 창작자 사이의 참여는 댓글과 영상에 대한 반응 숫자로 측정할 수 있다. 샘플에서 다른 형태와 달리, 커뮤니케이션 장르로서 브이로그는 비판, 토론, 논의를 끌어낸다. 댓글과 영상을 통한 직접적인 반응이 이런 관여 방식에서 가장 중심적이다. 초기의 브이로그들은 유튜브 전체에 걸친 논의를 진행하고 예전 브이로그에 남긴 댓글을 직접 소구하는 식으로 다른 브이로그에 대해 반응하는 경우가 많았다. 퍼트리샤 랭은 특히 1세대 유튜버들이 브이로그를 통해 직접 부정적인 댓글과 '혐오'로 소구한 것에 주목했는데(Lange, 2007a), 많은 이들이 이를 브이로그의 형태와 문화에 내재적인 부분이라고 보았다. 그리고 이런 실천 방식은 가장 성공적인 유튜버들의 전문적인 관습에도 확고하게 자리 잡고 있었다. 아마추어 유튜브 코미디언으로서 초기 경력을 쌓은 인기 유튜버 내털리 트란Natalie Tran (그녀는 communitychannel이라는 채널을 개설, 관리했다)은 유튜브에 올린 영상의 일부를 할애해서 그녀의 예전 영상에 사람들이 남긴 댓글을 보여주고 그에 반응했다. 이런 방식으로 인해 수용자들은 계속 이 코미디에 빠져들게 되었다. 2017년 10월에 그녀의 채널은 190만 명 정도의 구독자에 육박했다.

논의 횟수와 응답 횟수에서 중요한 다른 두 장르는 정보 제공 콘텐츠와 뮤직비디오이다. 정보 제공 콘텐츠에는 사용자 창작 뉴스 프로그램, 인터뷰, 다큐멘터리, 브이로그 범주로 분류할 수 있는 많은 영상이 포함된다. 이 영상들은 영상의 병치 혹은 논평이나 화면 그래픽을 추가함으로써 대중 매체를 비판하거나, '유튜브 드라마'에 코멘트를 하는 경우가 있다. 많은 사용자 창작 뮤직비디오는 아티스트들이 쓰거나 연주한 작품을 만든 동기나 맥락에 대한 설명을 작품의 서문으로 넣는 방식으로 브이로그 스타일의 대화 방식을 채택했고, 수용자들에게 직접 소구함으로써 친밀한 느낌을 주면서 각종 제안과 피드백에 대해 대응하기도 했다. 기존 매체가 지배하는 범주로부터 사용자 창작 콘텐츠가 지배하는 범주의 관여 방식을 구별해 주는 것은 바로 이 대화적 특성이었다. 사실, 보드빌 스타일의 브이로그는 확실히 상업적인 '소셜 미디어 엔터테인먼트'의 원형적인 장르라고 볼 수 있다 (Cunningham and Craig, 2017). 그러나 이것은 초기 유튜브의 일상 문화에서 개발되고, 정교해졌으며, 다듬어졌다.

업로더의 정체를 파악하기: 프로와 아마추어의 구분을 넘어서

2007년 우리의 조사에서 유튜브의 인기 있는 영상들은 이미 프로페셔널, 준프로페셔널, 아마추어, 프로-아마추어 참가자에 의해 유통되고 있었으며, 이들 중 일부는 '기존' 매체 콘텐츠이거나 일반적으로 '아마추어' 콘텐츠 개념과 관련된 일상 형태라는 범주라고 하기에는 다소 어색한 콘텐츠를 제작했다는 것을 보여줬다. 뉴사우스 웨일스 대학교University of New South Wales[10]나 캘리포니아 대학교 버클리 캠퍼스University of California, Berkeley[11]와 같이 유튜브를 일찍 도입한 기관들이 업로드한 대학 강의나 교육 자료와 안드로이드 모바일 운영 시스템과 같은 앞으로 나올 제품들을 위해 구글이 개발한 온라인 프레젠테이션, 또는 설명하기는 어려운 왕립 호주 공군Royal Australian Air Force의 공식 채널[12]이 올린 것과 같은 군사용 비행기의 착륙 영상 들은 기존 매체/사용자 창작 콘텐츠 이분법에서 어느 쪽에든 갖다 붙일 수 있는 콘텐츠의 초기 사례였다. 이런 기관들이 초기에 도입하는 동안, 2010년부터 유튜브는 대학교, 기업체, 정부 기관 들이 미래에 수용할 주류 소셜 미디어 플랫폼 중 하나가 되었다.

또한 유튜브를 수용자 관여의 플랫폼으로 활용하는 창의 산업의 초기 사례를 발견했다. 예를 들어, 포드 모델스*는 유튜브를 홍보 목적과 신인을 찾기 위해 활용했다.[13] 포드는 일개 기존 매체 기업이 아니었다. 사업 규모가 비교적 크긴 했지만, 그들이 유튜브에서 거둔 성공은 개인 동영상블로거들과 침실 음악인들이 한 것처럼 자기 공표와 대화적 기회를 잘 이용한

---

* Ford Models: 1946년에 창립한 모델 전문 에이전시로서 뉴욕에 있다.

결과였다. 화장하는 법, 모델 프로필, 패션 가이드라인, 모델 업무의 지도 서와 같은 포드가 제작한 자료는 유선 방송이나 지상파 방송의 패션 프로그램으로 방송해도 될 만큼 수준이 높았다. 그러나 방송 전파를 타지 않고 유튜브 채널이라는 맥락에서 전파됨으로써 이 영상들은 기본적으로 유튜브 콘텐츠로서 등장했고 소비되었다. 콘텐츠의 전문적인 품질과 그 업로더의 기업 규모만이 포드 모델스를 전문적인 기업으로 보이게 만들었다. 그당시에 유튜브 플랫폼은 전문가 지위라는 문제에 대해 철저하게 무지하다시피 했다. 물론, 그때부터 뷰티 중심의 라이프스타일 인플루언서들이 극적으로 증가했고, [친근하게 소구하는 형태로 화장이나 헤어스타일 관련 정보성 광고(infomercial) 스타일 콘텐츠를 만들어내는] 뷰티나 패션 동영상블로거들이 지상파 텔레비전의 화장품 광고처럼 소셜 미디어 마케팅 산업에서 확고하게 자리 잡았다(Nazerali, 2017; Berryman and Kavka, 2017).

이와 마찬가지로, 2008년에 '사용자' 범주는 점프TV 스포츠JumpTV Sports와 노굿TVNoGoodTV와 같은 웹 전용 영상 제작 신생 기업들의 등장으로 복잡해졌다. 점프TV 스포츠는 스포츠 영상 패키지를 모으고 전 세계의 스포츠 사이트에 콘텐츠를 제공했고, 노굿TV는 다소 음란한, 남성적인 프로그램을 제작했다. 이 중 많은 업로더들은 유선 방송이나 텔레비전의 배급망을 타려고 굳이 협상하지 않고 인터넷을 이용해서 그들의 틈새 프로그램이나 특화된 콘텐츠를 유통시키려는 기존 텔레비전 프로그램 제작자와 비슷했다. 예를 들어, 노굿TV의 콘텐츠는 스파이크Spike(바이어컴 브랜드)나 비디오 게임을 방영하는 G4 TV와 같은 미국 유선 방송 채널에서 볼 수 있는 난폭한 프로그램과 많이 비슷했다. 그 콘텐츠는 화면에 그래픽을 추가한 뮤직비디오, 유명 인사 인터뷰, 스케치, 정보 제공 프로그램과 기타 프로그램들이었다. 이 콘텐츠와 텔레비전 콘텐츠의 유사성은 유튜브와 같은 디지털 전송 옵션과 증가한 온라인 자료의 이동이 어떻게 매체 형태의 매체-의존적 정의를 이미 뒤흔들고 있는지를 보여주었다(Green, 2008). 아울러 레드불 TV RedBull TV와 같은 매체 기업이 어떻게 선구자가 되었는지를 보여주었다. 레드불 TV는 2017년 10월에 약 640만 명이 구독하는 유튜브 채널과 확장적 교차 플랫폼 유지와 인재 발굴 팀을 가지고 있었다.[14]

그래서 동영상블로그가 늘 사용자 창작 콘텐츠의 지배적 형태였으며 유튜브의 공동체 정서에 근본적이었지만, 모든 브이로그가 침실에서 만든 사적인 일기 같은 콘텐츠인 것은 아니다. 사실, 꽤 많은 브이로거들은 확실히 이미 유튜브를 모험적인 사업 목적으로 사용하고 있었고, 그런 경향은 모두 2017년에도 확고하게 유지되고 있었다. 그 예로는 코미디언 넬츠Naltz[케빈 낼티(Kevin Nalty), 2017년 10월에 23만 8000명 이상의 구독자를 보유했다],[15] 코미디/게임 동영상블로거 찰스트리피Charlestrippy(83만 6000명 이상),[16] 호주의 '기술광tech geek' 블런티 3000Blunty 3000[네이트 버(Nate Burr), 33만 3000명 이상]이 있다.[17] 이들은 이미 유튜브 파트너 프로그램에 참여하고 있으며 유튜브에서 그들의 행위로 수익을 얻고 있었다. 그러나 유튜브에 방송 모델 또는 일방적인 수용자 관여 모델을 도입한 것으로 보이는 노굿TV와 달리, 이 창작자들은 항상 유튜브 공동체의 적극적인 참여자들이었다. 찰스트리피와 같은 창작자들도 그들의 전문적인 식견을 광고하기 위해서 그들의 브이로그와 유튜브 페이지를 이용했지만(이 경우에는 입소문이 나는 바이럴 영상들을 만들어냈다), 그들의 온라인상의 성공은 그들이 콘텐츠를 제작하는 지식만큼이나 유튜브의 커뮤니케이션 생태계에 참여해서 교류, 축적한 지성*이 있었고 그 생태계에 효과적으로 참여했기 때문에 가능했다. 그리고 그들은 유튜브의 가내 생산 형태와 실천에 숙달된 달인들이었다.

---

* 혹은 통섭의 의미로 볼 수 있다. 원문에는 'grounded knowledge'라는 용어를 썼다. 다양한 분야의 전문가들이 참여해서 교류하면서 만들어지는 지식을 의미한다.

2007~2008년에, 대형 음반 회사 소속 일부 아티스트는 그들의 팬 공동체에 참여하고 관리하는 방식으로 이미 이런 방식을 채택했다. 영국계 포르투갈 가수이자 작곡자인 미아 로즈Mia Rose가 좋은 예이다.[18] 로즈는 자신을 인디펜던트 아티스트라고 소개했고, 소셜 네트워크로 수용자들과 직접 연결해서 도달함으로써 자기 콘텐츠를 판매하기 위해서 유튜브를 활용했다. 우리의 연구에서 각기 다른 코딩 작업자들이 그녀를 '사용자'이자 독립 제작자라고 간주했는데, 이는 '상업적 아티스트'나 '아마추어 음악가'가 아닌 그녀의 위치를 강조했던 것이다. 우리가 샘플을 모은 후인 2008년 4월에 로즈는 음악, 패션, 라이프스타일을 통합 관리하는 회사 넥스트셀렉션 라이프스타일 그룹NextSelection Lifestyle Group과 계약해서 소속사의 관리를 받는 아티스트가 되었다. 그러나 그다음 해에도 그녀의 유튜브 채널은 변하지 않은 채로 남아 있었고, 처음 시작했을 때의 가내 생산 브랜드 이미지를 여전히 보여주고 있었다. 2017년 10월에는 구독자가 34만 700명 정도였고 좀 더 다양한 소재를 다루는, 전문적으로 제작된 라이프스타일 채널로 진화했다. 이 채널에는 요리, 쇼핑, 뷰티 브이로그(분명하게 제품 브랜드 보증을 언급한다)와 정기적으로 올리는 노래와 '침실'에서 만든 듯한 소탈한 어쿠스틱 음악 연주가 가끔 올라왔다.

아마추어와 프로페셔널의 영역을 가로지르면서 명백히 우연한 성공이나 입소문이 나는 바이럴 성공을 넘어서, 이 연구를 한 6년 동안 우리는 유튜브 회사가 이 두 영역을 통합하는 데 유리하게끔 전개한 중요하고 의도적인 전략들을 목격했다. 예를 들어, 2011년에 유튜브는 바이럴 영상 제작 회사와 MCN의 원형인 넥스트 뉴 네트워크스Next New Networks를 인수했다(Diana, 2011; Miller, 2011). 또한 2011년에 유튜브는 '유튜브 크리에이터 플레이북 YouTube Creator Playbook'을 제작해서 홍보했는데, 유튜브 크리에이터 플레이북은 창작자들이 콘텐츠와 수용자들의 유튜브 관여 전략을 최적화하게끔 도와주도록 설계한 교육용 자료였고, 유튜브는 초기 유튜브 동영상블로거들이 개발하고 발전시킨 소셜 미디어의 가치와 공동체-중심 접근법을 확실하게 강조했다.[19] 2011년에 유튜브는 (2016년에도 운영했던) 넥스트업 프로그램 NextUp Program을 시작했는데, 넥스트업 프로그램은 핵심 장르 범위에서 잠재적인 '스타' 콘텐츠 창작자들을 발굴해서, 장려하고, 발전시키는 프로그램이다.[20] 그리고 유튜브는 2012년에 런던London에서 유튜브 스페이스YouTube Spaces라는 오프라인 사업체를 마련했는데, 유튜브 스페이스는 열정적인 유튜버들을 위한 인재 양성 스튜디오로서 전 세계의 매체-집약적인 도시에 분점을 열었다.[21] 2017년 10월에는 베를린Berlin, 런던, 로스앤젤레스Los Angeles, 뭄바이Mumbai, 뉴욕New York, 파리Paris, 리우데자네이루Rio de Janeiro, 상파울루 Sao Paulo, 도쿄Tokyo, 토론토Toronto에 유튜브 스페이스가 생겼고, 몇 년에 걸쳐 다양한 장소에서 유튜브 창작자들을 위한 행사, 로드쇼, 캠프가 열려서 각기 다른 전문화 정도를 보여주는 유튜버들이 점점 더 수준 높은 매체 제작자, 연행자, 브랜드 관리자가 될 기회를 제공했다.

한편, 유튜브의 매우 혼란스러운 일상 창의성의 거대한 비축량과 그로 인해 발생한 장르들의 축적량은 유튜브 브랜드를 필수적으로 차별화하는 일부분인데, 이는 유튜브가 그 문화를 공공연하게 표현함으로써, 특히 사용자 공동체에 소구할 때 유튜브 브랜드를 지속적으로 강화하기 때문이다. 예를 들어, 2012년 7주년 기념일에 유튜브는 텔레비전 방송이 평소에 하는 것처럼 기념일 축하와 자축을 위해 영상을 공개했는데(Hartley et al., 2007 참조) 이 영상은 아마추어 콘텐츠 창작자들과 일상 영상 형태를 주로 강조했다.[22] 프리미엄 구독 앱인 유튜브 레드를 출시한 2015년에 유튜브는 10주년 기념으로 '유튜브의 모든 것The A-Z of YouTube'이라고 불리는 영상을 올렸는데, 이것은 [키보드 캣(Keyboard Cat)과 누마 누마(Numa Numa)부터 「강남 스타일」까지] 입소문이 난 바이럴 영상들의 현란한 몽타주와 (뷰티 블로거, '잇 게츠 베터',* 키즈 리액트,** 게임 플레이와 같은) 주요 일상 장르, 〔릭 애슬리(Rick Astley)의 악명 높은 노래 「네버 고너 기브 유 업(Never Gonna Give You Up)」 음향 일부가 반복되는 간단한 릭롤링***이 삽입되는〕 알파벳-주제의 랩과 "여러분의 창의성, 자기표현, 재미있는 영상에 감사드립니다"라는 말로 끝난다.[23]

일상 온라인 영상의 약호와 관습으로 인해 유튜브는 2011년 10월에 오리지널 프로그램 시장에 진출할 수 있었다. 이때 유튜브는 '주류 매체'의 연예인이라고 여겼지만 소셜 미디어를 다루는 기술을 보여준 사람들을 출연시키는 오리지널 채널들을 출범시킬 것이라고 발표했다. 유튜브의 언론 보도 자료에서 언급된 유명인 중에는 마돈나Madonna, 제이 지Jay Z, 애슈턴 커처 Ashton Kutcher도 있었다(Waxman, 2011). 그러나 궁극적으로 유튜브 레드의 독자적인 프로그램 전략은 유튜브의 가장 인기 있는 장르와 자수성가한 스타들을 수렴하는 것이었는데, 이는 1세대 유튜버들이 개척한 콘텐츠 형태, 장르, 실천 방식, 그보다 위로는 인터넷, 블로그, 대안 매체의 초기 일상 문화에 의존하는 것이었고, 더 나아가서는 보드빌과 그 이전 형태로 확장해서 볼 수 있는 것이었다.

한편, 유튜브와 온라인 영상 사업을 둘러싼 새로운 중개업체들은 과거에는 아마추어였던 유튜버들을 프로페셔널화하려고 작업하고 있다(Lobato, 2016; Cunningham and Craig, 2017). 그러나 다른 한편으로는, 창작자들에게

---

*　'It Gets Better'(이제 다 잘 될 거야): 성 소수자의 힘 돋우기를 위한 목적으로 만들어진 유튜브 채널이다. https://www.youtube.com/user/itgetsbetterproject.

**　Kids React: 리액션 동영상의 한 종류로서 주로 어린이들이 낯선 예전 대중문화를 보고 문화적 충격을 받거나 감상을 솔직히 말하는 유튜브 콘텐츠를 의미한다.

***　rickrolling: 인터넷에서 어떤 링크를 클릭하면 원래 기대했던 사이트로 이동하지 않고, 릭 애슬리의 노래인 「네버 고너 기브 유 업」의 뮤직비디오와 관련된 유튜브로 연결되는 인터넷 밈이다.

영감을 주는 금과옥조로서 유튜브가 계속 유지하는 것, 그리고 유튜브 브랜드의 핵심은 바로 초기 동영상블로거들이 창안하고 다듬은 일상 예술, 기교, 마케팅 실천 방식이었다. 초기 유튜브로부터 2017년까지 유튜브 문화는 진화했고 매체 업계에 대한 유튜브의 관심은 계속 확대되는 동안, 유튜브 DNA의 일부인 특정 문화 논리, 장르, 실천 방식은 그대로 유지했다. 이런 독특한 문화 특성을 유튜브의 '플랫폼 고유문화'라고 부를 수 있다 (Gibbs et al., 2015).

영상과 시청에서 채널과 구독자로

이 장의 대부분이 영상과 장르의 수준에서 유튜브의 인기 문화에 집중하지만, 유튜브의 인기를 이해하는, 갈수록 중요해지는 또 다른 방법이 있다. 그것은 '채널'의 수준과 각 채널이 모은 구독자 수이다. '시청 횟수 영상'과 '구독자 수 채널'은 유튜브에 수용자가 관여하는 스펙트럼에서 양극단에 놓인다. 영상만큼이나 채널의 '시청 횟수' 범주는 특정 페이지를 많이 본 횟수를 측정할 뿐인데, 특히 고도로 집중해서 보거나 직접 가시적으로 관여하는 정도를 알기는 어렵지만, 그저 최고 도달 수를 기록하는 채널들을 나타내기도 한다. '구독자 수' 범주는 가장 많은 사용자가 팔로워가 되기를 원하는(또는 공공연하게 팔로윈 것으로 보이고 싶은) 채널들을 포함한다. 대체로 그것은 유튜브 플랫폼에 계정을 가진 사용자들이 활동한 결과였고, 그것은 유튜브 공동체가 가장 중시하는 것들을 집단적으로 수행하는 것을 보여준다. 또한 그것은 어떻게 유튜브 플랫폼이 인기도를 보여주고 콘텐츠 발견을 가능케 하는가라는 한계에 놓여 있다. 그것이 심도 있는 수용자의 관여와 재방문 횟수를 보여준다고 여겨지기에, 구독자 계산은 성공 여부를 재는 주요한 척도이고, 따라서 유튜버들에게 후원과 머천다이즈 상품 판매로부터 유입되는 수익을 알려주는 열쇠가 되며, 유튜브 회사로부터 더 큰 지지나 차입금을 받을 수 있는 경로가 된다.

2016년 ≪튜브필터≫ 기사가 주장하기를(Gutelle, 2016), 구독자 수를 세는 것은 수용자 관여를 측정하는 방법 중 조야한 수준이라고 보지만(그리고 관람 시간, 공유와 댓글도 고려할 수 있다), "100만 이상 구독자 채널의 수가 늘어나고 있다는 것은 유튜브가 2005년에 시작한 이래 경험한 기하급수적인 성장을 보여주는 지표이다". 이 기사가 보도하기를 유튜브의 다섯 번째 기념일인 2010년 2월 23일에 "100만 구독자가 있는 채널은 다섯 개뿐이었지만", 2년 후에는 68개 채널로 늘었고, 또 2년 후에는 594개 채널로 늘었으며, 2년 후인 2016년에는 '유튜브 백만장자YouTube Millionaire' 채널이 2000개 정도였으며, 그에 따른 조회 수는 수십억이 넘었다. ≪튜브필터≫의 유튜브 백만장자 칼럼은 정기적으로 스타 유튜버들을 소개했는데, 이 칼럼들은 주로 그들의 성공의 열쇠에 대해 인터뷰를 했다. 인터뷰는 대체로 진정성, 공동체, 그리고 순전히 상호적인 수용자나 팬의 관여라는 담론을 강화했다.[24]

유튜브의 첫 5년 동안, 구독자 수를 세는 것이 대표적인 측정 방법인 수용자 관여의 열쇠를 쥐고 있었던 것은 주류 매체의 행위자들이 아니라 1세대 유튜버들이었다. 2008년 2월에 (사용자들이 계정과 유튜브 사이트에 가입할 것을 요구하는) 역대 '구독자 수'와 (단순히 회원들이 아닌 모든 사용자의 시청 습관의 결과인) 역대 '시청 횟수 높은 채널'은 이것을 확실하게 보여주었다.

〈표 3-1〉이 보여주듯이, 기존 매체 기업은 '시청 횟수' 목록에 잘 나타나고, '구독자 수 많은 채널' 목록은 '유튜브 스타들'이 지배했다. 이들은 유튜브의 사회적 네트워크 안에서 개발된 브랜드를 가진 (엄격한 의미로 '아마추어', 중소 기획사(SME)이거나 심지어 대형 음반 회사가 후원하는 음악인들이건 간에) 참여자들이었다. 그들의 작업은 스케치 코미디 영화(스모시),* 유명인

표 3-1 가장 많이 구독하는 채널과 가장 많이 본 채널(2008)

	(역대) 구독자 수	(역대) 시청 횟수
1	스모시	유니버설 뮤직 그룹
2	유니버설 뮤직 그룹	소니bmg(sonybmg)
3	케브줌바	CBS
4	니가히가	소울자보이(SouljaBoy)
5	해피슬립	마이케미컬로맨스(mYcheMicalromaNce)
6	에스미 덴터스(esmeedenters)	린킨파크tv(linkinparktv)
7	미아 로즈(miaarose)	스모시
8	론리걸15	브리트니TV(BritneyTV)
9	웟더벅쇼	TNA레슬링
10	제임스 닌텐도 너드(JamesNintendoNerd)	에스미 덴터스
	자수성가형 유튜브 '스타'	기존 매체 브랜드의 확장

뉴스(웟더벅쇼), 일상생활과 개인적 정체성에 입각한 코미디 스타일 브이로
그[니가히가(nigahiga), 케브줌바(kevjumba), 해피슬립(HappySlip)] 등 다양한 장
르에 걸쳐 있다. 조회 수 범주와 비교해 보면, 구독자 수 범주에는 유튜브
를 브랜드 확장을 위한 플랫폼으로 활용하는 [유니버설 뮤직 그룹(Universal
Music Group)과 같은] 음반 회사나 [TNA레슬링(TNA wrestling)과 같은] 스포츠
프랜차이즈와 같은 기존 매체 기업이 훨씬 적다. 이 중 일부(스모시, 케브줌
바, 니가히가, 해피슬립)는 2017년에 가장 유명하고 높은 수익을 올리는 유튜
버들이었다. 그들이 개척한 장르들은 현재 유튜버 스타들과 MCN과 유튜브
자체에 의해 개발된 전문 콘텐츠의 주축이다.

　2013년에는, 이런 수치에 도달하는 것이 점점 더 어려워졌다. 그리고 일
반적인 사용자들은 그런 수치를 올리기 어려워졌다.[25] 그 대신, 사용자들은
알고리듬으로 연결된 개인 영상들이 있는 홈페이지들과 개인의 누적된 시
청 정보, 사용자의 구글 로그인 정보로 알 수 있는 다른 행위에 입각한 채널

---

*　　Smosh: 이언 헤콕스(Ian Hecox)와 안소니 파디야(Anthony Padilla)가 만든 코미디 채널이다.

표 3-2 구독자 수가 가장 많은 채널(2013)

스모시
레이 윌리엄 존슨(RayWilliamJohnson)
니가히가
리애나 VEVO(RihannaVEVO)
퓨디파이
머시니마
홀라 소이 저먼(HolaSoyGerman)
유튜브 공식 채널 '영화'
원디렉션 VEVO
유튜브 공식 채널 'TV 프로그램'

표 3-3 구독자 수가 가장 많은 채널(2017)

퓨디파이
유튜브 공식 채널 '유튜브 영화'
홀라 소이 저먼
저스틴 비버 VEVO
T 시리즈
엘루비우스OMG(elrubiusOMG)
리애나 VEVO
유튜브 공식 채널 '유튜브 스포트라이트'
테일러 스위프트 VEVO
케이티 페리 VEVO

을 제안받는다. 그리고 (개별 장르의 공식적인 '하이라이트' 채널로) 유튜브가 취합하고 강조한 채널 정보를 받는다. 그러나 2013년 5월 22일 시점에서 (구독자 수로 볼 때 전 세계적인 수준에서) '인기 채널 목록'도 유튜버들이 순위 안에서 절반 이상을 차지하는 등 유사한 양상을 보여주었고, 팝 음악 스타들과 취합된 공식 채널들이 나머지를 차지했다(〈표 3-2〉 참조).[26] 〔유튜브 브라우저나 앱에서 '베스트'라고 불리는〕 '공식' 채널들은 유튜브의 핵심적인 주요 항목 아래에 콘텐츠를 전시한다. 여기에 포함된 영상 중 많은 것들이 (브이로그, 게임 공략과 같은) 주요 유튜브 장르임을 보여주며, '뉴스'나 '음악'과 같은 일부 영상은 (텔레비전 뉴스와 같은) '공식' 매체와 〔'음악' 채널은 비보(Vevo)에 올린 공식 뮤직비디오에서 추출한〕 음악 공급원에서 콘텐츠를 찾아서 제시한다.

더 이상 유튜브 자체에서 구독자 수가 높은 채널을 알기는 어려운데, 이는 유튜브 사이트가 개인의 취향에 맞춘다는 논리 때문이다. 그러나 부수적인 측정 서비스와 MCN 플랫폼인 소셜블레이드를 이용하면 2017년 10월 23일 시점에서 가장 구독자 수가 많은 채널 열 개를 알 수 있다(〈표 3-3〉 참조).[27]

표 3-4 가장 영향력이 있는 톱 10 유튜버(소셜블레이드 순위, 2017)

사용자명	구독자 수(명)	시청 횟수(회)
T 시리즈(T-Series)	2130만	200억
라이언 장난감 리뷰(Ryan ToysReview)	830만	140억
루이스 폰시 VEVO(LuisFonsiVEVO)	900만	40억
캐널 콘드질라(Canal KondZilla)	1600만	77억
워포인트 공식(WorpointOfficial)	840만	63억
호데어 엠 파니코(Jothair Em Pânico)*	64만 4473	1450억
네트 뮤직(Netd müzik)**	600만	140억
에드 시런(Ed Sheeran)	1900만	80억
ABS-CBN 엔터테인먼트(ABS-CBN Entertainment)	600만	80억
어린이 왕국(El Rieno Infantil)***	760만	94억

2017년 10월에 구독자 수가 많은 채널의 목록에서 30위까지 찾아보면, 스모시, 니가히가, 페르난플루Fernanfloo, 듀드 퍼펙트Dude Perfect와 같이 (그러나 특히 코미디, 게임, 스포츠 장르이고, 대체로 재능 있는 청년 남성인 경우가 많은) 다양한 장르에 걸쳐서 자수성가형 유튜브 채널이 포함된다. 그리고 케이티 페리Katy Perry, 에미넴Eminem, 테일러 스위프트Talyor Swift, 원디렉션OneDirection과 엘런쇼TheEllenShow와 같은 톱 40 아티스트의 채널도 포함된다.

이 목록에서 '공식' 전시 채널을 빼고 소셜블레이드의 'SB 순위'에 입각해서 전 세계 유튜브 톱 50위를 보면, 2017년 10월 톱 10 채널은 〈표 3-4〉에서 확인할 수 있다(SB 순위는 쉽게 수치를 조작할 수 있는 (100만 명 단위인) 구독자 수와 연령과 그 사이트상의 행위와 관련된 (10억 회 단위인) 조회 수, 그리고 다른 비공개된 채널 측정 방식 사이의 관계를 측정하는 보다 더 관여-중심적인 측정 방식이다).

---

*   일상에서 벌어지는 위험하거나 아찔한 사고를 모은 브라질의 동영상 모음 유튜브 채널. 이와 비슷한 미국의 텔레비전 쇼로는 '아메리칸 퍼니스트 홈 비디오(American Funniest Home Video)'가 있다.

**   도간 미디어 그룹(Doğan Media Group)이 소유한 주문형 동영상 서비스 웹사이트인 NETD.

여기서 소셜블레이드 측정 방식의 관점에서 무엇이 유튜브에 관여하게 만드는지를 알 수 있다. 음악, 게임 플레이, 언박싱이나 동요 같은 아동 관련 콘텐츠(이 목록의 12위에 오른 리틀베이비범(LittleBabyBum)은 동요에 특화된 채널이다)들이다. 확실히, 호주와 영국에서는 음악과 아동 관련 콘텐츠가 톱 채널에 많이 올라와 있다.

유튜브의 내부 큐레이션과 콘텐츠 추천 시스템이 공식 채널로 구독자를 유도하는 반면에 우리가 처음 콘텐츠 분석을 한 지 몇 년이 지난 뒤인 2017년에는 (유튜브 자체의 논리에서 '진정한' 공동체의 척도인) 가장 구독자 수가 많은 채널이 스타 유튜버들 주변에서 형성되거나(케이티 페리의 무대 뒤 행동(behind-the-scene)을 그대로 생중계하는 영상이나 엘런이 일상 유튜브 콘텐츠와 텔레비전 쇼 사이에서 정기적으로 교차하는 경우와 같이) 유튜브와 공생 관계를 맺은 '주류' 매체의 특성 주변에서 형성된 채널들이 되기 쉽다는 점은 여전히 사실이다. 일상 유튜브 문화의 논리, 그리고 게임부터 언박싱, 브이로그와 같은 플랫폼-중심 장르와 형태는 유튜브의 정체성과 브랜드에서 여전히 필수적이다.

---

com이 2014년 1월에 시작한 튀르키예의 음악 유튜브이다.

*** 원문에 나온 Rieno는 Reino를 잘못 쓴 것이다. 2011년 6월에 시작한 아르헨티나의 애니메이션과 음악이 나오는 아동용 프로그램을 담은 스페인어 유튜브 채널이다.

4장

유튜브 공동체

유튜브에 참여하는 것은 평범한 시청에서 몰아보기, 팬덤, [아마추어, '프로가 된 아마추어'(Cunningham and Craig, 2017), 매체 회사, 또는 어떤 브랜드를 지닌] 콘텐츠 창작자와 같이 고도로 투자하고 집중하는 참여 방식까지 매우 다양한 형태로 나타난다. 이런 다양한 수준의 참여가 가능한 반면, 유튜브 채널과 수용자의 관여를 적극적으로 유지하기는커녕, 유튜브에 정기적으로 영상을 올리는 사용자도 사실 그리 많지 않다. 그러나 어떤 유튜브 콘텐츠 창작자들은 자신을 '유튜버'라고, 그리고 유튜브 공동체의 일부라고 이해하고 그렇게 말로 표현한다. 이런 사용자들에게, 유튜브는 콘텐츠를 전달하는 플랫폼일 뿐만 아니라 소셜 미디어 플랫폼으로 작동한다. 사회적 연결이 개인 프로필과 '친구 맺기'에 바탕을 둔 페이스북과 같은 분명한 '사회적' 플랫폼과 달리(boyd and Ellison, 2007), 유튜브에서는 영상 자체가 오랫동안 사회 상호작용과 커뮤니케이션의 주요한 수단이었다(Paolillo, 2008; Lange, 2007b). 아울러 영상은 동료 학습peer learning 수단이기도 한데, 이는 아래에서 논의할 것이다.

이 장에서는 유튜브 플랫폼에 콘텐츠를 올리고, 다른 이의 영상을 언급하고, 의지하며, 비판하는 것은 물론, 서로 협력하고(논쟁도 하고), 이 공동체의 '사회적 핵심'을 구성하는(Paolillo, 2008) 초기 유튜버들에게 집중할 것이다. 그리고 혁신 이론이라는 관점에서 볼 때 이들은 유튜브가 그들의 실천을 통해 작동하는 방식을 개선할 기회를 집단적으로 확인하고 이용했던 선도적인 사용자 집단이었다. 학문적 담론은 물론 공동체 그 자체에서도 적용되는 범주(Lange, 2007a)인 이런 '유튜버'들의 행위가 유튜브의 주목 경제에서 아주 중요한 원동력이었고, 유튜브에서 새로 부상하는 문화의 특수한 버전을 공동 창작하는 과정에서 유의미하다고 우리는 주장한다.

공동체는 진정성을 둘러싼 가치와 담론을 제공하고 수용자, 팬, 동료 유튜버 들과 사회적으로 연결함으로써 유튜브 플랫폼을 형성하는 문화 논리이다. 그러나 '공동체' 담론은 유튜브 플랫폼이 전략적으로 사용하기도 하며, '플랫폼'이라는 용어 자체와 같이(Gillespie, 2010) 이것은 드러난 만큼 모호하기도 하며, 가능성을 여는 것만큼 제한하기도 한다. 그리고 이 장의 마지막 부분에서 논의하듯이, 현재 유튜브 공동체 안에서 벌어지는 논쟁을 보면 이런 한계를 파악할 수 있다.

후원자로서 플랫폼

플랫폼은 특수한 지원성과 사용자 문화가 있고, 사업적 이해관계가 진화하는 기업이기도 하다. 기업으로서 플랫폼은 플랫폼 사용 문화에 상당한 영향을 끼친다. 때때로 그 영향은 플랫폼의 사회-기술적 구성과 인터페이스의 변화를 통해 만들어진다. 유튜브는 기술-중심적이었고 콘텐츠가 무엇을 유지해 주는가에 대해서는 상대적으로 무지했던 상태에서 창작자의 발전과 유튜브 플랫폼의 행동 규범과 문화 규범을 형성하는 데 훨씬 더 능동적인 역할을 하는 방향으로라는 매우 흥미로운 여정을 보여주었다. 수백 년 동안 부유한 귀족과 기업가 들이 예술의 후원자가 되었던 것과 마찬가지로(그렇게 함으로써 창작 작업을 물질적으로 후원하고 통제하곤 했지만 창작 작업을 창안하지는 않았다), (기업이자 플랫폼인) 유튜브를 예술가(유튜버)의 현대의 후원자라고 생각하는 것이 유용하다.

이와 비슷하게, 버지니아 나이팅게일Virginia Nightingale은 온라인 사진 공유와 모바일 매체에 대한 연구(2007)에서 인류학자 앨프리드 겔Alfred Gell이 발전시킨 대행자 이론과 교환 이론(1998)을 적용한다. 나이팅게일의 설명에 따르면, 겔은 "창작품이 제작되는 조건과 이미지가 전시되는 수용 환경을 후원이 부분적으로 미리 결정한다"라고 주장한다(Nightingale, 2007: 293). 카메라 폰과 이미지 공유 웹사이트라는 맥락에서 볼 때, "산업계의 행위자들은 지속적인 작동 환경을 유지하고 사이트 사용자들에게 '후원'을 제공한다". 이와 마찬가지로, 유튜브는 집단적 창의성의 '후원자'라고 볼 수 있는데, 유튜브는 창작 콘텐츠가 제작, 주문되고, 수용자의 해석을 위해 재-제시되는 조건들의 일부를 통제하고 계속 재형성한다. 앞 장에서, 예를 들어 유튜브 웹사이트의 인기도 측정이 유튜브의 존재 이유에 대한 우리의 이해를 결정하는 방식과, 이제는 개선된 짧은 영상 상영 시간과 저화질과 같은 유튜브 플랫폼의 기술적 한계가 초기 유튜브의 미적 감각에 미친 영향을 다루었다. 그리고 사용자의 인터페이스와 콘텐츠 큐레이션 알고리즘의 미적 감각과 지원성의 효과 형성에 대해서도 다루었다(Postigo, 2016).

그러나 문화 체계로서 유튜브의 목적과 의미는 유튜브 사용자들이 함께 창조한 것이다. 유튜브 사용자들이 그들의 제작 환경 안에서 창조한 것은 아니지만, 대행과 통제의 불균등한 수준에서 창조했다. 영상 올리기, 시청하기, 토론하기, 협조하기와 같은 사용자들의 개별적이고 집단적인 행위를 통해서 유튜브 공동체는 창의적 실천과 사회적 상호작용을 하는 복잡한 유통망을 만들어냈다. 모더니즘 시에서 댄스홀 재즈와 전위적인 음악까지 다양한 문화 생산 분야의 사회 세계에 대한 글을 쓰면서 하워드 베커Hoawrd Becker는 이런 종류의 형성 과정을 '예술계'라고 묘사했다(1982). "무언가를 하는 관습적 수단에 관한 그들의 공동 지식을 통해 조직된 협동 행위가 예술계라고 알려진 예술 작품들의 종류를 생산한다. 이런 협동을 하는 사람들의 네트워크가 바로 예술계이다"(Becker, 1982: x). 베커의 사례 연구는 예술적 원칙과 기술을 제작자, 지지 노동자support worker, 수용자가 공유하는 방식과, 예술적 원칙과 기술이 특별한 예술 행위의 가능한 범위를 조직하고, 용이하게 하고, 제약하는 방식을 보여준다. 그가 주장하기에, 예술적 가치와 '적절한' 기교의 구성과 교섭은 학계와 전문가들에게만 국한되지 않고, 수용자를 포함하는 문화 생산 과정에 기여하는 모든 사람들에게 적용된다.

이와 마찬가지로, 유튜브에서 공진화하는 미적 가치, 문화 형태, 창작 기교는 (예술가이자 서로의 작품에 대한 수용자 역할을 하는) 창작자 공동체의 집단 행위와 판단을 통해 표준이 마련된다. 이는 유튜브 특유의 비공식적인, 새롭게 부상하는 '예술계'를 만들어낸다.

후원자로서 유튜브는 어떤 체계의 메커니즘을 지지하거나 제약하기도 하는데, 그 체계의 의미는 유튜브 웹사이트에 부여되는 사용 방식에 의해 발생하며, 그 체계 안에서 사용자들이 집단적으로 대행자 역할을 수행하게 된다. 그러나 이런 배열의 정치적 함의는 여전히 논쟁의 여지가 있는데, 1990년대 이래 사용자 공동체의 참여는 무임금 노동이라는 차원에서 읽을 수 있다는 주장이 있고(Terranova, 2000), 또는 앞서 논의한 바와 같이, 일종의 '디지털 소작'(Soha and McDowell, 2017)이라고 보는 학자들의 주장이 꾸준히 제기되었다. 창의 산업과 이제 '공유' 또는 '임시 계약 경제gig economy'에 대한 비판은 이미 통상적으로 낮은 임금을 받고 또는 '불안정한 노동' 조건에서 일하고 있는 열정이 넘치는 창의 산업과 매체 종사자들의 근무 조건을 암시한다고 지적한다(Deuze, 2007; Ross, 2000). 다른 학자들은 게임 회사나 소셜 미디어 회사와 같은 플랫폼 제공업체들이 사용자의 권리를 제한하고(Humphreys, 2005) 최근에는 사용자의 데이터 이용을 하는(Andrejevic, 2013) 동시에 사용자의 생산성으로부터 직접 이윤을 뽑는 다양한 방식에 관심을 보였다. 소셜 미디어를 이용하는 평범한 활동과 온라인상의 콘텐츠 공유가 계속 집중적으로 데이터로 모임으로써 우리들의 행위는 더 확실하게 현금화될 수 있는데, 이는 창작자보다는 수용자나 소비자로서 우리가 거대 플랫폼을 위해 경제적 가치를 창출하는가와 이런 노동관계에 내재된 사회 계약이 정의롭고 공정한가라는 질문을 제기하고 있다. 이런 노동 관련 논쟁은 야심과 기업가 정신이 있는 소셜 미디어 인플루언서나 유튜버가 등장함에 따라 다른 양상을 보여주었는데, 특히 페미니스트 학자들은 이들이 몰두

하는 작업의 정서와 관계 유형에 주목한다(Duffy, 2017; Banet-Weiser, 2012).

2000년대 중반 대규모 멀티 플레이어 온라인 비디오 게임Massively Multiplayer Online Video Games: MMOG 사용자와 게임 개발자에 대한 민속지학 연구에 의지하면서, 뱅크스John Banks와 험프리스Sal Humphreys는 문화 생산의 이런 새로운 관계는 "산업 매체 경제라는 맥락에서 잘 들어맞았던 프레임이나 분석 범주가 이제는 더 이상 유용하지 않은" 상황으로 완전히 변했음을 가리킨다고 주장한다(2008, n.p.). 그들은 이런 관계가 사실상 ('제작자'는 물론 '사용자 공동 창작자들'도 포함된) 모든 참여자들이 다양한 동기를 가지고 있는 맥락과, 그들이 폭넓은 이익을 위해 작업하는 맥락에서 "노동관계를 창조적으로 파괴하는 형태를 도입한다"라고 주장했다. 어떤 게이머들은 자기가 하는 게임 자체에 대한 열정 때문에 공동 창작 활동에 개입하고, 다른 이들은 성취감 때문에, 또 다른 이들은 게임 공동체 안에서 얻는 사회적 지위, 그리고 아직 어떤 이들은 상업적 기회 때문에 관여한다. 뱅크스와 험프리스가 주목하듯이, '제작자, 프로그래머, 예술가, 공동체 개발 관리자, 회사 대표'는 게임 환경에서 이 새로운 협업과 공동 창작 제작 과정이 유지되는 방식에 대해 매우 상충하는 아이디어를 가지고 있다. 그러나 "바로 이런 불균등하고 다양하고 얽히고설킨 실천, 동기, 교섭, 행위소, 자료 들로부터 참여 문화가 만들어지고 결정된다".

2008년으로 돌아가서 보면, 유튜브는 뱅크스와 험프리스가 게임 문화의 맥락에서 묘사하는 플랫폼 제공자, 콘텐츠 제작자, 수용자 사이에 '얽히고설킨' 새로이 부상하는 관계가 전개되는 상대적으로 새로운 현장이었다. 2017년에 이르러, 유튜브는 더욱더 직접적으로 개입하려는 입장을 보였고 상업적 창작 활동과 비상업적 창작 활동 모두의 후원자로서 역할을 분명히 했다. 유튜브는 자체의 파트너 프로그램과, 유튜브 회사가 직접 창작 개발에 자금이나 자료를 제공하고 마케팅과 수용자 관여를 끌어내는 기술을 전문가 수준이 된 콘텐츠 창작자들에게 가르치는 '크리에이터 스페이스Creator Spaces'와 각종 회의를 통해 후원자 역할을 수행한다. 이것은 만약 용인하기 어려울 정도가 되면 '돈을 지급하지 않는 비현금화'와 콘텐츠의 가시성을 떨어뜨릴 수 있는 다른 수단들과 같이 때로는 투명하지 않은 기술 규제 메커니즘들을 통해 어떤 방향들로 콘텐츠를 형성하기도 한다. 그럼으로써, (결론에서 더 상세하게 논의할) '광고의 종말'*을 둘러싼 2017년의 논란이 보여주듯이, '현금화'와 같은 재정적 유인책은 유튜브 플랫폼에서 시민 가치와 공동체 규범과 융합된다.

이 장의 나머지 부분에서 우리는 유튜브에서 창작 작업의 새로운 역동성이 일어나는 방식과 유튜브 플랫폼에 우선적인 근거를 둔 콘텐츠 창작자들, 즉 '유튜버들'이 이 역동성을 이해하고 실제로 교섭하는 방식을 연구한다. 유튜버로서 문화 실천을 하는 일반적인 과정에서, 유튜브의 가장 가시적으로 관여도가 높은 이 사용자들은 유튜브 소셜 네트워크라는 새로이 부상하는 문화, 유튜브 공동체라는 사상, 유튜브 회사의 이익과 그들의 관계를 형성하고, 각축을 벌이며, 교섭하는 데 적극적으로 참여한다.

혁신가로서 유튜버

유튜버들이 공동체를 만드는 행위는, 처음에는 공동 제작과 집단 제작을 위해 고안된 것은 아니었던 유튜브의 구조에서 발생하는데, 그 구조에는 소셜 네트워킹의 특성이 내재되어 있었다. 사용자 창작 콘텐츠를 둘러싸고 구축된 플리커나 라이브저널LiveJournal과 같은 다른 동시대의 소셜 네트워크

---

*　　adpocalypse: 광고(advertisement)와 종말(apocalypse)의 합성어이다. 유튜브의 광고주들이 광고를 보이콧하는 대참사를 일컫는다.

사이트들과 비교할 때, 그리고 유튜브 회사의 공식 블로그의 유튜브 '공동체'를 향해 수사적으로 소구했음에도 불구하고, 초기 유튜브의 구조는 명확하게 공동체 만들기, 협력, 또는 어떤 목적이 있는 집단 작업을 요구하지는 않았다. 할리Dave Harley와 피츠패트릭Geraldine Fitzpatrick은 유튜브의 하향식 견해가 (소셜 네트워크라기보다) 대안적인 '방송국'으로서 이 웹사이트가 일반적인 방문자 또는 새로운 방문자나 사용자를 위한 소셜 네트워크라는 측면을 '걸러내려고' 작동하는 상호작용 고안 요소가 되었다는 점에 주목한다 (2008). 호세 반 다이크José van Dijck는 여기에 덧붙여서 유튜브 사이트의 초점은 '가송homecasting'에서 방송broadcasting으로 폭넓게 이동했다고 주장하면서, 사용자는 창작자라기보다는 기본적으로 소비자라고 재조정한다(2013). 이 웹사이트의 시각 디자인은 사용자 프로필, 그룹, 또는 대화가 아니라 항상 영상의 섬네일이 지배적이었다. 유튜브 플랫폼은 사용자들을 위한 유튜브 '그룹'들의 상호작용이라고 초기에는 반복해서 지지했지만, 키워드 검색을 사용해서 서로를 찾아내기란 쉽지 않았고, 영상과 마찬가지로 (시청 횟수처럼) 양적 정보에 따라 순위가 매겨졌다.[2] (저작권 논리에 입각해서) 영상 다운로드를 금지하고 공개된 콘텐츠 라이선스에 대한 사용자의 통제를 제한하는 것은 공동 제작을 심각하게 저해했다. 콘텐츠를 공동으로 제작하기 위해 다른 사람을 분명하게 초청하지도 않았고, 타인의 동영상을 리믹스하거나 인용해도 좋다고 하지도 않았다.

유튜브의 인터페이스 디자인은 세련되지는 않을지 모르지만, 대다수 사용자에게 최소한 영상을 업로드하고, 영상에 메타데이터를 추가하고, 영상을 공개하는 애초에 가정한 목적의 한계 안에서 **사용하기 편하기**로 유명하다. 확실히, 유튜브의 유용성이 의심할 여지 없이 유튜브가 인기 있는 플랫폼이 된 이유 중 하나였다. 그러나 이 명백하게 원활한 유용성은 제약이면서도 불안정한 타협이라고 다르게 볼 수도 있다. (소프트웨어, 디지털 카메라,

유튜브 자체와 같이) 사용자의 적극적인 참여를 위해 고안된 기술은 일반적으로 이데올로기적 양극단 사이에서 고안할 때 어느 정도 타협했음을 보여준다. 버지스가 스마트폰 디자인의 맥락을 다룬 다른 글에서 논의했듯이 (Burgess, 2012b), 한쪽에는 극단적인 해킹 가능성hackability이라는 상상이 있다. "해킹 가능성에서는 주어진 기술이 어떤 결말이 날지 모르고, 조작 가능하며, 어느 정도 어렵기도 하지만 해볼 만한 복잡한 실험으로 인식되며 제시된다"(Burgess, 2012b: 30). 다른 쪽에는 극단적인 유용성이라는 상상이 있다. "유용성에서는 기술이 미리 정해진 간단한 작동 방식의 세트에 쉽게 접근할 수 있는 것으로 인식되고 제시된다"(Burgess, 2012b: 30). 이상적으로는, 기술이 진화함에 따라, 이 상충되는 동력 사이의 긴장은 실질적으로 해소되지 않는다. 이 긴장은 확장, 개조, 변형할 수 있는 사용하기 편하고 접근성이 높은 기술이 될 가능성을 개척하고(Galloway et al., 2004), 새롭거나 기대하지 않았던 가능성을 '생성하는' 기술의 잠재력을 잘 보존한다(Zittrain, 2008). 심지어 가장 사용하기 편하고 아주 간단한 기술도 그 기술의 가장 원래 사용 방식을 훨씬 뛰어넘을 창작 가능성을 제공할 수도 있다. 그 기술의 설계자들도 놀랄 정도로 사용자들은 이 가능성을 실현하고 개척한 적이 많다.

마찬가지로, 유튜브는 유용성과 간단하고 제한된 특성을 중심으로 고안되었지만, 수많은 초기 유튜브의 흥미롭고 혁신적인 사용 방법은 사용자 공동체에서 생겨났다. 예를 들어, 이미 다른 플랫폼에서 인기 있는 활동이었던 라이브 동영상 채팅은 프라이버시 문제에 대한 우려 때문에 2007년에는 유튜브에 도입되지 않았다(Stone, 2007). 프라이버시 문제를 피하려는 차선책으로, 많은 유튜버가 비교적 아직 규제되지 않았던 대안을 사용했는데, 라이브 동영상 채팅에 입각한 소셜 네트워크 사이트인 스티캠Stickam(이제는 사라졌다)을 보조적인 기술로 사용한 것이 그 예이다. 사용자들은 이 두 사이트에 같은 사용자 이름을 써서 계정을 유지했고, 유튜브에 효율적으로 '플러그인'을 추가했다. 스티캠을 사용함으로써 유튜브의 사회적 네트 워크 지원성은 늘어났고 유튜버들은 브이로그의 정적인 에피소드들을 제 작하는 데만 그치지 않고 상존하는 '상시 접속' 기술을 이용해 자기 브랜드 를 만들 수 있었다. 유튜브를 사용하는 공동체와 하위문화(Jenkins, 2009)가 유튜브 플랫폼 이전에도 존재했다면 그런 차선책은 필연적이었고, 이미 항 상 교차 플랫폼의 성격을 띠며, 유튜브의 구조와 기술에는 포함되지 않았 었다. 2008년 중반에 영상 마이크로블로그 서비스인 12seconds.tv가 시작 되었을 때, 이와 비슷하게 교차 등록 광풍이 불어서, 12초짜리 브이로그 출 품을 전제로 한 유튜브 '밈'이 나오게 되었다.

유튜브가 공동체라는 말은 늘 있었지만, 초기에 유튜브는 공동 제작 행 위보다는 개인적인 참여를 유도하도록 설계되고 고안되었다. 공동 제작의 기회는 유튜브 공동체 자체가 의도적으로 창출해야 하거나, 유튜브 회사가 특별히 그렇게 하도록 유도해야만 생성되었다. 2008년으로 돌아가서, 유튜 브는 다른 사용자의 영상을 캡처해서 다시 사용하거나 그런 목적으로 사용 자가 자기 콘텐츠를 만들 수 있는 규격화된 고유 방법을 제공하지 않았다. 그럼에도 불구하고, 공동으로 제작하고 리믹스해서 출품한 브이로그들은 우리의 연구에서 가장 인기 있는 콘텐츠의 주목할 만한 특성이다. 어떤 경 우에는, 꽤 많은 계획이 이런 영상 제작으로 이어졌고 의도한 목적에 부합 되는 것은 분명했다(순위 매기기에 영향 끼치기, 축하 이벤트 하기 등등). 다른 경우에는, 실천의 공동체로서 유튜브를 찬양하고 보여주는 방식으로 기능 하는 것처럼 보였다. 트위터에 플러그인할 수 있도록 고안된 '영상 마이크 로블로그' 사이트 12seconds.tv를 시작한 지 몇 주 뒤에, 일부 유명 유튜버 들은 12seconds.tv에 포스팅된 12초 분량의 공동 제작 브이로그 작업에 참 여했고, 상영 시간이 좀 더 긴 개별적으로 제작한 브이로그는 판타스틱블 래빙스fantasticblabbings로 연결했다.

판타스틱블래빙스는 여러 소셜 네트워크 사이트들에 걸쳐서 온라인 아이덴티티들의 증식에 대해 논의하려고 교차 포스팅하면서, 이런 사이트들을 일시적으로 수용하고 곧 버리는 유행에 대한 회의적 시각을 드러냈다.[1] 이것은 문화 대행자로서 유튜버들이 유튜브의 구조에 완전히 포획되지 않는다는 것과 하나의 체계로서의 유튜브의 투과성을 보여준다. 그것은 주변의 사회적·문화적 네트워크들과 연결하고, 이 네트워크 안에 존재하는 사용자들은 여러 플랫폼에 콘텐츠를 올리고 그들의 정체성을 새로 만들기도 한다. 유튜브는 처음부터 블로그와 같은 다른 웹사이트에 콘텐츠를 올리는 도구를 제공하는 등, 한 번도 폐쇄된 시스템으로 기능한 적이 없다. 2017년에 이르러, 전문적인 소셜 미디어 인플루언서들이나 연예인들은 역동적인, 실시간, 교차 플랫폼 환경에서 활약하고 있었다. 유튜브가 '근거지'일지라도 인스타그램Instagram, 트위터, 바인(지금은 사라졌다), 트위치Twitch, 스냅챗과 같은 인기 있는 여러 소셜 미디어 플랫폼에서 활약하고 있었다. 이런 실천의 교차 플랫폼 모델은 존재감을 성공적으로 유지하는 데 필요한 창의 노동과 관계 노동을 늘려나가지만, 이로 인해 창작자들은 유튜브에 덜 의존하게 된다.

초기 유튜버들은 이미 부여된 기술 서비스의 결함과 지원성의 부족을 메우는 어느 정도 비공식적인 실천에 관여했다. 이런 결함과 지원성은 유튜브 사업 모델이 그 플랫폼을 차지하는 방향의 추세를 거스르는 경우에 특히 중요하다. 예를 들어, 참여의 연결과 대화 모델은 블로그의 이데올로기이자 기조의 일부였는데, 이는 2000년대 초부터 중반까지 지배적인 소셜 미디어 포맷이었다. 많은 초기 유튜버들은 이미 성공적인 블로거들이었고 '비디오계의 플리커'도 비슷한 특성을 제공할 것이라고 기대했었다. 그러나 영상 스트림 안에는 클릭할 수 있는 링크나 사용자가 적은 주석이나 댓글을 삽입하는 데 필요한 기술들은 꽤 오랫동안 존재했지만, 2008년에서야 그런 기능은 유튜브에 도입되었고, 대화할 때 나오는 새로운 발언의 일부로서 다른 유튜브 영상을 다시 언급하는 기능도 그와 마찬가지로 매우 제한되어 있다. 어떤 유튜브 경쟁사들은 이미 다른 사용자의 영상에 댓글을 연결하고 주석을 붙이는 기능을 제공했는데, 그 댓글은 영상의 타임라인의 다양한 지점에 달 수 있었다. 유튜브가 영상의 주석 기능을 마침내 추가했을 때, (아마도 스팸 주석의 맹폭격을 피하려고) 그 사용법은 영상의 소유자에게만 허용되었다. 유튜버들은 이 문제에 관한 각자의 해결책을 개발해서, 진정한 미디어의 풍요로움과 상호작용성이 없을 때 작동하는 관습을 집단적으로 마련했다. 2007~2008년 우리의 연구에서, 하이퍼링크가 영상 텍스트에 대한 설명에서 주석으로 추가되었거나 영상에 그래픽으로 첨가되었고, 그 링크에 주목하도록 화면에 적절한 위치를 행위자가 물리적으로 지목하는 경우가 있음을 알아냈다. 이렇게 수작업으로 해결하는 방식을 집단적으로 발전시킨 것은 초기 유튜버들이 단순히 '자신을 방송하기'보다는 대화의 네트워크 안에 영상 실천을 배치하려는 강한 욕망이 있음을 보여주었다. 그리고 이는 주어진 기술로 무언가를 할 수 없는 경우에는 그에 대한 해결책을 찾으려는 그들의 의지를 보여주는 것이기도 했다.

접근성은 사용자 공동체가 주요한 역할을 하는 또 다른 영역이다. 이것은 특히 유튜브와 같은 플랫폼들이 점점 더 웹사이트로부터 멀어지고 앱에 더 가까워지기에 (그래서 '공개성'과 해킹 가능성은 더 줄어든다) 심지어 유튜브 웹에서도 계속 중요한 사안이다. 유튜브의 참여라는 특성 때문에 유튜브는 폭넓은 맥락에서 장애인 운동을 둘러싸고 조직된 유튜브 공동체의 형성을 위한 플랫폼을 제공했는데, 이 맥락에는 매체의 재현이라는 사안뿐만 아니라 유튜브 플랫폼 자체의 맥락도 포함되었다. 유튜브는 항상 '모두'가 사용할 수 있는 온라인 영상에 참여하는 것을 만들려고 했지만, 시청각 전환과 (웹 접근성 기준에서 이탈한) 플래시Flash 영상이라는 '폐쇄형 소스' 포맷에 의존하는 것은 새로운 웹 접근성이라는 도전을 만들어냈다.[2] 유튜브 영상 자체는 폐쇄 자막이 제공되어야 청각 장애인들에게 더 접근할 수 있다. 폐쇄 자막은 2006년에 구글 비디오 블로그Google Video Blog에서 처음 발표되었고 2009년에 (자동으로 자막을 만들어내는 말하기 인식 기술에 의존하는) 대대적인 정비가 이루어졌다.[3] 그러나 자동 생성된 텍스트의 질은 개선되기는 했지만, 악명이 높을 정도로 끔찍해서 자동 자막은 인기 있는 유튜브 시리즈인 캡션 페일CAPTION FAIL에서 조롱거리가 될 정도였다. 캡션 페일은 반복적인 자동 자막에서 발생하는, 갈수록 난센스가 되어버리는 가사나 대사를 우스꽝스럽게 실행하는 영상을 보여준다(Ellcessor, 2016: 1~2). 그 기술 자체는 시간이 어느 정도 지난 뒤에 개선되었지만, 자동 자막의 질이 낮다는 점은 물론 선도적인 유튜버들과 유튜브 플랫폼의 입장에서 폐쇄 자막이 우선순위가 아니라는 점은 여전히 불만으로 남아 있다. 2016년에 이미 이 문제에 관한 영상을 많이 만든 유명한 청각 장애인 유튜버 리키 포인터Rikki Poynter는 #노모어크랩션nomorecraptions이라는 바이럴 해시태그 캠페인을 시작했는데, 이 해시태그 캠페인은 스크린숏을 포스팅하거나 관련 유튜브 동영상을 트위터에 연결해서 난센스 자동 자막 '실패'를 강조한다. 이 캠페인을 통해서, 청각 장애인 유튜버 공동체는 유튜버들이 이 과업을 유튜브 플랫폼의 디지털 기술에 맡겨버리기보다는 자기들이 만든 자막을 써서 유튜버들의 콘텐츠의 접근성에 대한 책임을 지도록 요구했다(Dupere, 2016). 청각 장애인 자막 제작자 마이클 로크리Michael Lockrey는 유튜브 사용자들이 유튜브 URL에 들어가서, 어떤 영상을 다운로드하고, 리뷰하고, 수작업으로 그 영상의 자막 파일을 교정해서 개선된 자막으로 다시 발표할 수 있는 무료 장치를 개발했다.[4] 그리고 영상의 자막을 개선하는 것과 더불어 유튜브 플랫폼에 내재된 자동 자막 생성 방식의 개선에 관한 유튜브 공동체의 정보를 업데이트하는 데 관심이 있는 유튜버들을 위해 교육용 자료를 발표했다.[5] 케이티 엘리스^{Katie Ellis}가 설명했듯이(2010), 이 예는 유튜브의 청각 장애인 활동가 공동체와 접근성의 필요성에 대한 공중의 이해가 증가하는 것 사이에는 서로 영향을 주고받는 관계가 있고, 이는 곧 유튜브 플랫폼이 모두에게 더욱 유익하게 만들어지고 있음을 보여준다.

이 예가 보여주듯이, 처음부터 유튜브 레토릭의 일부였던 공동체 논리와 소셜 네트워크 기능으로 인해 창작자 공동체는 유튜브 플랫폼과 그것을 제공하는 회사와 그들의 관계에 관해 숙고하고, 관계를 조직하며, 관계를 맺은 다른 이들을 동원할 수 있게 되었다. 출발점인 우리의 내용 분석 결과로 돌아가면, 2007년 6월과 11월 사이에 업로드된 가장 인기 있는 유튜브 영상들의 상당한 부분인 최소한 10%는 유튜브 자체에 대해 솔직한 관심을 나타내고 있었다. 이들 중에 99% 이상이 사용자 창작 영상이었다. 즉, 어떤 식으로든 유튜브에 관해 만든 영상 중 거의 모든 영상이 기존 매체 콘텐츠가 아니었다. 돌이켜 보면, 주류 매체가 일반적으로 유튜브 웹에 올라올 콘텐츠를 만들었지만 2007년에는 대체로 유튜브만을 위한 콘텐츠를 특별히 만들지 않았기 때문에 이런 발견은 명백하다.

이렇게 (우리의 연구에서 부른 용어인) 사용자 창작 '메타-유튜브' 영상들은 공동체의 일원이라는 느낌을 일으키는 협동 몽타주로부터 인기를 얻기 위해 반응을 유도하는 텍스트와 음악을 사용하는 단순한 슬라이드 쇼까지 그 형태나 소구 방식 차원에서 무척 다양했다. 확실히, 이런 영상들의 3분의 2는 브이로그 출품물이었다. 일반적으로, 브이로그 출품물은 은연중에 동료 유튜버들의 수용자에 소구하면서 그와 동시에 그보다 더 많은 수용자가 볼 것이라고 상상한다. 브이로그 출품의 기본적인 커뮤니케이션 기능 중 하나는 순전히 교감하는 것이다. 브이로거가 사회적으로 존재한다는 것을 알려주며 하나의 사회 공간으로서 유튜브에 대한 지식과 경험을 공유하는 동료 수용자를 창조한다. 그러나 이런 유튜브에 특별히 집중하는 브이로그 출품물은 다른 기능도 수행한다. 유튜브의 어떤 측면에 관한 영상들을 만드는 것은 유튜브가 단순히 온라인 수용자에게 방송하는 데 이용할 수 있는 유통 플랫폼이라기보다는, 실제로 사회적 네트워크로 작동하는 방식에 관한 반영적 이해를 나타내고 사실상 그런 이해를 요구하기도 한다.

유튜브 플랫폼의 역사를 통틀어서 성공적인 유튜버들은 유튜브의 주목 경제와 그 단점에 관해서도 잘 알고 있는 듯했다. 그리고 심지어 그들의 영상이 유튜브 플랫폼이 주목도를 측정하고 보상하는 방식의 어떤 측면을 비판할 때에도 그런 지식을 종종 장난스럽게 또는 재치 있게 활용한다. 앞 장에서 논의한 인기 측정 방법은 오랫동안 조작의 대상이었다. 2008년에도 일정한 수수료를 받고 동영상을 확산시켜 주겠다는 회사들이 있었다. 2017년에는 소셜 미디어 마케팅에 부수적이었던 그런 사업은 이제 다수가 되었고(Serazio and Duffy, 2017), 그들의 여론 조작과 자동 조작 기술은 훨씬 더 정교해졌다. 초기의 유튜브 창작자 공동체는 이런 점을 잘 알고 있었다. 그들의 담론은 가장 인기 있는 콘텐츠(이것은 그들에게 섹스, 충격, 멍청함을 불확실하게 과대평가하는 것처럼 보인다)의 공통점과 수용자들을 모아서 관여하게 하려고 콘텐츠 창작자들이 취할 필요가 있는 행동들이 연결되어 있다는 점을 감지하고 있음을 드러낸다. 어떤 동영상들은 유튜브의 공통적인 문화의 가치 체계에 대한 이런 지식을 신나게 활용했다. 일부는 그 지식을 적극적으로 비판했다. 관점이 어떻든 간에, 유튜브에서 가장 활발한 참여자들은 그들이 유튜브 플랫폼 가치의 근원이라고 간주하는 유튜브 고유의, '상향식' 문화라고 여기는 것을 이런 인기 측정 방식들이 지지하거나 방해하기 위해 작동할 수 있는 특별한 방식을 아주 잘 알고 있음을 이런 동영상들은 보여주고 있다. 어쩌면 이들은 그 단계에서는 이 점을 유튜브 회사 자체보다 더 잘 알고 있을지도 모른다.

유튜브 공동체의 문화에 개입하는 동시에 즐기는 방식으로 내부자들이 아는 지식을 실행하는 이런 커뮤니케이션 양식은 2007년 우리의 연구 샘플에서 가장 많이 논의된 동영상 중 하나인 (그렇지만 이제는 유튜브 플랫폼에서 볼 수 없는) 오커트OhCurt의 동영상 '안 될 것 같은 임무: 하나의 외침Mission Improbable: An Almost Shout Out'6에서 분명하게 드러난다. 이 동영상은 다른 유튜버가 상호 교차 프로모션을 위해 '쿨한 채널 다섯 개만 말해줘tell me five cool channels'라고 초대한 것에 대한 응답으로, 오커트가 지목한 또 다른 유튜버들과 전화 통화하는 것처럼 가장했던, 여러 유튜버가 협력해서 만든 브이로그 스케치였다. 이런 교차 프로모션은 동영상에 대한 댓글을 생성하고 그 네트워크상의 채널들 사이에 새로운 관계를 만들어내기 위해 작업하는 전통이다. 이 스케치의 유머는 유튜브 참여자들 사이에서 일어나는 우스꽝스러운 불통과 오해에 바탕을 두고 있고, 내부자의 숙달된 지식과 아이러니를 써서 '소리 지르기' 전통의 진부함과 주목을 구걸하는 논리를 완곡하게 패러디했다.

소리 지르기 초대는 자기 구성적인 유튜브 창작자 공동체가 유튜브 네트워크에 존재하는 폭넓고 무질서한 다수의 콘텐츠를 향해, 형성, 통제하려고 시도하고, 주목을 끌며, 새로이 연결하려는 책략을 도입하는 여러 방식 중 하나이다. 이런 방식에 참여한 초기 유튜버들은 말 그대로 '선도적 사용자들'(Von Hippel, 2005)이었다. 이들은 새로운 기술, 사상, 실천 방식을 일찍 도입했으며, 사용자 공동체의 요구에 더 잘 부응하는 혁신을 발전시킨 중요한 행위자들이었고, 그들의 지식은 그 공동체와의 관계 속에서 발전했고 위상이 정해졌다. 유튜브(또는 자체적인 '고유 방식', 관습, 규범이 있는 다른 디지털 매체 플랫폼)의 참여자로서 효율적으로 활약하기 위해서, (예컨대 전문적인 텔레비전 제작 회사와 같은) 다른 곳에서 배운 창의 실천을 위한 관습, 그것들을 수행하는 데 필요한 문화적 역량을 그대로 도입할 수는 없다.

소리 지르기, 서로 추천해 주기, 또는 공공연하게 협력해서 영상을 만들든 어쨌든 간에 유튜브 채널들을 연결하고 연결 작업을 수행하는 것은 유튜브 창작자들에게 중요한 브랜드 구축 작업이자 수용자 참여를 유도하는 책략으로 내재화되었다. 〔특히, 다중채널 네트워크(MCN) 집단의 일부인 채널 중에서〕 MCN이 그들을 격려하기도 하지만, 그들은 이런 초기 유튜브 문화에서 부상했고, 이 초기 유튜브 문화는 역동적인 블로그계의 네트워크와 유튜브 이전의 신생 브이로그 공동체에 이미 선구적인 형태가 있었다(Berry, 2015). 상업적인 생태계가 더욱 복잡해졌음에도 불구하고, 그 규모가 어떻든 간에 유튜버의 '성공'은 여전히 주로 특정 채널의 콘텐츠를 보고 참여하려고 정기적으로 돌아오는 구독자의 수와 꾸준히 참여하는 정도로 측정되고, 이는 광고주와 브랜드 후원 기업의 주목을 끌게 된다. 이런 측정 방식에서 성공을 거두기 위해서, 유튜버들은 유튜브 플랫폼의 지원성(Postigo, 2016)과 공동체 구축과 수용자의 관여라는 플랫폼 특유의 성격을 이해하고 활용해야 할 필요가 있다. 그리고 '돈을 벌어온' 이들, 유튜브가 상업적 이익을 얻을 수 있도록 기여하는 '광고주-친화적' 브랜드와 지속적인 채널의 존재를 만드는 방식도 마찬가지이다.

다른 이들과 함께 학습하기

디지털 미디어 리터러시는 매우 포괄적이고 다양한 참여 문화의 근본적인 필수 조건 중 하나이다. 유튜브는 특히 청년층에게 디지털 리터러시에 관한 희망과 우려가 항상 교차하는 지점이었다. 이것은 동시에 (새로운 기교와 지식이 필요한) '디지털 기술'이며, ('비판적인 미디어 리터러시'가 필요한) 유튜브 플랫폼에 광범위한 유사-사실적 '다큐멘터리' 영상들을 발표하는 새로운 종류의 '매체' 플랫폼이며, 창작자와 '제작자' 공동체가 만들어내고 교류하는(집단적 학습의 가능성을 제공하는) 플랫폼이다.

2000년대 중반 웹 2.0 시대에 리터러시에 대한 질문이 급증했다. 그때 소니아 리빙스턴Sonia Livingstone은 뉴 미디어 리터러시에 대한 논의의 대부분은 리터러시에 대한 철학적으로 양극단에 있는 '비판적' 또는 '계몽적' 시각들 사이에 역사적으로 해소할 수 없었던 긴장에 의해 규정된다고 주장했다(2004). '비판적' 시각은 리터러시를 규범적이고 배타적인 구성으로 간주하지만, '계몽적' 시각은 모든 사람에게 확대해서 적용해야 할 진보와 평등을 위한 원조 행위로 본다. 리빙스턴의 핵심적 주장을 입증하려고, 미국 미디어 리터러시 운동은 리터러시를 미디어를 통한 힘 돋우기이거나 혹은 미디어의 위험성에 대한 치료책으로 보는 다양한 시각을 제시했다(또는 두 가지 다 가능하다고 본다. Hobbs, 1998 참조). 한편, 논평가들은 청년들이 유튜브에 참여함으로써 새로운 미디어를 다루는 능력을 배울 수 있었다고 보며(Drotner, 2008), 동시에 미디어 리터러시 체제에 따라, 이 적극적이고 창의적인 참여를 통해 청년들이 미디어 메시지를 더 '비판'하는 법을 배울 수 있다고 주장하기도 했다(Jenkins et al., 2006). 이 시기에 영국의 매체 규제 기관인 오프컴Ofcom이 개발하고 (나중에 다른 기관이 수용한) 이런 정의는 '읽기' 능력은 물론 '쓰기' 능력과, 정보 혹은 미디어 리터러시를 곁들인 ICT 리터러시의 융합의 상호 관련성을 새롭게 강조하는 경향을 반영했다. 이것은 새로운 미디어 리터러시를 "다양한 맥락에서 커뮤니케이션에 접근하고, 이해하고 창조하는 능력"으로 정의했다(Livingston et al., 2008 참조).

유튜브와 관련해서 리터러시에 관한 여러 질문에 대한 우리의 접근은 '뉴 리터러시 연구 운동New Literacy Studies movement'과 밀접한 관련이 있다(Street, 1984; Knobel and Lankshear, 2014). 새로운 리터러시 연구 운동에서는 리터러시를 '생각의 기술' 또는 (한 개인 행위자가 지니거나 부여받을 수 있는 내면화된 능력 또는 능력의 범위인) 기교의 집합이라고 보는 대신, 사회적 실천으로 간주한다. 이 논쟁의 가장 중요한 결과물은 디지털 미디어 리터러시가 인간 행위자가 가지고 있거나 가지지 못한 어떤 것으로 보는, 개인의 소유물이 아니라 참여할 수 있게 하고 참여 형태를 만들어나가는 체계라는 점을 이해하는 것이어야 한다. 그러나 이 체계에 효과적으로 참여하는 데 필요한 개인의 능력(또는 '기교')에 관해 논의하는 것은 이런 개념적인 프레임워크 안에서 여전히 가능하다(그리고 필수적이다). 이 체계가 어떻게 만들어지고 누가 거기에 접근할 수 있는가라는 질문이 디지털 리터러시의 핵심적이고 정치적인 질문임을 보여준다.

2000년대 중반부터, 디지털 리터러시에 관한 정책과 실천은 창의성과 유희에 더 주목해 왔다. 특히, 유튜브상에 존재감이 강력한 마인크래프트Mine-craft 사용자 공동체의 성장에서 볼 수 있듯이, 그것들이 디자인 기술과 코딩 능력의 발전과 연결되는 분야에서 그러했다(Niemeyer and Gerber, 2015). 데이터 리터러시와 소셜 미디어 플랫폼 리터러시는 콘텐츠-중심 리터러시나 커뮤니케이션 리터러시만큼 급격히 중요해지고 있다. 종종 이것들은 사생활과 온라인 안전에 대한 염려로 이어지기도 한다. 그리고 정보나 뉴스 리터러시는 '가짜 뉴스'를 염려하는 시대, 특히 2016년 미국 대선 이후와 '알트 라이트'*가 부상하던 시기에 점점 더 우려할 만한 문제가 되었다. 그리고 데이나 보이드danah boyd는 미디어 리터러시, 특히 뉴스 이면에 놓인 정치적 이익을 인식하고 이에 대해 비판적으로 사고하도록 소비자들을 교육하는 종류의 미디어 리터러시가 '역풍'을 맞을 수도 있다는 문제를 제기했다(2017). 그리고 정보 리터러시나 비판적 사고 프로그램과 같은 교정은 성공할 수 없을 것처럼 보였는데, 이는 가장 부족해서 사회가 최우선적으로 회복할 필요가 있는 것이 다양한 경험을 종합하고 식견을 발휘해서 공감, 이

---

*   alt-right: alternative right의 줄임말로 2010년대 이후에 주로 온라인상에서 나타난 미국의 백인 극우파를 지칭한다.

해, 관여하는 것이기 때문이다.

그래서 유튜브의 맥락에서 '리터러시가 있다는 것'은 영상 콘텐츠를 창작하고 소비할 수 있음을 의미할 뿐만 아니라, 유튜브가 지원성과 제약을 지닌 구조 안에서, 그리고 사회 규범과 윤리 규범과 문화 관습이 각축을 벌이는 문화를 지닌 플랫폼으로서 작동하는 방식을 이해할 수 있음도 의미한다. 우리의 목적을 위해 '리터러시'로 간주되는 것은 최소한 부분적으로는 유튜브 자체의 문화에 특화된 것이다. 개인의 능력과 지식은 필수적이지만, 일부는 다른 곳에서 도입할 수 있다. 우리가 보기에 디지털 기술과 온라인 문화에 대해 미리 익숙해질 필요는 있지만, 이런 능력이 이른바 디지털 원주민의 타고난 천성은 아니라는 점을 인식하는 것도 또한 중요하다(Prensky, 2001a; 2001b). 사실, 동영상을 올려서 주목을 받고 그 영상을 보는 수용자들이 생겨나고 다른 사용자들이 영상을 만들게끔 자극을 준 초기의 두드러진 '선도적 사용자들' 대다수는 이미 온라인상의 존재감을 보여준 20대 또는 30대 성인이었다. 물론 그 이후로 아동과 10대도 유명 유튜버가 되기도 하는 등, 상황은 많이 변했다.

그 당시에 유튜브에서 제리애트릭1927^{Geriatric1927}로 알려진 80대의 영국의 브이로거 피터 오클리$^{Peter\ Oakley}$는 유튜브 공동체에 친사회적으로 참여함으로써 어떻게 유튜브에 특화된 능력을 배우고 활용할 수 있는가를 보여주는 좋은 사례이다. 2006년에 처음 계정을 개설했고 2014년에 죽을 때까지 유지한 오클리는 초기부터 유튜브에서 두각을 나타낸 유명인이었다.[7] 그의 첫 브이로그 포스트는 '첫 시도$^{First\ Try}$'라는 제목으로 웹캠과 윈도 무비 메이커$^{Windows\ Moviemaker}$ 프로그램으로 간단한 약식 실험을 한 영상이었고, (그 당시에 그의 연령대의 사람이 보여준 참신함 때문에) 곧 유튜브의 인기 순위에서 가장 많이 본 페이지가 되었다.[8] 그 첫 영상은 2008년 3월까지 250만 이상의 시청 횟수를 기록했고, 2017년에는 300만을 넘었다. 오클리는 유튜브 공동체의 단골이자 열심히 관여하는 구성원이었고, 유튜브에 올릴 콘텐츠를 만드는 방법과 온라인상의 행위 윤리와 '혐오자hater'와 같은 주제에 관해 포스팅하곤 했다. 오랫동안 오클리가 유튜브에 올린 영상들을 추적하면서, 그가 어떻게 유튜브상의 존재감을 이용해서 자신의 창의적인 능력과 기술 능력을 깊게 고민하고 발전시켰는지를 알 수 있었다. 초기에는 윈도 무비메이커를 이용해서 기본적으로 카메라를 직접 보고 말하는 브이로그였지만 나중에는 제목을 덧붙인 사진들을 합성하는 더욱 복잡한 편집 기법을 사용하는 정도까지 발전했다.

제리애트릭1927은 일종의 전도사 역할도 하기도 했다. '컴퓨터가 무서운 사람들을 위해Computing for the Terrified'라는 동영상에서[9] 오클리는 '노약자용 아파트에 살면서 기본적인 컴퓨터 다루는 방법을 배우는 노인들'과 영상 통화하는 장면을 녹화했다. 비록 우리는 그 대화 과정에서 오직 한 사람의 소리만 들을 수 있지만, 오클리는 자기가 해본 학습 과정을 예로 들면서 확실히 그들에게 "일단 한번 해보라"고 말하면서 안심시키고 격려해 주었다. 그는 워크숍 참여자들에게 마우스가 "마치 세 번째 손이 될 때까지" 익숙해지도록 "그냥 여기저기 클릭해 보라" 또는 "간단한 카드 게임을 해보라"고 조언한다. 그다음에는 "놀라운 일들이 벌어질 것이며", "당신이 아무리 이것저것 눌러도 컴퓨터는 고장 나지 않기 때문에" 걱정하지 말라고 조언한다. 사실, 그는 '놀면서' 무언가를 배우는 "다시 아이가 될 준비를 해야 한다"고 말한다.

오클리의 영상들은 그의 학습 과정을 회고와 커뮤니케이션 과정을 통해 보여주었다. 그는 이렇게 그가 습득한 지식을 다른 노인들도 쓸 수 있게 시범을 보여주었다. 게다가, 제리애트릭1927 사례가 보여주듯이, 소셜 네트워크로서 유튜브 안에서 항해, 소통, 혁신하기 위해서 요구되는 특별한 기술적 능력과 문화적 능력은 유튜브 공동체에 참여하는 행위의 일환으로서 집단적으로 구성되고, 가르침을 받으며, 학습하는 것이다. 기능적인 디지털 미디어 리터러시를 넘어, 유튜브는 항상 동료나 비슷한 연배의 사람들이 기타 연주, 요리, 춤, 수학, 배관 설비와 컴퓨터 게임 등과 같이 어떠한 주제, 기예, 또는 기교에 대해서도 함께 배울 수 있는 플랫폼이었다. 게임을 하는 중 묘기를 선보이는 영상, 게임의 성취를 이룬 장면들을 모아놓은 영상, 또는 게임의 결함을 교묘히 활용하는 방법을 보여주는 영상들은 자기 능력을 '과시'하는 동시에 지식을 공유하는 것이고, '따라 하기'와 게임 플레이 장르는 2017년에 상업적인 온라인 동영상에서 주요한 비중을 차지했다.

유튜브 공동체 내부의 논란들

디지털 문화의 다른 플랫폼과 마찬가지로, 아마추어든 프로페셔널이든, 회사와 사용자 사이의 불균등한 권력관계가 작동하는 정치에서든, 그리고 상이한 종류의 사용자들 사이에서든, '유튜버'들이 자체적으로 정한 공동체 안에서 논란은 늘 발생한다. 그러한 논란은 매우 중요하고 분석하기에 유용한 사건들이다. 유튜브의 경우, 이런 사건들은 유튜브 플랫폼과 사용 문화, '선도적 사용자'라는 핵심 그룹인 유튜버들과 상상적인 '대중' 일반 사용자들 사이의 상징적 경계의 구성 방식과 특성들, 그리고 이들이 오랜 시간 동안 변화하는 방식에 대해 사용자들이 공들인 정도를 보여준다. 그 사업이 상업화됨에 따라, 노동 문제, 그리고 유튜브와 창작자 공동체 사이의 관계에 대한 논란들도 발생했다.

이런 논란들은 유튜브가 무엇을 위한 것인가에 대해 각기 다른 생각이 충돌하고 있음을 보여준다. 이 상충되는 생각들로는 실천 공동체들이 생산한 소셜 네트워크 사이트로 보는 관점이 있고, 괴상망측하면서 특이하고 하찮은 일상 영상을 모아놓은 혼잡한 저장고라고 보는 관점이 있으며, 유명 브랜드 거대 미디어 엔터테인먼트를 위한 유통 플랫폼이라고 보는 관점이 있다. 이런 논란을 둘러싼 논의 중 꽤 많은 부분이 유튜브의 규모가 커지고, 주류 매체 행위자들과 거래하며, 계속 진화하는 사업 모델로부터 수익을 창출하려고 시도하기에 유튜브 문화가 변했다는 점을 중심으로 진행된다. 유튜버들은 이런 논란에 관한 논쟁에 참여하면서, 그들의 관점에서 볼 때 그들이 유튜브 문화와 공동체에 기울인 주목할 만한 개인적인 노력을 계속 보여주고 옹호하면서, 그 가치의 대부분을 집단적으로 제공하는 복잡한 체계에 영향력을 행사한다.

2007년 11월 초 오프라 윈프리Oprah Winfrey의 유튜브 채널을 개설할 때 발생한 일은 유튜브 소셜 네트워크 참여자들이 그들의 영상 채널을 이용해서 유튜브 문화가 진화하는 방식을 만들어내면서 동시에 도전하는 방식을 보여준 특히 좋은 예이다. 오프라 텔레비전 쇼의 한 꼭지, '유튜브 스페셜'을 통해서 그 채널을 개설한다는 것을 교차 홍보했고('YouTube's Great Hits With The Billionaire Founders', 2007), 그 꼭지에서 그 당시에 가장 많은 시청 횟수를 기록한 영상을 소개하고 그 창작자를 손님으로 초대했다. 논평가들이 보기에 그 첫 주의 어느 단계에서는 오프라 채널이 유튜브 웹사이트의 전면에 등장한 영상의 목록을 편집할 특권을 부여받은 것처럼 보였고, 결과적으로 그 주에 등장한 영상들은 대부분 (그리고 수긍할 만하게도) 어떤 면에서는 오프라에 관한 영상들이었다. 이에 즉각 격렬하게 반발하는 수많은 항의 영상들이 폭발적으로 늘었고, 이 사건에 담긴 함의에 대한 논의가 활발하게 일어났다. 몇몇 논평가들은 오프라가 (외부에서 개입하는 것을 허용하지 않고, 댓글을 조절함으로써) '거대 매체'와 연관이 있는 유명인과 통제의 융합을 소셜 미디어 실천에 도입했고, 그럼으로써 소셜 네트워크에서 발전했던 문화 규범들을 무시했다는 점을 지적했다. 오프라 채널은 초기의 보다 '순수한' 참여자들이 만들어서 주목받은 시장을 뒤늦게 도착한 기업 협력사들이 착취하는 징후로 간주되었고, 이 상황은 하위문화에서 이 '황무지'를 개발하지 않은 주류 매체 회사와 유명인의 협력 관계를 유튜브가 적극적으로 홍보하려고 했기에 더욱 악화되었을 뿐이었다.

유튜브 전문 블로그, 유튜브 스타스YouTube Stars는 이 사건을 둘러싸고 일어난 논쟁의 주제를 다음과 같이 요약했다.

유튜브 공동체는 오프라의 새로운 채널에 대해 긍정적인 입장과 부정적인 입장으로 갈렸다. 어떤 이는 그것이 모든 이의 영상에 새로운 시청자들을 끌어들일 것으로 생각한다. 그러나 다른 이들은 오프라의 명백한 '일방적 대화'에 반대한다. 그녀는 피드백을 받지 않고 우리에게 광고하기만을 원하는 것처럼 보인다. 유튜브의 '황금기'가 끝났다는 것이 안타깝다. 기업의 계정이 수많은 시청자를 얻으면서, 과장된 호들갑이나 선정주의에 의존하지 않으면서 가장 많이 논의한 영상 목록이나 시청 횟수 목록을 말하기는 어렵다. '협력사'들이 우리에게 광고하기 전까지는 유튜브는 영상 제작자의 공동체와 같았다. 그러나 이제 이 모든 것은 불가피하다. 유튜브는 유튜브 웹사이트에 매주 수천 개의 새로운 영상을 올리는 이들과 보는 이들에게 무료 서비스를 제공하기 위해서 필수적인 컴퓨터의 동력과 광대역 네트워크 용량을 유지하려고 수백만(달러)을 쓴다.

유튜브 스타 코미디언 넬츠는 그의 유머 브이로그, 노프라Noprah에서[10] 오프라의 '유튜브 스페셜'과 유튜브에 채널을 개설하려는 오프라의 관련 움직임에 대응했다. 넬츠는 '거대 매체'가 유튜브를 대변하려고 사용하는 '스케이트보드 타는 개'와 같은 '똑같은 옛날' 영상들에 대해 불평을 털어놓았다. 그는 '거대 매체'가 유튜브 '공동체'를 이해하지 못하는 점과 오프라의 채널이 댓글을 달지 못하도록 한 처사에 대해 불쾌감을 토로했다. 다른 A급 유튜버이자 자칭 공동체 리더인 리네토Renetto는 확실히 '오프라가 자신을 방송하는 데 문제가 있어서'[11] 오프라가 전면에 나오는 것이 좋다는 비꼬는 논평을 했다.

비슷한 시기에, 인기 있는 영국의 브이로거 페이퍼릴리스Paperlilies는 '유튜브 황금기의 명복을 빈다RIP the Golden Age of YouTube'라는 영상에서 기업 행위자들이 진입함으로써 판이 '아수라장'이 되었다고 주장했다.[12] 페이퍼릴리스는 '아이무비iMovie를 써서' '자기 침실에서' 영상을 만든다고 단호하게 말하면서 유튜브는 '좋은' 사용자 창작 콘텐츠를 사람들이 발견할 수 있게 유도하는 콘텐츠를 방문자들이 발견하고 검색하는 새로운 방법을 도입해야 할 필요가 있다고 제안했다. 더 나아가, 그녀는 기업 협력사를 끌어들이는 유튜브 회사의 최근의 성공이 유튜브의 문화 생태계에 미칠 영향에 대한 우려를 표명했다.

한때는 공동체 같았지만, 이제는 그런 느낌이 들지 않는다. 이제 우리는 아무도 보지 않는 텔레비전 채널 안에서 사는 것과 같은 느낌이 들고, 영상을 만드는 사람들을 전혀 고려하지 않는 회사 사람들이 우리 모두를 그냥 짓밟는 것 같다.

유튜브 공동체가 공들인 시간과 노력은 보상받지 못했다는 생각과 더불어 이런 영상물에는 배신감이 잘 드러났다. 이것은 단순히 질투나 주목을 받지 못했기에 발생한 권리 보유자의 불평이 아니다. 이런 종류의 댓글들은 유튜브의 '유튜브다움'을 고려하는 윤리와 더불어 '상향식' 참여라는 독특하고 다양한 풍취를 보존하려는 열망을 보여준다. 페이퍼릴리스와 '선도적' 유튜버들이 보기에 문화 다양성과 지속성의 문제이며, 일종의 상호 책임의 문제이다. 그녀는 유튜브 회사가 들어주기를 바라면서 다음과 같이 말했다.

당신들은 이제 기업이 되었고, 완전히 장악했군요. 모든 이가 유튜브에 나오길 바라니 그것은 대단합니다. 그러나 이제 당신들은 유튜브를 지금의 유튜브로 만든 이들에게 돌아가서 그들을 홍보해야 합니다. 왜냐하면, 많은 이들이 유튜브에 의해 무시당하고 있다고 느끼고 있기 때문이에요. 지난여름에만 해도 그들이 사랑하게 되었던 유튜브 사이트는 더 이상 그만큼 사랑받지 않아요. 이제 우리는 그저 인터넷에 있는 다른 텔레비전 채널 하나를 가지고 있을 뿐이고요. 그리고 나는 그게 마음에 안 들어요.

'창의적' 또는 '웰메이드' 영상들이 '엄청난 시청 횟수'를 기록하기도 했지만, 그녀가 말하기를, 이제는 '선정적인' 영상이나 '저급한 공통 기준'에 소구하는 영상들이 시청 횟수가 많이 나오는데, 이는 유튜브가 등장하기 전에 '주류 매체'가 제공하던 것들이다. 콘텐츠가 많아질수록, (혁신적인 사용자 창작 콘텐츠라고 이해할 수 있는) '창의성'은 '더욱 발견하기 어렵다'. 후일담을 말하자면, 2017년 10월에 페이퍼릴리스는 6만 7700명의 구독자를 가지고 있었지만 더는 활동을 하지 않는 것 같다. 채널에는 "나는 이제 영상을 만들지 않으며, 유튜브가 싫어졌습니다"라고 적혀 있다.

그러나 동시에, 2017년에도 여전히 활발한 유명 유튜버인 블런티 3000은 '진짜 유명인'들이 보여주는 위협의 정도에 대해 회의적인 태도를 드러냈다.[13] 그는 패리스 힐튼과 피 디디P. Diddy가 유튜브 채널을 열었을 때 발생한 비슷한 논쟁들, 나중에는 근거 없는 것으로 판명된 엄청난 공포감을 일으킨 논쟁의 발생을 지적했다. "피 디디나 패리스 힐튼은 유튜브 공동체에 그 어떤 방식이나 형태로든 실질적인 영향을 끼치지 않았다." 블런티는 또한 오프라가 자기 유튜브를 교차 홍보한 것은 새로운 수용자들을 오프라 브랜드뿐만 아니라 사용자 창작 유튜브 콘텐츠에도 끌어들이는 의도하지 않았던 결과를 낳았다고 주장했다. 결국, 오프라도 '유튜버 중 한 사람일 뿐이라고' 그는 결론 내렸지만 오프라가 수용자의 폭을 크게 넓힘으로써, 전반적으로 유튜브 공동체에 기여했다고 보았다. 그리고 사실상, 항의 영상들

자체도 오프라 브랜드를 활용해서 수익을 내는 방편이라고 볼 수 있고, 그 결과 결국 그 유튜버들도 주목을 얻을 수 있었다.

오프라의 유튜브 진입에 관한 논란은 유튜브 공동체가 작업하는 참여의 조건들을 둘러싸고 유튜브 공동체가 명백하게 성찰, 조사, 활성화할 기회로서 부분적으로 기능한 것은 사실이다. 이 영상들은 유명한 유튜버들이 주도하는 공동체의 '항의' 영상이 지닌 더 장기적이고 광범위한 패턴의 일부분이었다. '유튜브는 유튜브 공동체와 상관없다YouTube is NOT involved with the Community'라는 제목을 단 브이로그에 올린 영상에서, 브이로거 엑스고보빈스xgobobeanx(나중에 채널 이름을 질 해너(Jill Hanner)라고 바꾸고 여전히 활동 중이다)[14]는 유튜브 공동체 관리의 부적절한 점과 불공정한 점에 대해 논의했다. 그 영상의 설명에서 그녀는 "유튜브는 이메일에 응답하지 않으며, 아무나 어떤 통보나 설명 없이 영상에 경고 깃발을 올릴 수 있다. 왜 동업자들이 이런 점에 대해 대충 넘어갈 수 있는가?"라며 불만을 토로했다. 이 주장은 한편으로는 (매체) 협력자와 다른 한편으로는 (비기업적 '유튜버') '유튜브 공동체'가 분리되어 있다는 점에 바탕을 두고 있다. 이런 차이의 내용은 고소득을 올리는 스타 유튜버들의 시대에는 잘 이해하기 어렵지만, 이런 (사회적) 차이를 만드는 과정은 공동체의 논리가 담론으로 유지되는 데 무척 의미가 있다. 이런 차이의 중요성은 유튜브 공동체가 유튜브 웹사이트의 공적인 풍경에 대한 통제권을 얻기 위해서 채택한 역습 전술 중 하나로 설명할 수도 있다. 예를 들어, 유튜브 스타스는 '비기업적인 톱 100Non Corporate Top 100' 유튜브 동영상 차트를 정기적으로 발표했는데, 이 차트는 유튜브의 시청 횟수 페이지와 비슷했지만, 이름이 알려진 기업이 만든 콘텐츠를 걸러낸 차트였다.[15]

물론, 풀뿌리 기업의 상업적 변질에 대한 반발이 유튜브에서만 일어나는 것은 아니다. 이는 주변부에서 나와 주류로 진출하는 음악 하위문화와 분야에서 기록이 잘 되어 있는 '전용'이나 '팔아넘기기'라는 인식과 비슷하다 (예컨대 1990년대의 라이엇 걸* 현상에 대한 Schilt, 2003의 연구를 참조). 모두를 위해 무료로 직접 만든 영상을 올리는 사이트에서 기업형 매체 플랫폼으로 유튜브가 변모한 것에 대해 항의하고, 조롱하고, 또는 논란에 참여하는 것은 매번 주류화와 상업화의 새로운 국면에서 내부자의 지식과 전문성을 실천하는 방식이었다. 이런 논란에서 발생하는 담론은 오랫동안 사용자 공동체에서 집단적으로 확립된 규칙들을 지키며 활약한 '적극적 참여자' 또는 '핵심 사용자'와, 유튜버 들이 보기에 그런 규범들을 무시함으로써 유튜브 서비스의 문화 가치와 일관성의 붕괴에 일조한 이들 사이의 긴장을 드러낸다. 후자에는 (자기 영상은 올리지 않고 다른 이의 영상에 악플을 남기는) 혐오자들이 있고, 바닥부터 차근차근 다지지 않고 문화 권위의 특권을 가지고 있는 것처럼 가정하는 (오프라와 같은) 거대 매체 행위자들, 그리고 회사의 이익을 위해 규칙을 단순히 다시 바꿔버리는 유튜브 회사가 있다. 이런 논의와 논란은 유튜버들과 유튜브 회사 사이에 사회 계약에 대한 암묵적인 이해가 공유되어 있음을 드러낸다. (2007년 오프라 채널의 개시나 결론에서 논의할 2017년의 '광고의 종말'과 같은) 새로운 발전이 혼란을 일으킬 때, 이런 암묵적인 이해는 명시적으로 드러난다. 그리고 그런 새로운 발전의 시기에는 권리, 공정성, 노동 담론이 등장한다.

유튜브 브이로그를 통해 목격할 수 있는 논란과 논쟁은 유튜브 사용자 공동체, 유튜브 회사, 거대 매체 조직들 사이에 관계의 정치가 등장했다는 점을 드러내는 것은 물론, 유튜브 공동체의 행위 규범과 정치적 분열과도 관련이 있다. 유튜브에는 (악행을 막을 수 있는 방패막이가 적은) 익명이라는 상황과 (댓글을 계속 감시하고 순화하기 어려워진) 규모로 인해 나날이 심해지

---

*   Riot Grrrl: 1990년대에 미국에서 일어난 언더그라운드 페미니스트 펑크 운동을 말한다.

는 악플이라는 문제가 있다는 점은 잘 알려져 있다. 유튜브는 폭력적이고 해로운 악플에 대처하는 방안을 지원하기 위한 다양한 장치를 도입해 왔다. 여기에는 다음과 같은 방식들이 있다. 사용자 평점 체계도 있었고, 매장면에서 작업하는 실제 인간 모더레이터와 결합해서 알고리듬을 통해 시간순보다는 '관련성'으로 댓글을 배치하는 방식도 있었고, 2012년에는 실명제를 추진했다. 실명제를 통해 유튜브 사용자들이 구글 플러스Google Plus 사용자 이름으로 로그인하도록 요구했는데 이는 구글이 구글 플러스 사용자들이 가명을 쓸 권리를 놓고 벌인 큰 싸움을 일컫는 '이름 전쟁'*으로 확전되었다(Galperin, 2011). 그리고 최근인 2016년에는 유튜브 히어로 프로그램 YouTube Heroes program을 도입했다. 이것은 신뢰받는 사용자들만이 댓글에 깃발을 꽂을 권한을 가지게끔 만든 예전보다 진일보한 공동체 조절 체계였다 (Kastrenakes, 2016).

어느 정도는 트롤과 혐오자 들의 반사회적 커뮤니케이션 행위는 유튜브 문화에서 이미 일상적인 일이 되었고, 유튜브의 역사에서 꽤 일찍부터 일부 가장 인기 있는 영상들에서 그런 현상이 나타났다. 많은 유명 유튜버들이 역사적으로 댓글을 순화하거나 금지하기를 주저했는데, 이는 이런 통제가 참여 문화의 특징인 개방성이라는 기조에 어긋나기 때문이다. 랭은 부정적이고 때때로 개인을 모욕하는 댓글을 다는 '혐오자'들에 대처하는 것은 소셜 네트워크로서 유튜브에 참여하는 이들의 유튜브 경험의 일환이며, 유튜버들이 나쁜 것을 좋은 것으로 받아들이면서 게임의 일부로 받아들이는 것이라고 설명했다(Lange, 2007a). 트롤들을 실질적으로 그리고 감정적으로

---

*   nymwars: 가명이라는 뜻의 pseudonym의 nym과 war의 합성어이다. 구글 플러스는 2011년에 사용자가 가명이나 아이디가 아닌 실명을 사용하게끔 하는 정책을 실시했는데 이에 대한 반발이 일어났다. 결국 구글은 2014년에 실명제를 폐기했다.

'다루는' 방법을 배우는 것은 효과적이고 즐거운 참여를 위해 필수적인 핵심적인 능력 중 하나이다. 앤소니 매코스커Anthony McCosker도 어떤 열렬한, 대립적인 개입 형태는 일종의 시민성의 한 형태라고 볼 수 있다는 점을 지적하는데(2014), 이는 그런 개입이 어떤 화제를 둘러싼 공중의 관심을 불러일으키기 때문이다.

언제나 그렇듯이, 다양한 유튜브 공동체들은 유튜브 플랫폼의 사회 규범을 협상하고 형성하는 자기네 고유의 방식들을 찾아냈다. 초창기 우리의 연구에서 검토한 공동 제작 유튜브인 '유튜브에서 젊은 여자로 살기Being a Chick on YouTube'16에서 남성 유튜버와 여성 유튜버는 유명 여성 유튜버들이 맞서 싸워야 하는 성차별적이고 공격적인 댓글들의 함의에 대해 논의했다. 이 영상은 그 문제에 관한 높은 이해 수준을 보여준다. 이 두 참여자는 그 문제를 도덕적으로 훈계하기보다는 이런 성차별 문화가 여성 브이로거들의 참여율에 부정적인 영향을 끼칠 가능성에 대해 논의했다. 영리하게도, 이 영상은 유튜브 공동체 안의 지나치게 남성적이고 성차별적인 문화가 발전하면 그들이 교류할 여성 유튜버들이 부족하게 되는 결과를 낳을 수도 있다고 주장하면서 남성 수용자들이 가졌을 동기에 소구했다. 처음부터, 유튜버들은 어느 정도 공동체 안에 기반을 다진 내부자의 지식이 지닌 입장에서 사회 규범을 만들고 온라인 행위의 윤리를 서로 의견을 반영해서 협상하려고 눈에 띄게 노력했다.

그러나 2017년의 영어권 인터넷에서 트롤 짓trolling은 조직적인 행위이고, 공동체의 순화 기능을 뒤엎어버렸으며, 댓글은 유색 인종, 여성, 성 소수자, 그리고 진보적인 목소리를 내지 못하도록 하려는 고의적이고 조직적인 전략의 일환으로 무기처럼 사용되었다(Phillips, 2015). 2014~2015년의 #게이머게이트* 논란과 관련 소셜 미디어 활동을 둘러싼 사건들로 인해 온라인상의 트롤 짓의 어두운 면이 주류 사회에 알려졌고, 유튜브는 유튜브 플랫폼에서 주도적으로 활동하는 진보적 성향의 여성 게이머들을 반대해서 조직적으로 괴롭히는 캠페인을 하는, #게이머게이트 활동의 주요한 전장이었다(Burgess and Matamoros-Fernández, 2016). 그때부터, 극우파의 활동은 2016년 미국 대통령 선거로 이어졌고 갈수록 더욱 대담해졌기에, 플랫폼들이 오보와 오용에 적극적으로 대처할 필요가 있다는 인식이 비약적으로 증가하게 되었다(Marwick and Lewis, 2017). 행위와 내용에 관한 공동체의 효과적인 관리는 사용자 공동체와 유튜브 플랫폼 내의 선의에 바탕을 둔다. 유튜브가 솔직한 아마추어들과 미디어 전문가들은 물론 트롤과 꼭두각시 들로 득시글거리면 유튜브 공동체에 선의가 있다고 간주할 수는 없다. 그리고 측정 기준과 알고리듬이 불투명하고 다른 무엇보다도 주목받는 정도만을 고려해서 보상하는 (유튜브, 트위터, 페이스북과 같은) 플랫폼에서 선의를 당연한 것으로 간주하기도 마찬가지로 어렵다. 이런 시기에, 그 어떤 때보다 효과적인 공동체의 관리를 성취하기 더 어려워지고, 그런 성취가 이보다 더 절박한 적은 없었다.

유튜브 공동체 안에서 벌어지는 상이하고 다양한 갈등과 대립은 '격렬한 상호 공격' 또는 '유튜브 드라마'인데, 이들은 평범한 댓글이나 4챈*에서 활보하는 트롤들이 하는 일반적인 부주의함이나 악의적인 이간질과 구분해서 생각해야 한다. 이런 사건은 어떤 영상에 달린 포스트가 내부의 '논란'이나 유튜버들 사이의 적대적인 논쟁을 둘러싸고 집중될 때 발생한다. 이런 사건은 종종 (특히 종교, 무신론, 또는 정치와 같은) 논란을 일으키는 논쟁에서 유래하기도 한다. 그러나 꽤나 자주 이런 사건들은 유튜브 공동체 자체

---

*   비디오 게임계에서 #gamergate라는 해시태그를 달고 페미니스트와 진보 세력에 대한 혐오를 전파한 우파들의 반격을 말한다.

*   4Chan: 2003년에 만들어진 다양한 주제에 대한 토론이 올라오는 영어권의 인터넷 포럼으로서 익명으로 글을 올릴 수 있게 되어 있다.

의 내부 정치와 기싸움에서 유튜브 스타들끼리 격돌하는 형태로 나타나기도 한다. 이런 단기적이지만 무척 격렬한 공동체 안의 사건들은 어떤 때에는 그냥 재미로 하는 것이기도 하다. 이런 사건들은 논쟁과 토론만큼이나 오락의 기능을 수행한다. 사실, '격렬한 설전'은 놀이ludic events라고 볼 수 있다. 이것은 유튜브 플랫폼에 참여하는 재미의 일환인 구조화된 게임이다.

우리가 내용 분석을 했던 시기에 이를 보여주는 좋은 예가 바로 (원래 사용자 이름과 최근 채널 이름이 리사노바(LisaNova)인) 유명 유튜버 리사 도노번 Lisa Donovan이 자기 채널에 수용자들을 끌어들이기 위해서 다른 이들의 채널에 댓글 '스팸'을 날렸다고 주장한 것에 관한 논란이었다.[17] 그 논란 자체가 놀이가 되었기에 트롤 짓, 악플, 패러디는 확실히 그 자체로 볼거리가 되어 버렸다. 이 고전적인 유튜브 드라마는 파트너 프로그램에서 매우 성공적인 소수의 유튜버들과 훨씬 더 많은 핵심 유튜버라는 집단 사이에 긴장이 있음을 드러냈다. 'A급' 유튜버들과 나머지 '핵심' 사용자 집단 사이에 있었던 간헐적인 반목은 부분적으로는 인기를 바탕으로 금전적 수익을 거둔 행위의 산물이었다. 유튜브 '스타'가 성공했다는 것은 유튜브가 공동체-기반 플랫폼에서 주류 지향적인 상업적인 공간으로 진화했다는 인식의 일환이다. 확실히 도노번은 멀티 플랫폼 엔터테인먼트의 새로운 상업적 영역에서 핵심적인 행위자가 된 초기 유튜버의 전형적인 예이다. 그녀는 코미디 배우로서 텔레비전과 영화에서도 성공적으로 활약했고, 유명한 다중채널 네트워크인 메이커 스튜디오의 공동 창립자였다.

이런 논란의 주요 쟁점은 (파트너이든 아니든 간에) 유튜버들이 심혈을 기울인 공동체의 미래에 대해 그들이 어느 정도 영향력을 미칠 수 있느냐이다. 특히 유의미한 것으로 그들은 문화 공간으로서 유튜브 안에서 작동하는 전문성, 권위, 가치가 서로 충돌하고 있음을 암시한다. 이 논란을 보면 자생적으로 구성된 유튜브 '공동체'에 참여하는 것이 일상 전문성의 다양한 형태에 의존하게 되는 방식을 이해할 수 있는데, 이를 통해 '주목 경제'와 네트워크의 지원성에 대한 비판적이고 문헌적인 이해와 유튜브 공동체의 사회 규범과 문화 규범을 탐구할 가능성을 결합하기도 한다. 물론, 드라마는 유튜브 '공동체'의 활성화된 문화 역동성이다. 이는 사회 세계 안에서 공존하는 참여자들의 사상을 강화하고, 전문화된 유튜버들의 경쟁적인 시장 논리를 재확인한다(Cunningham and Craig, 2017). 그리고 할리우드에 유명인 가십 칼럼니스트들이 있듯이, 지속되는 유튜브 드라마들에 대해 보도하고 탐사 보도를 통해 구린 구석을 캐는 데 전념하는 브이로그의 하위 장르도 있다. 이는 유튜버들을 주로 다루는 채널인 위 더 유니콘스*에서 이미 논의했던 것이다(Kolaki, 2017).

내부의 반목, 아이러니의 수행, 진정성이 없는 진정성에도 불구하고, 새로운 리터러시, 새로운 문화 형태, 사용자 창작 온라인 영상의 문화에 적합한 새로운 사회 실천이 발생, 수용, 유지되는 환경은 참여자들이 동영상을 통해 상호작용함으로써 출현한 유튜브 공동체가 제공한 것이다(Potts et al., 2008a). 백만장자가 된 유튜버, MCN 들, 유튜브 TV 이전에, 유튜브 플랫폼의 문화, 사회, 경제적 가치의 대부분을 만들어내고, 유튜브의 대표적인 문화 형태와 장르를 키워낸 것은 초기 유튜브 참여자들이었다. 스타 유튜버들은 진정성, 친밀성, 공동체 사이에 균형을 이룰 필요성을 구체화한 초기 역사에서 일련의 실천과 규범을 개발해 왔지만, 이를 각종 브랜드와 복잡한 상업적인 계약으로 발전시켜서, MCN과 유튜브 플랫폼 모두와 관계를 곤란하게 만들었다.

---

*   We the Unicorns: 런던에서 개설된 유튜브와 바인 문화에 대해 논평하는 유튜브 채널이다. 2015년 6월에 웹사이트, 8월에 유튜브 채널을 개시했다. 위 더 유니콘스는 팝버즈 네트워크 (PopBuzz Network) 산하에 있으며 2019년 4월에 유튜버 뉴스(YouTuber News)로 이름을 바꾸었다.

5장
유튜브의 문화 정치

이 장에서는 유튜브가 전 세계의 다양한 사용자들의 실천으로 인해 의도하지 않았고 때로는 지지하지 않았던 결과로서 공공의 가치와 시민적인 가치를 생성한 방식을 탐구할 것이다. 그리고 이런 실천을 발생시킨 이 가치들과 유튜브 플랫폼의 변화하는 사업 모델과 규제 구조 사이에 진행되는 긴장도 탐구할 것이다. 이 장은 세 부분으로 되어 있다. 1부는 문화 시민권과 문화 다양성에 관한 유튜브의 지원성과 한계를 탐구한다. 2부는 '국경 없는' 인터넷에서 전 세계적으로 상호 연결된 플랫폼에서 이제는 매우 재지역화된re-localized 플랫폼으로 유튜브가 변모하는 과정을 추적한다. 3부는 우연적인 저장고로서 유튜브의 가치와, 유튜브와 도서관과 같은 공적 기억을 담아내는 기관 모두를 위한 이런 저장 기능의 문화 정책과 함의 들을 강조한다. 지금까지 유튜브 플랫폼의 변화와 진화를 반추하면서, 우리는 유튜브의 규모가 커지고 도달하는 인구가 늘어날수록 공적인 가치라는 면에서 유튜브는 위기에 빠져 있다고 본다. 그래서 상업적인 플랫폼 패러다임의 정책과 규제의 변화에 주목한다.

다양성과 문화 시민권

유튜브는 상업적인 기업체이고, 언제나 그랬었다. 그러나 유튜브는 늘 일반인의 문화 참여를 가능케 하도록 고안된 플랫폼이었다. 전문화된 매체 생태계의 그 모든 복잡성에도 불구하고, '누구나' 참여할 수 있다는 유튜브의 포용성과 개방성도 유튜브의 독특한 상업적 가치라는 명제의 근간이다. 이것이 바로 우리가 유튜브에 관해 참여 문화가 이 사업의 핵심이다라고 말할 때 말하고자 한 바이다. 디지털 환경에서는 주변적·하위문화적, 그리고 공동체에 기반한 문화 생산 양식들은 설계 방식에 따라 주류 매체 기업의 상업적 논리로 흡수되고, 이런 디지털 환경에서 이것은 문화 생산의 시장과 비시장 양식이 불안하게 통합되는 매우 폭넓은 경향을 잘 보여주는 예이다. 이미 말했듯이, 유튜브의 가치는 부분적으로는 집단적 창의성과 함께 유튜브 사용자와 수용자의 커뮤니케이션으로부터 발생하고, 그 문화는 상업적인 동기와 결과, 공동체의 동기와 결과라는 성격을 동시에 지니고 있다. 그렇기 때문에 유튜브는 그전보다 더 광범위한 참여자에게 디지털 매체 문화에 참여할 수 있는 플랫폼을 제공해 왔고, 유튜브 브랜드는 유튜브가 지지하는 사회 다양성과 문화 다양성에 입각해서 작동하는 것은 사실이다.

미디어와 문화 연구 관점에서 볼 때 대중문화에 접근하고 참여하는 것은 정치 참여와 시민권과 관련된 중요한 수단이며, 특히 여성, 성 소수자, 종교적 소수자와 인종적 소수자에게 중요하다(Hartley, 1999; Hermes, 2005; 2006). 여기서, 시민권은 국가와의 관계에서 개인이 지닌 법제화된 권리와 의무의 문제일 뿐 아니라, 개인이 공동의 이익, 정체성, 또는 관심거리가 되는 문제를 둘러싸고 만들어진 실천과 집단적 행위에 참여하는 방식이기도 하다. 조크 허미스Joke Hermes는 시민권 개념이 "정체성의 구성, 재현, 그리고 이데올로기의 덜 형식적인 일상적인 실천, 그리고 그 안에 담긴 도덕적 의무와 권리와 관련해서 사용될 수 있다"라고 주장하면서(2005: 4), '문화 시민권'을 다음과 같이 정의한다.

> (대중)문화의 영역에서 제공되는 독서, 소비, 축하, 비판과 같은 텍스트-관련 실천에 동참하는 것에 내포된 결속을 다지고 공동체를 건설하는 과정, 그리고 그 결속에 대해 성찰하는 것(Hermes, 2005: 10).

그녀가 쓰기를, 대중문화 텍스트와 실천은 사회를 엮는 실을 짤 수 있는 양털과 같은 것을 제공하기 때문에 중요하다. 카리나 호프Karina Hof는 이런 발상을 스크랩북 만드는 공동체 연구에 적용하면서, "스크랩북 만들기는 어떻게 일상의 문화 실천이 실천의 공동체를 통해 사람들을 끌어들이고 동원할 수 있는가를 예로 보여준다"라고 주장한다(2006: 364). 호프가 주장하기를, 개인의 창작 실천으로서 스크랩북 만들기와 스크랩북 만들기를 둘러싼 실천 공동체에 참여하는 것은 모두 "스크랩북 만드는 사람들이 전반적으로 무엇과 누구를 신경 쓰는가, 어떻게 살아가는가와 어디에서 사회에 적응하는가를 보여주는 매우 가시적인 형태와 토론할 거리를 제공한다" (Hof, 2006: 364). 그것뿐만 아니라, 문화 참여는 (문화 시민권의 실천인) '의무와 특권'의 실행을 수반하기도 한다. 이 문화 시민권 모델은 관심을 공유하는 공동체들 내부에서 유튜브의 영상 콘텐츠의 창작, 전시, 토론에도 쉽게 적용할 수 있다.

유튜브는 그 다국적적 기원을 감안하면, 공통의 경험과 차이의 충돌을 포함해서 개인과 세계의 관계, 공동체에 관한 문화적으로 다양한 사상에 관한 질문도 제기한다. 그런 질문들은 전통적인 방송과 인쇄 매체가 붕괴되고 인터넷과 월드 와이드 웹이 그 위치를 점진적으로 차지하는 중요한 변화를 겪던 시기인 1990년대 이후 인터넷과 커뮤니케이션 연구에서 학술적 논쟁의 중요 쟁점이었다. 개인화와 알고리듬을 통한 콘텐츠의 배열이라는 특징이 있는 소셜 미디어 시대의 도래를 예견하면서, 갠디Oscar H. Gandy는 '실제 정보 격차'는 기득권 세력의 이익을 위해 뉴 미디어를 사회적으로 구축한 결과이고, 이것은 극단적인 개인주의화를 포함한 계급-특화된 성격이라는 특징을 지녔다고 주장했다(2002: 458). 1990년대 말에, 마이클 트레이시Michael Tracy는 이런 식의 사회 변화는 우리가 전통적으로 민주적 공적 영역이라고 이해한 것의 존속과 유지에 지장을 초래한다는 시각을 제시했다 (1998: 263). "매우 개인주의적이지만 분명히 집단, 공공, 공유, 결속과 같은 성격이 없는" 매개된 사회 세계를 만들어낸다. 트레이시가 보기에, 우리들의 개별적인 이해를 둘러싼 콘텐츠의 '관련성'과 개인화 경향이 증가하고 '틈새시장'이 급증한다고 해서 문화의 생산 주체가 개인이냐 또는 기업이냐 와 상관없이 반드시 더 민주적인 참여 문화가 필연적으로 생겨나는 것은 아니다. 그러나 닉 스티븐슨Nick Stevenson은 개인주의화가 심해지는 현실에 도 불구하고 우리가 복잡성과 차이를 성심껏 교섭하면서 지속적인 참여와 대화를 위한 기회를 더 잘 장려한다면, 진보적인 세계적 문화 시민권을 상 상할 수 있다고 주장한다(2003a; 2003b).

엔터테인먼트 콘텐츠의 기원이 무엇이든 간에 엔터테인먼트 분야에서 조직된 더 상업화되고 전문화된 플랫폼이 그런 가치가 있는 이상에 기여할 수 있을 것이라는 초기의 낙관적인 발상은 (특히, 2017년에 영어권과 유럽의 꽤 많은 지역의 정세를 감안하면) 처음에 등장했을 때만큼 요원한 것은 아니 다. 사실, 유튜브가 이론적으로 세계적인 시민권이 작동하는 현장을 대표 하게 된 것은 유튜브를 통해 매개되는 꽤 많은 상징 재료가 평범한 시민의 일상생활에서 발생하고, 평범한 시민들이 이를 평가, 토론하고 전시하기 때문이다. 그러나 문화 시민권의 이런 형태를 구성하는 커뮤니케이션 실천 은 유튜브에서 가장 눈에 띄는 인기 있는 문화와 연계된 보다 전문화되고, 화려하거나 혹은 적대적인 참여 방식으로부터 아주 먼 '롱테일'*에서 더 자주 발견되고, 이는 앞선 3장의 주제였다. '소셜 미디어 엔터테인먼트'의 스타덤이나 트롤 하위문화에서 현기증이 날 정도로 높은 정점으로부터 멀 어져서, 유튜브 플랫폼은 대중문화 학자들이 관여와 공동체의 형성을 위한 공간을 창조하는 일상적이지만 개입하는 행위인 문화 시민권의 실천이라

---

*   long tail: '긴 꼬리'라고 번역되기도 한다. 파레토(Pareto) 법칙에서 꼬리처럼 형성되는 80% 를 의미하며, X축과 Y축으로 그래프로 나타냈을 때 중요한 20%는 초반에 높은 수치를 나타 내어 Y축에 가까운 형태로 나타나지만, 나머지 80%는 뒤로 갈수록 X축에 가까워져서 마치 긴 꼬리가 늘어진 것처럼 생겼다는 말에서 유래했다.

고 인식할 수도 있는 행위의 중개자나 연결자 성격을 간직하고 있다. 이런 식으로 기능하는 참여 모델로는 개인 대 개인으로 하는 기타 레슨부터 수많은 유튜브 참여자들이 '당신의 냉장고에는 무엇이 있나요?'[1]와 같은 질문에 영상으로 응답하는 영상은 물론 정체성-기반 공동체나 개인 사연을 공유하기 위해 진심으로 감정 이입하는 공간도 포함되는, 매일 소비하는 '밈'까지 범위가 다양하다.

퍼트리샤 랭(Lange, 2007, n.p.)은 다음과 같은 점에 주목한다.

동영상블로그라는 일기 형태에 익숙하지 않은 사람들은 이 장르의 제작자들이 자기 사생활 이외의 다른 어떤 특별한 점이 없고 아무런 관련성도 없는 소소한 일들을 찍는 데 집중하고 집착하는 것으로 보았기에 종종 이 장르에 대해 비판적이지만, … 많은 동영상블로거들은 어떤 공간이 만들어져서 어려운 화제를 드러내서 토론하고 서로 이해할 수 있게 된 것은 그런 내밀한 순간들을 모두가 볼 수 있게 인터넷 위에 올릴 수 있기 때문이라고 주장한다.

랭은 (주로 여성들인) 초기 동영상블로거들을 대상으로 했던 민속지학적 인터뷰에 근거해서 "내밀한 어떤 순간과 유튜브 웹에 올라온 영상들에 관한 담론에 공중이 접근할 수 있다는 것은 사회적 경계와 기존 가정 들에 대한 의문을 제기하고 그 경계와 가정 들을 바꿔버릴 수 있고", 여기서 발현되는 일상생활의 개인끼리의 내밀한 정체성의 작업을 사회적 정체성, 윤리, 문화 정치를 둘러싼 더 '공적인' 논쟁으로 전환시킨다고 주장했다. 2007년에 무신론자와 유신론자 사이에 치열한 설전이 벌어졌고 이는 그해 가장 인기 있는 콘텐츠의 하나가 되었던 적이 있다. 이런 치열한 설전과 대조적으로, 랭은 자기 연구에서 "동료와 사적인 대화를 통해 만들어진 무신론에 대한 감정에 큰 소리를 내지 않으면서, 내밀하지만 공적으로 탐구함으로써 어떻게 개인 견해가 정치적 질문으로 바뀔 수 있는가를 다시 고려할 수 있었던" 한 사례에 관해 설명했다. '텍스트'로서 그 동영상블로그에만 담겨 있지 않고 이를 통해 촉발된 이 조용한 커뮤니케이션의 순간들을 보면서 랭은 공적 담론이 풍부해질 수 있는 희망을 보았다. "상처받기 쉽고 내밀한 순간과 선택을 공유함으로써 예전에는 다른 매체나 방법으로는 다루지 못했던 불편하고, 짜증나거나, 어려운 화제들에 관한 공적인 담론을 증가시킬 수 있다."

유튜브는 갈수록 더 상업화되었지만, 일부 참여자들이 보기에 이렇게 지극히 사적인 실천과 사회적인 실천은 여전히 유튜브의 중요한 부분으로 남아 있다. 랭이 연구했던 얼리 어답터들에게도 그랬듯이, 2017년에도 유튜브는 소셜 미디어로 유튜브를 사용하는 이들에게 여전히 즉각적이고 내밀하다. 마거릿 깁슨Margaret Gibson은 온라인 애도에 대해 상세한 연구를 해왔고, 고도의 즉각성과 내밀성을 지닌 브이로그를 낳은 사적인 사별에 관한 브이로그 제작 실천을 탐구한 '사별 브이로그'에 관한 그녀의 논문(2015)을 보면 일부 유튜브 참여자들에게 유튜브 플랫폼은 사회적으로 우선 고려 사항이지, 부차적이지 않다는 점을 알 수 있다. 토비아스 론Tobias Raun의 트랜스 동영상블로거들에 대한 상세한 심층 연구(2016)도 이 연구 결과를 지지했다. 이 연구는 유튜브에 참여하는 것이 공동체를 건설하고 매체의 재현과 실천 운동에 관한 공동체-주도 형태를 증진하기 위해 작동하는 방식을 추적했다.

특히, '커밍아웃' 영상들은 성 소수자 유튜버들에게 무척 중요한 '소셜 미디어 제의ritual'가 되었다(Burgess, Mitchell, and Münch, 2018). 커밍아웃 영상을 만들고 공유하는 것은 나중에 나온 '잇 게츠 베터 프로젝트'에 의해 증폭되었다(Johnson, 2014; Gal et al., 2016). 이것은 댄 새비지Dan Savage가 만든 동영상 밈으로서 MTV나 〈글리Glee〉와 같은 청년-지향적인 방송과 케이블 매체에 의해 확산되었다. 이 밈 포맷은 대체로 성인이 된 성 소수자들이 10대 시절에 겪은 (동성애 혐오에 입각한 괴롭힘을 포함한) 고충과, 그런 어려움을 극복한 사례를 공유하는 내용이다. 이 프로젝트 자체는 (다양성이 부족하다는 이유를 포함해서) 비판을 받기도 했지만, 지극히 내밀하고 사적인 스토리텔링에 바탕을 둔 포맷은 소셜 미디어 플랫폼과 상업적 매체 사업이라는 두 측면에서 유튜브 DNA가 흐르고 있었다. 그 프로젝트의 밈 성격과 반복성으로 인해 유튜브 공동체는 더 급진적인 동성애자 시각의 가능성을 받아들이면서 원래의 개념과 포맷을 성찰하고 비판할 수 있다(Gal et al., 2016).

그러나 사회적 연결과 공동체 운동에서 유튜브의 역할은 사적인 동영상 블로그에 참여하는 데 국한되지 않는다. 그것은 매우 미묘한 방식으로 작동할 수 있다. 3장에서 논의했던 기존 매체 콘텐츠를 인용하는 것은 시민들이 공동체와 공중에 참여하고 구성하는 매우 일반적인 방식이 된다. 개편을 통해 의미를 구성하는 것도 비슷한 목적이 있다. 그것은 특별한 공동체의 일원으로서 특별한 정체성과 세계에 관여하는 방식을 파악, 표출, 표현하는 것이다. 유튜브 초창기에는, 특히 스포츠와 아니메 팬덤에서 생생한 예를 볼 수 있다. 예를 들어, 우리의 샘플에서 인용한 일부 자료는 팬들의 사진을 포함해서 편집한 축구 경기 영상과, 한 시즌 내내 특정 팀을 따라다니는 그 팬들의 모험을 세세하게 보여준다. 이런 영상은 열성적인 동료 공동체의 일원으로서 팬의 정체성이 구체적으로 어떤 모습인가를 가시적으로 보여준다. 이런 자료를 올리는 것은 어떤 집단이 자기들에 관해 이야기하는 방식이 되며, 그들을 한데 묶어주는 같은 매체 텍스트를 이용함으로써 더 큰 공동체에게도 이야기를 건네는 방식이 된다. 마찬가지로, 초기 유튜브의 콘텐츠 제한에 맞춰서 필리핀 텔레비전 연속극이나 튀르키에 텔레비전 연속극을 여러 개로 쪼개서 올리는 행위도 커닝엄과 응우옌Tina Nguyen이 확인한 디아스포라 공동체의 매체-공유 실천과 유사한 문화 시민권을 행사하는 행위(Cunningham and Nguyen, 2000)라고 볼 수 있다.

유튜브는 세계적인 문화 시민권을 가능케 하고 증폭할 수 있는 잠재력이 있다. 이 문화 시민권을 통해 개인은 그들의 정체성과 시각을 표현하고, 다른 이들의 자기표현에 관여하며, 문화적 차이와 마주칠 수 있다. 그러나 모든 가능한 참여 방식에 접근하는 것은 유튜브 플랫폼의 문화 논리와 지원성에 의해 형성된다. 그리고 그것은 유튜브 네트워크가 지원하는 모든 수준의 관여 방식에 참여하는 데 충분한 동기, 기술 능력, 그리고 사이트-특유의 문화 자본에 의존한다. 게다가, 목소리를 낸다고 해서 거기에 감정 이입을 하거나 관여하는 수용자가 나타난다는 보장은 없다(Couldry, 2006). 경청하는 것도 사회 결합에 필수적인 문화 능력이다. 그러므로 이른바 (시스템이 다른 이들에게 사용자를 드러내지 못하게 되는 실패인) '필터 버블'*이나 '반향실'**과 디지털 포용digital inclusion이라는 문제 사이에는 깊은 관계가 있고, 이는 헨리 젱킨스가 '참여 격차'라고 부른 것과 관련이 있다(Jenkins, 2006a: 258; Jenkins et al., 2006). 이것이 바로 디지털 리터러시와 (심지어 레저와 엔터테인먼트-기반 공동체도 포함해서) 다양하고 포용적인 온라인 공동체 모두가 정치에서 중요한 이유이다.

참여로의 전환과 연결된 기술과 매체 형태의 지원성으로 인해 제작자는 그 수가 늘어났고 더욱 다양해졌으며 확실히 꽤 많은 사람이 문화 생산 분야로 진출했지만, 다양성에 대한 수용자의 관여, 그리고 목소리가 가장 큰 이들에게 보상하는 것 말고도 관여할 수 있도록 장려하고 분위기를 조성하기 위해서 플랫폼이 무엇을 할 수 있고 또 해야 하는가라는 문제는 무척 중

---

*   filter bubble: 알고리듬이 개인의 성향에 맞는 정보를 추천함으로써 사용자가 다른 정보, 취향을 접하지 않고 자기 세계에만 고립되는 현상을 말한다.

**   echo chambers: 한 가지 소리만 듣고 다른 소리를 듣지 않는 폐쇄적인 커뮤니케이션 형태를 뜻한다.

요해졌다. 유튜브는 유튜브의 다양성과 '변화를 추구하는 창작자들Creators for Change' 프로그램과 같은 진보적인 사회 변화 기획을 자랑스러워하는데, 이 프로그램은 다양한, 여러 나라의 유튜버들을 진보적인 대의와 연결하고 서로를 연결한다.[2] 그러나, 앞선 장에서 논의했듯이, 유튜브의 인기라는 논리와, 페이스북의 뉴스피드의 사례와 같이 그것들을 측정하는 방법은 다른 모든 것보다도 소란과 논란을 우선시해서 계속해서 보상을 주게 될 수도 있다.

세계화와 현지화

상호 매개와 비상호 매개, 세계화와 현지화, 사회적 발견과 개인의 특성을 발견하는 알고리듬(Burgess, 2015)과 같은 변화가 일어난 지난 10년은 유튜브가 (놀랍도록 새로운 관점들과 마주치게 되는) 더 세계적인 매체 환경을 가능케 할 것이냐 또는 (기존 취향, 사회 세계, 의견에 맞는 내용만 모여서 강화되는) 계속 축소되는 '필터 버블'인가라는 문제를 제기했다(Flaxman, et al., 2016). 세계화와 현지화가 상호 경쟁하는 역동성은 여기서 특히 중요한 측면이다.

사진 공유 웹사이트인 플리커의 공동 창립자인 스튜어트 버터필드Stewart Butterfield는 '세계의 눈the eyes of the world'이라는 문구에서 예전의 웹 2.0 성공담에 대한 회사의 비전을 다음과 같이 요약했다.

그 자체로 예술이라고도 볼 수도 있으나, 사진을 친구들과 가족과 연락할 수 있는 수단, '개인적인 공표'나 친밀한 작은 집단 안에서 공유하는 수단으로 이용할 수 있다. 이것은 (실질적으로 무엇이 사진 산업을 이끌어가는가를 이해할 수 있는) '기억 보존'을 포함하지만, 사람들을 서로 연결하는 짧은 순간(ephemera)을 포함하기도 한다. 새로 머리했는데 마음에 들어? 이 신발 사는 게 좋을까? 어머?

출근길에 내가 엄청난 것을 봤어! 그것은 당신이 누가 누구와 함께 어디에 갔는지, 휴가는 어땠는지, 오늘까지 아기가 얼마나 자랐는지, 모든 것이 지금 일어나는 것처럼…. 그리고 가장 극적인 것은, 플리커는 당신이 절대로 볼 수 없었던 것들을 볼 수 있는 창, 심지어 당신이 절대로 만날 일이 없었던 사람들의 관점에서 볼 수 있는 창이 될 것이다(Butterfield, 2006).

버터필드의 설명은 개인적인 소비, 사회적 친밀함, 일상 창의성을 세계적인 문화 간 커뮤니케이션과 연결하는데, 이들은 모두 개인적인 사진을 공유함으로써 이루어진다. 플리커가 '세계의 눈'이 되려고 했다면, 유튜브는 눈과 귀가 될 운명이었을까? 유튜브는 인터넷과 같은 의미로 '세계적'이다. 세상 어디에서든 접속할 수 있고, 이는 수많은 나라에서 콘텐츠 여과 장치와 매체 통제 프레임과 충돌하게 된다. 제작자, 배급사, 소비자의 지리적 위치는 떨어져 있지만, 그 경계를 실질적으로 가로지르게 되는 것은 바로 세계화 때문이다.

우리가 유튜브의 가장 인기 있는 콘텐츠에 대한 조사를 시작한 2007년에는 전 세계에 유튜브는 하나밖에 없었다. 데이터 수집을 마친 뒤 얼마 되지 않은 2007년 6월에, 유튜브 플랫폼은 브라질, 프랑스, 아일랜드, 이탈리아, 일본, 네덜란드, 폴란드, 스페인, 영국에서 각국의 고유한 도메인을 시작하면서(브라질의 경우 youtube.br) 지역별 유튜브 서비스를 개시했다(Suciu, 2007). 2008년 중반에 이르러 약간 다른 유튜브 버전이 독일, 호주, 캐나다, 영국, 아일랜드, 뉴질랜드, 스페인, 멕시코, 프랑스, 이탈리아, 중국, 일본, 네덜란드, 폴란드, 브라질, 러시아, 홍콩, 타이완에 도입되었다. 2017년에 이르러서는 90개국 버전이 있다. 처음에는, 유튜브 웹사이트를 방문할 때, 사용자는 웹사이트에서 그 나라 국기로 표현되는 옵션이 있는 현지화 메뉴에서 선택해서 현지화된 버전을 선택할 수 있었다. 콘텐츠는 해당 지역에 맞춰

져 있었고, 사용자의 지리적 지역에 맞춰서 '관련이 있는' 검색 결과를 돌려
주고, 그 나라 특유의 영상 순위와 댓글 들을 제공했다. 2008년 4월에는,
사용자가 보고 싶은 특정 국가 버전을 선택하고, 사용 언어는 따로 선택할
수 있었는데, 이는 어떤 나라 버전이든 가능한 모든 언어로 볼 수 있음을 의
미했다. 국가 지정을 '세계global'로 할 수도 있었는데, 이 경우 초기 자동 설
정으로 미국으로 지정되었다. 스마트폰을 이용해서 유튜브를 소비하게 됨
에 따라, 유튜브 앱과 웹사이트는 각 사용자가 사는 현지에 맞는 콘텐츠를
전시하도록 자동 설정되었다. 2017년 9월, 호주에서 YouTube.com 홈페
이지를 방문하면, 호주 버전이 뜨는데, 그 페이지의 오른쪽 상단 구석에 있
는 새로 디자인한 유튜브 로고 위에 호주 도메인 'AU' 표시가 작게 나타난
다. 2017년 10월, 사용자 계정 설정으로 가서 그 페이지의 밑부분으로 커서
를 내리면, 자동 설정 언어와 콘텐츠 지역의 설정을 바꿀 수 있다.[3] 그러나
사용자가 언어와 지역 설정을 바꾸더라도 유튜브가 다양한 국제 시장과 관
련해서 콘텐츠 보유자와 체결한 라이선스 계약의 결과인 지리적 제한 범위
를 벗어날 수는 없다.

우리의 2008년 연구에서, 현지화의 도입에 대한 공동체의 대응은 드물었
고 대체로 그에 대해 관심도 없었고, 그런 움직임과 관련된 항의 영상은 찾
기 어려웠다. 불평은 대개 어떤 나라들은 아직 그 프로그램에 포함되지 않
아서 그들의 경험이 다른 나라로 자동 설정된다는 것이었다. 특히 이런 불
평은 주로 호주와 캐나다와 같은 영어권 국가들로부터 나왔는데, 이들은
자기들이 영국과 미국이 확장된 지역으로 포함되는 것에 대해 분통을 터트
렸다. 항의하지 않은 이들은 영국 깃발이나 [이런 항의로 인해 유튜브 회사가
'지구(globe)' 표시로 바꾸기 전까지는 '자동적'으로 유튜브 웹사이트의 세계 버전을
표시하는 데 사용되었던] 미국 깃발 중 하나를 선택해야 한다는 것에 대해 분
노했을 뿐만 아니라, 각 나라에 현지화된 유튜브 버전을 요구해야 한다고

느꼈는데, 이는 일종의 '나도 인정해 달라me too-ism'는 입장이었다. 실제로, 이 책을 위한 연구를 했던 시기에, 회사의 결정과 관련해서 문화 다양성과 세계화라는 쟁점의 제기와 가장 근접한 유일하면서 유명한 논란은 유튜브가 오직 백인 참여자들로만 '공동체 위원회'를 구성했다는 점이었다. 그때조차도, '공동체 위원회'가 북아메리카 사람들이 대다수였다는 점을 이 논쟁에 참여한 많은 이들이 인식하지 못했다.

세게프Elad Segev, 아히투프Nid Ahituv, 바질라이-나혼Karine Barzilai-Nahon은 다양한 지역 시장을 가로지르는 MSN과 야후!의 홈페이지에 관한 비교 연구(2007)에서, 미국 웹사이트 방문자들이 덜 '세계적인' 콘텐츠를 접하는 것에 대해 우려하는 것이 지역별 웹사이트에서 미국 콘텐츠가 지배적이라는 점을 우려하는 것과 마찬가지로 중요하다고 주장했는데, 이는 탁월한 선견지명이었다. 문화 정치 관점에서, 현지화가 다른 문화와 마주치는 것을 필수적인 것으로 간주하는 세계적 문화 시민권에 좋은 것인지는 의문의 여지가 있다. 사실, 그런 기준에서, 그들의 외부 세계에 관한 '내향적인' 관여 방식 때문에(Rose, 2005), 아마도 미국에 근거한 유튜브 참여자들은 다른 나라 참여자들이 '현지화된' 유튜브가 필요한 것보다 더 세계화된 유튜브가 필요했었다. 미국과 다른 영어권 사용자들이 내향적인 언어 사용자들이자 문화 소비자들이지만, 리처드 로즈Richard Rose는 영어 이외의 다른 언어 사용자들이 일반적으로 더 세계적이라고 주장한다. 그가 보기에 영어 이외 다른 언어 사용자가 더 세계적이라는 점은 세계화라는 맥락에서 '소프트 파워'가 중요하게 성장하는 형태라는 점을 의미한다.

그 이후, 세계적으로 지역별 유튜브 '풍경'이 유튜브의 영향과 인재가 필요한 MCN들의 참여와 더불어 조직적으로 부상했다(예컨대, 인도 유튜브에서는 연예 생태계와 현지 정치, 두 부문 모두와 연결된다. Kumar, 2016; Punathambekar, 2015 참조). 그러나, 대체로 현지화는 혼란스럽게 네트워크화된 세계주의로부터 발생한 일반적인 경향이며, 소셜 미디어가 플랫폼으로 바뀌면서 인터넷이 분열되고 재영토화re-territorialisation되는 일반적인 경향이다. 이는 개인화와 현지화를 수반하는 구글/유튜브가 일조한 모든 경향이다. (서구에서는 단순히 이국적인 아시아의 신인이 등장했다는 것보다는 좀 더 위라고 해석할 수 있는)「강남 스타일」과 같이 엄청난 스타를 뛰어넘은 국제적으로 크게 확산된 히트곡들이 등장했기에 서구와 영어권 사용자들이 온라인 영상을 보는 자기 경험에서만 자기 주변의 문화적 차이를 접하는 것은 아니게 되었다.

물론, 현지화는 각국의 법과 제도를 더 잘 준수할 것을 요구할 수도 있다. 이는 유튜브와 모회사 구글/알파벳 모두에게 계속 고민거리이다. 유튜브는 중국에서 사용할 수 없고 튀르키예에서 정치적인 이유로 금지되는 경우도 있다. 동아시아와 같이 강력한 현지 콘텐츠 전통과 발전된 디지털 기술이 있는 나라들은 일반적으로 미국 소셜 미디어를 받아들이지 않아서 유튜브가 적극적인 마케팅 전략을 구사했음에도 불구하고 그 영향력이 그리 크지 않았다. 페이스북과 같은 소셜 미디어 플랫폼과 구글을 포함한 다른 거대 콘텐츠 매개자들과 마찬가지로, 유튜브는 (세계적인 확산을 포함하는) 자사의 사업 이익과 그와 충돌할 수도 있는 다양한 각국의 규제 구조 사이에 조화를 유지하는 동시에 이데올로기적으로는 특히 미국-중심적인 표현의 자유를 고수하면서, 보편적인 접근성에 입각한 브랜드 이미지를 유지한다. (음악 산업이나 텔레비전 네트워크와 같은 기업형 콘텐츠 제공자들에게 중요한 문제인) 특정 콘텐츠를 접근할 수 있는 어느 '시장'을 통제하거나 특정 국가의 콘텐츠의 규제와 검열 체제를 검색할 필요성을 둘러싸고 긴장이 야기된다. 예컨대 독일에서는 혐오 발언이나 네오 나치 이미지에 관한 강력한 규제 방안을 준수한다. 이런 긴장이 해소되는 방식 중 하나는 콘텐츠-특화된 지리-지역geo-local 여과 장치를 선별적으로 사용하는 것이다. 광고주와 친한 관계도 유지해야 하기에 상황은 영상으로 수익을 올리는 채널들뿐만 아니라 전체 유튜브 플랫폼 차원에서도 더욱 복잡해진다.

유튜브는 점차 자동화 기술을 도입해서 광범위한 콘텐츠 여과와 삭제 정책을 점진적으로 도입해 왔다. 그래서 세계적인 문화 공적 영역을 효과적으로 구성하고 재구성했는데, 이런 결정의 상세한 부분 또는 그런 결정을 내리게 된 이유를 공개할 체계적인, 위임받은 책임은 지지 않았다. 사용자로서 우리는 영문도 모른 채 "이 영상은 당신 나라에서 볼 수 없습니다" 또는 단순히 "이 영상은 이용할 수 없습니다"라는 수수께끼 같은 메시지를 보는 등, 이유를 알 수 없지만 접근할 수 없는 영상과 불완전한 검색 결과에 갑자기 직면해야 했다. 연구자가 삭제나 지리-지역 여과 장치 패턴을 확인할 수 있는 새로운 과학적 디지털 조사 연구 방법이 도입되고, 투명성을 요구하는 정책적 압력이 증가하면서 이런 사안에 어떤 변화가 생길 수도 있다. 그러나 플랫폼 관리는 모든 디지털 매체와 소셜 미디어 플랫폼이 직면한 점점 더 중요해지는 도전이 된다.

문화 저장고로서 유튜브

어른들에게 "당신이 유튜브에서 보는 프로그램은 무엇인가요?"라고 물으면, 그들은 옛날 뮤직비디오, 거의 기억도 못 하는 예전 TV 광고, 또는 〈세서미 스트리트Sesame Street〉의 영상이라고 말한다. 그들은 어린 시절이나 청년 시절의 기억을 되살리며, 관련된 영상들이나 키워드를 검색하고, 그들이 영원히 잃어버렸던 것으로 생각했던 미디어의 순간들을 발견한다. 대다수 유튜브 수용자가 음악 때문에 방문하지만, 76%는 새로운 음악을 찾기보다는 이미 익숙한 음악을 소비한다는 것을 알고 있다(McIntyre, 2017). 이 점을 통해 유튜브를 중요하고 폭넓게 대안적으로 사용하는 법, 이 현상의 함의에 관한 논의에서 그리 자주 다루지 않은 점을 알게 된다. 그것은 문화 저장고로서 유튜브를 활용하는 것이다.

당신은 유튜브에서 볼 수 있는 오래된 자료들을 더 찾아보기도 전에 이미 충분히 과거에 대한 향수를 만끽할 수 있다. 거대 음반 회사는 (팬들이 유튜브 플랫폼에 올리지 못하도록 압력을 가하면서) 작품 목록에 영상을 올림으로써 저장고를 더 풍부하게 만들었고, HBO, BBC, ABC^{Australian Broadcasting Corporation}와 같은 케이블 텔레비전이나 무료 지상파 방송국은 자사 보관실에서 자료들을 올리기도 하고, 유튜브 플랫폼을 이용해서 최신 프로그램을 교차 홍보하기도 한다. 그러나 오래된 광고, 정보성 광고, 공적 교육 자료, 다큐멘터리 영화, 아동용 프로그램의 일부 영상들과 같은, 유튜브에 있는 문화적 단편 영상들의 거대하고 다양한 저장고는 그 대부분이 아마추어 수집가와 텔레비전 큐레이터 들이 각고의 노력을 기울인 결과물이다. 이들은 자기 집 차고에 쌓아놓은 비디오테이프들을 꺼내서 디지털로 전환해서 유튜브에 올리고, 그 영상들에 태그와 설명을 붙이고, 채널이나 재생 목록을 배열했다. 프로-아마추어 수집가들, 보관자들, 큐레이터들의 실천이 유튜브를 문화 저장고로 건설하는 데 일조한 것은 사실이다. 그러나 그들의 노력이 없었어도, 유튜브는 그렇게 하려고 의도하지는 않았지만 현재 사용되는 방식으로 진화해 왔다. 사실, 저장고로서 유튜브의 지위는 (이제는 사라진) 악명 높은 유인책인 '당신 자신을 방송하라'보다 유튜브 플랫폼이 이제는 폐기한 '당신의 디지털 동영상 창고' 태그라인과 더 잘 어울린다.

개인적인 열정과 독특한 관심을 지닌 수천 명 이상의 사용자들이 한 이런 집단 행위로 인해 거대하고 다양한 자료로부터 동시대 문화의 생생한 저장고가 탄생했다. 유튜브 사용자들은 은퇴하거나 사망한 동영상블로거를 추모하고, 이제는 고전이 된 유명한 바이럴 영상들을 편집하고 재편집하는 등, 그들 자신의 역사를 보존하고 보관하는 작업에 적극적으로 관여한다. 유튜브는 오래된 영상 콘텐츠의 창고일 뿐만 아니라, 그보다 훨씬 중요한 어떤 것이 되었다. 유튜브는 이제 인터넷 대중문화의 생생하고 앞으로도 계속 성장할 기록이다. 그것은 거대하고, 이질적이지만, 대부분 우연적이고 질서가 잡히지 않은, 그리고 더욱 불안정해지는 공적 저장고이다.

저장고로서 유튜브라는 발상은 공공 도서관이나 박물관과 같은 국립 문화 보존 기관들이 하는 매우 구체적인 목적이 있고 고도로 특화된 실천을 보완하기 때문에 문화유산의 보존 측면에서도 중요하다. 그리고 최종 사용자들의 관여와 크라우드소싱* 행위에 점점 더 관여하고 역할이 변하기도 한 매체 기업과 방송사에게도 유튜브는 중요하다. 이런 가능성을 고려한 초기 학자는 캐런 F. 그레이시Karen F. Gracy였다. 그녀는 도서관학 학술지에 기고한 논문에서 유튜브를 문화 기관들이 하는 역할을 하는, 여과 장치가 없는 상향식 문화 저장고로서의 가능성을 고려했다(2007).

문화 기관들이 수집한 자료들을 전시 기획할 권위를 가지고 있지 않다면, 여기서 내가 전시 기획이라는 말에서 의미하는 바는 획득, 감정, 설명, 처분 행위를 통해 수집한 자료를 관리하고, 그 기관들이 관여하는 기타 모든 과정들이다. 사회에서 그 기관들이 하는 역할은 무엇이고, 문화유산과 관련된 역할은 무엇이란 말인가?(Gracy, 2007: 184)

앨런 매키Alan McKee는 유튜브와 호주 국립 영화 및 음향 자료원Australian National Film and Sound Archive을 비교 분석했다(2011). 이 연구에서 그는 유튜브와 자료원이 모두 호주 텔레비전의 역사적으로 중요한 순간들을 잘 제공하

---

*   crowdsourcing: 생산과 서비스 과정에 소비자나 일반 대중을 참여하게 해 아이디어를 얻고, 이를 기업 활동에 활용하는 방식이다. 여러 사람이 인터넷을 통해 소액의 자금을 투자하는 크라우드펀딩(crowdfunding)은 크라우드소싱의 하위 개념이다.

고 있지만, 유튜브가 주요한 장면과 등장인물 들에 집중함으로써 '대중의 저장고'라고 간주할 만한 시청각 자료들을 포착하는 반면에, 공식 기관은 자체 기관의 논리에 따라 자료를 수집한다는 점을 발견했다. 이것의 함의 는 공식 기관 저장고와 대중의 저장고 모두 확실히 채우지 못한 어떤 공백 이 있다는 것이고, 전문적인 기록관, 도서관 사서, 학예사 들(그리고 공영 방 송 종사자들)이 그들 조직의 사명을 수행하기 위해서 유튜브와 더불어 혹은 유튜브 안에서 작업하는 행위를 지지해야 한다는 것이다.

다른 한편, 공적 의무와 국가-기반 의무와 연계하지 않으면서 문화 기관 의 일부 기능을 차지하는 상업적인 활용 가능성에 대해서 그리 진지하게 고 려하지 않았다(심지어 의도하지 않았거나 부수 이익을 얻는 상황이 발생해도 말이 다). 기록 보관사인 릭 프렐링어Rick Prelinger는 유튜브의 경우에서 볼 수 있는 것처럼 우연히 이런 저장고를 생산한 기반 시설을 제공하리라고 기대하지 도 않았던 사람들이 전문적인 기록관과 그 상위 기관을 구속하는 "지속성, 소유권, 기준, 유지 가능성, 또는 책무와 같은 문제에 아무런 구애를 받지 않 았다"라고 주장한다(2007). 유튜브는 이런 서비스를 공적 이익보다는 상업 적인 이익에 입각해서 제공하기 때문에, 저장 서비스를 제공하는 유튜브 회 사가 수익성이 없는 데이터를 보관할 의무는 없다. 로버트 겔Robert Gehl이 주 장했듯이, 유튜브는 이런 목적으로 설계되지 않았다(2009). 사실, 저작권 논 리가 승리한다면, 어떤 경우에는 유튜브 플랫폼의 설계와 원안은 기록 저장 의 가능성, 특히 영상 자체의 저장 가능성에 불리하게 작용한다.

그런 도전은 훨씬 더 폭넓은 인터넷 아카이브 프로젝트와 이 프로젝트의 '웨이백 머신Wayback Machine' 개발을 위한 동기에서 나타났다. '웨이백 머신' 은 가능한 많은 웹사이트에서 반복적으로 나타나는 역사적 '스냅숏snapshot' 들을 활용할 수 있게 만들었다. 웨이백 머신은 이 책의 준비 과정과 많은 다른 인터넷과 플랫폼 연구 프로젝트에 많은 도움이 되었다. 그러나 웨이백 머신의 기능성과 유용성은 점점 더 풍부한 매체 콘텐츠와 역동적인 웹 기술의 도전에 직면하게 되었다. 플랫폼으로서 유튜브는 웹의 역사의 중요한 방법론적 도전과 결합되었다(Brügger, 2007). 저작권법이나 유튜브의 사용 조건과 같은 법적 제약 때문에, 미국 의회 도서관Library of Congress이나 그에 상응하는 다른 나라의 유사 기관들과 같은 문화 기관들이 유튜브에 나타난 자료들을 다시 보관할 수 있는 간단한 방법은 없다. 대중 매체 문화를 보관하는 것은 그 자체로 중요하지만, 유튜브의 목격 영상이 갈등과 인권 침해 사례를 기록하는 역할과 불균등한 (혹은 고의적으로 재구성한) 집단 기억이 역사와 정의에 지니는 중요성 때문에(Smit et al., 2017) 이런 도전은 중요한 것이라고 간주되었다. 이와 관련해서 (머신 러닝과 수작업으로 하는 경고 표시와 제거를 결합함으로써 작동하는) 유튜브의 공동체 지침으로 인해 폭력적인 콘텐츠나 그 밖에 역사적으로 중요할 수도 있는 '부적절한' 콘텐츠가 삭제되는 것을 자주 보게 되었다. 그리고 ≪와이어드Wired≫의 스코트 에드워즈Scott Edwards가 주장했듯이(2017) 이런 제거는 '정의 구현을 저해'할 수도 있었다. 유튜브가 폭력적이라고 경고 표시를 해서 제거했다가 인권 옹호 단체들로부터 항의와 자문을 받은 후, 나중에 복구한 '시리아 내전' 관련 영상이 바로 이 사례이다(O'Brien, 2017). 그러나 우리 사회가 공공 기록을 유지하기 위해 페이스북, 유튜브, 또는 트위터에 의존하고 있다는 발상은 재고할 필요가 있다. 유튜브가 '우연적인' 저장고로서 중요한 공적 가치를 제공할 수도 있지만, 유튜브가 공익을 위해 이런 저장 품목들을 보존, 보관, 전시 기획하는 진지한 책임을 져야 하는가라는 질문은 아직 해결이 요원하더라도 계속 제기되고 있다.

6장

유튜브의 상충되는 미래

이제는 누가 미안한가?

이 책의 초판을 쓰고 있던 2008년 초에 호주가 세계적인 주목을 받게 된 두 개의 복합적인 매체 이벤트가 있었다. 하나는 명백히 사소하고 어리석은 것이었다. 다른 하나는 중요한 것, 아니 중요한 것이어야 했다. 그 당시에 유튜브와 더 폭넓은 매체 환경을 통해 그 사건이 알려지는 방식의 차이로 인해 그것이 보여준 더 폭넓은 매체 문화의 형성 방식인 '두 개의 유튜브'와 이것이 디지털 문화의 미래에 의미하는 것 사이에 지속적인 긴장이 있다는 것에 대해 생각해 볼 수 있었다.

2008년 1월, 멜버른Melbourne에 사는 16세 청소년 코리 워딩턴Corey Worthington은 부모가 집을 비운 새 파티를 여는 동안 벌어진 대소동으로 신문의 일면을 장식했고, 그는 이를 수치스러운지도 모르고 마이스페이스와 페이스북으로 광고했는데 이것이 이내 통제할 수 없게 되었다(Hastie, 2008; Hughes, 2008). 이 일은 주류 매체가 주목한 뉴스가 되었는데 그것은 딱 맞는 타깃들을 다 건드렸기 때문이다. 청년의 도덕에 대한 평소의 우려, 특히 마이스페이스와 페이스북과 같은 그 당시에 '소셜 네트워크'라고 불렸던 것들과 관련된 나르시시즘과 자기현시에 대한 평소의 우려와도 관련이 있다. 호주의 텔레비전 시사 프로그램 〈커런트 어페어〉에서 다룬 이 코너는 (비공식적으로) '사상 최고의 길거리 파티 — 부모라면 반드시 알아야 한다Best Street Party Ever — Parents Yet to Find Out'라는 제목이 달려 유튜브에 올라왔고, 2017년 9월에는 420만 시청 횟수를 기록했다.[1]

이 코너에서 인터뷰를 할 때 대중의 공분을 자아낼 정도로 후회하지 않는 워딩턴의 행태는 카메라에 그대로 담겼고(모피 털이 달린 얼룩무늬 후디를 걸치고 상체를 드러내고, 젖꼭지 피어싱과 밝은 노란색 선글라스를 낀 모습으로 나타났다), 그 코너의 호스트와 함께 난감한 상황에 빠지게 되었다. 여기서 호스트는 부모와 같은 '도덕적인 보호자' 역할을 하고, 워딩턴이 훈계를 받고 창피해하는 어린 양과 같은 역할을 하게끔 하려고 시도했다. 워딩턴은 그 역할을 거부해서 유명해졌고, 텔레비전 시사 프로그램(더 나아가서 주류 매체들)이 유튜브 사용자나 마이스페이스 회원 들보다 더 많은 권위가 있다는 사고에 대한 경멸감을 드러냈다. 그는 반항을 계속하면 유튜브 사용자나 마이스페이스 회원 들이 이런 장난을 더 재미있어 할 것이라는 점을 이미 알고 있는 듯했다(Ramadge, 2008). 그리고 그들은 재미있어 했다. 장난은 장난을 낳았고, 그가 선글라스를 벗기를 거부하고 사과를 거부한 영상이 웹, 특히 유튜브에서 엄청난 인기를 끌면서 유통되었다. 순식간에 패러디 영상과 밈 들이 급증했다. 이제는 악명 높아진 코리의 노란색 선글라스에 주목하거나 '그거 나 아니에요It wasn't me'와 같은 코리와 관련된 슬로건들과 유명인 사진들을 섞어놓은 10대 전용 '파티 플래너'라는 풍자 웹사이트들이 등장했다. 그러나 또 다른 웹사이트는 방문자들이 그 못된 10대가 정신이 번쩍 나게끔 뺨을 때릴 수 있게 하는 게임을 올려놓았다. 워딩턴의 마이스페이스 페이지가 없어진 이후, 랜덤 브레인웨이브Random Brainwave의 '존 서네임 John Surname'은 가짜 마이스페이스 페이지를 만들어서 진짜 파티 초대 같이 위장한 조작된 영상을 올려놓았다. 존 서네임은 주류 매체들이 그 영상을 사건 보도의 일부로 포함시켜서 소동이 계속되리라고 기대한다는 점을 충분히 숙지하고 있었다.[2] 설상가상, 영국의 〈채널 4 뉴스Channel 4 News〉가 이 스캔들을 보도하면서 가짜 초대 영상을 자료 화면으로 방영했을 때, 이것이 장난이라는 것을 잘 알고 있었던 사람들은 희희낙락했었다.[3] 폭스 뉴스가 그 영상 클립들을 유튜브 채널 '블래스트The Blast'에 추가하면서 유튜브에서는 이런 식으로 이 사건과, 웹 문화, 주류 매체 사이에서 피드백의 순환이 증폭되었고,[4] 이 현상은 더 많은 미국 수용자들의 주목을 끌었다.

한편, 이 사건은 주류 매체, 특히 상업 방송국의 시사 프로그램들이 최근

부상한 인터넷 밈 문화의 일상성, 그리고 대중적인 웹의 어두운 면을 특징 짓는 장난, 아이러니, 양면성을 따라잡지 못하고 있음을 보여주었다. 다른 한편, 소셜 미디어 참여자들이 주류 매체 종사자들보다 (청년, 위험, 도덕적 공황의) 담론과 시사 문제의 포맷 양 측면에서 훨씬 더 뛰어난 문해력을 가지고 있다는 것을 보여주었다. 그들은 자기들의 소셜 네트워크와 디지털 매체 플랫폼의 급속한 확산성을 이용해서 그것들을 뒤집고 동원할 수 있었다. 그러나 이 모든 것 이면에 있는 윤리는 바로 트롤 짓의 본질이었다. 또는 오노레 드 발자크Honoré de Balzac가 그의 소설 「관료들The Bureaucrats; Les Employes」 (1993〔1891〕)에서 '장난을 위한 장난'이라고 설명한 것이었다. 발자크는 '이 기주의자'의 성격을 묘사했다. "해로운 장난을 치는 것으로 유명했고, 교활하고, 공격적이며, 지각없이 행동했다. 그리고 그는 장난을 위한 장난을 쳤다. 무엇보다도, 그는 약자를 공격했고, 그 무엇도 존중하지 않으며, 아무 것도 믿지 않았다…"(1993: 96). 이 문구가 요즘 시대하고 딱 들어맞는 것은 아니지만, 코리 워딩턴의 매체상의 페르소나와 그의 '지지자' 무리가 전개한 담론에 대해서는 이상하게도 잘 맞는 묘사이다. 그리고 이는 소셜 미디어의 '유해한 테크노문화'의 풍조와 통하는데(Massanari, 2017), 이 유해한 테크노문화는 그 당시의 4챈과 같은 언더그라운드 메시지 보드와 연결되었고, 지금은 주류 소셜 미디어 문화에서 훨씬 더 눈에 잘 띄는 트롤 하위문화도 포함한다(Phillips, 2015).

2008년 2월 13일에는 이와는 완전히 다른 매체 이벤트가 있었다. 이날은 호주 수상 케빈 러드Kevin Rudd가 호주의 원주민, 특히 도둑맞은 세대the Stolen Generation에게 공식적인 사과를 하면서 국회를 개회한 날이다. 이 사건은 발생한 지 수 세기가 지났고 진작 사과했어야 했다. 그전 호주 선거에서 가장 큰 쟁점 중 하나였고, 몇 달 전에 치른 연방 선거를 제외하면 호주의 문화 공적 영역에서 가장 중요하고, 광범위하게 공유된 경험 중 하나였다. 그 자체로, 수상의 연설은 단순히 '말하기'일 뿐만 아니라, (최소한 수행 측면에서) 듣기이기도 했다(Dreher, 2009). 의미 있는 공식 사과는 이전 정부들의 말살 정책의 영향을 받은 수백 명의 사연에 대한 공감이 있고 나서야 나왔다. 그 사연들은 지난 수십 년 동안 꾸준히 등장했고, 그 공식 행사가 더 자세하게 다루었기에 마침내 마땅히 보도해야 할 매체의 주목을 얻었다. 그날이 오자, 하원에서 열린 이 연설은 호주 국립 방송국인 ABC를 통해 생중계되었다. 역설적이게도, 공식 사과가 있던 날 저녁에 유튜브에서 '호주'와 '사과'라는 키워드의 결합으로 검색한 결과, 1위를 차지한 것은 코리 워딩턴이 자기 행동에 대한 사과를 거부한 것을 보여준 〈커런트 어페어〉의 영상 클립이었다.

결국, ABC의 전체 방송 영상이 유튜브에 올라왔고, 그날 시청 횟수는 수백회를 기록했다. 그다음, 24시간에서 48시간이 지난 후에, 호주 유튜브에서 그와 관련된 영상들의 시청 횟수가 천천히 올라갔고, 관련된 영상들이 등장하기 시작했다. 그 경우에 집단적으로 대응해서 (수용자가 관여해서) 올린 이런 종류의 영상들은 유튜브의 일반적인 다양한 사용법을 썩 잘 요약해서 보여준다. 이 영상들은 그 사건을 당시에 보지 못했던 사람들을 위해 방송 내용을 직접 올린 것이거나 다음 세대를 위해 남기는 기록을 포함했다. 그 방송 영상의 '가장 좋은 부분'이 담긴 영상들인데, 이는 3장에서 논의한 '인용'과 '따라 잡을' 수 있는 기능을 제공한다. 그 사건에 대한 개인의 관점과 감정적 반응을 표현하기 위해서 그 연설의 음성을 이용하고 사용자가 만든 댓글과 이미지를 섞어서 만든 다양한 사용자 창작 콘텐츠가 만들어졌다. 그리고 그 사과에 대한 개인적 관점과 의견을 제공하는 브이로그들이 필연적으로 등장했다. 이 영상들에 대한 문자 댓글들은 유튜브에서 나타나는 정치적 관여 특유의 문화를 반영한다. 이 댓글들은 일반적으로 감정적이고, '찬반'으로 갈리는 수사로 가득 차는 특징이 있는데, 여기서 노골적인 인종주의와 그 수준에 맞는 어설픈 설교가 충돌하기도 한다. 정보가 더 많은, 미묘한, 혹은 신중한 관점들이 지분을 확보하려고 각축을 벌인다.

　주류 매체와 공생하는 유튜브 문화에 지대한 영향을 끼친 이 미디어 이벤트는 둘 다 참여 문화의 상반된 두 전망을 암시했다. 각 전망은 특이한 '공적 글쓰기의 진동'을 표현했다(Hartley, 2008a). 한편으로는, 특별한 목적이 없는 단지 재미를 위한 전복이지만 '바이러스처럼 퍼지는' 웹 문화의 놀라운 속도와 창의성을 보여준다. 반면에, 그것은 대화, 자기-매개적인 재현, 그리고 (상호 존중에 바탕을 두고 구조화될 수 있는 것만큼이나 상호 무시와 적대가 될 수도 있는) 차이와 마주치는 것이 대중적 차원에서 발생할 수 있는 문화 공적 영역이지만, '바이러스처럼 퍼지는' 문화가 보여주는 것보다 공식적인 공적 문화에서는 역동성과 독립성이 눈에 띄게 적게 나타난다. 러드 수상의 연설은 2017년 10월에 유튜브에서 50만 회 이하의 시청 횟수를 기록했다. 〈커런트 어페어〉의 코리 워딩턴의 막 나가는 파티 영상 클립은 400만 회 이상을 기록했다.

　2015년에, 태도가 달라진 코리 워딩턴이 호주 아침 텔레비전 토크쇼 〈스튜디오 10Studio 10〉에 '코리 워딩턴이 나아졌다Corey Worthington Makes Good'라는 제목을 단 코너에 초대 손님으로 출연했다. 그리고 좀 성숙해지긴 했지만, 그는 여전히 그 악명 높은 노란색 선글라스를 과시하고 있었다.[5] 그러나, 워딩턴이 성숙해졌을지는 모르지만, 유튜브는 여전히 비교적 온순한 트롤 짓과 체계적인 괴롭힘과 학대라는 특징이 있는 일상 인터넷 문화 형태가 생겨날 가능성이 높은 기반이다. 전과 마찬가지로, 상호작용, 드라마 같은 사건들, 미디어의 보도가 발생한다. 그전과 다른 점은 2017년에 이르러서는 그 드라마 같은 사건들이 이제는 돈벌이도 더 잘된다는 것이다. 선정적인 타블로이드 텔레비전의 시사 프로그램뿐만 아니라 유튜브와 그 주인공들 자신에 의해서도 수익성은 높아지고, 미시유명인microcelebrity들은 이제 더 이상 '미시적이지도' 않고 반짝 유명세만 누리는 것도 아니다.

2017년의 뉴스 중 이런 예를 하나 들자면, 열 살이 되기도 전에 이미 바인과 유튜브에서 스타였던 제이크 폴Jake Paul은 스무 살이 되자 디즈니Disney의 〈비자드바크Bizaardvark〉라는 MTV 스타일의 코미디 페이크 리얼리티쇼에 코믹한 캐릭터로 등장하는 계약을 맺었다. 이 쇼에서 그의 캐릭터는 온라인 영상 공유 네트워크인 (유튜브와 비슷한) 부우글Vuuugle의 스타이며 공유주택에 그의 크루들과 함께 살면서 크고 작은 사고를 치는 현실의 자기와 비슷한 스타였다. 그러나 실제 생활에서 폴은 그의 가짜 나쁜 남자 이미지를 너무 멀리 밀고 나갔고, 아무런 통제도 하지 않는 광란의 하우스 파티를 벌이고, 이웃집에 쓰레기를 투기해서, 결국 디즈니 계약이 해지되어 버렸다(Bradley, 2017). 그래서 ≪뉴욕 타임스≫의 조나 브롬위치Jonah Bromwich는 그를 "유튜브 세대의 리얼리티쇼 악당A Reality Villain for the YouTube Generation"이라고 불렀다(2017). 물론, 제이크 폴은 전혀 개의치 않았다. 그는 '팀 10Team 10'이라는 자가 다중채널 네트워크MCN를 가지고 있다. 여기서 그는 예술적 성취를 가식적으로 주창하지도 않고 진정성, 공동체의 세심한 균형 따위는 전혀 신경 쓰지 않는다. '주목 자체를 위한 주목'이 그의 사업 모델이다. 제이크만큼이나 악명 높은 그의 형제 로건Logan에게 제이크가 욕설이 난무하는 랩을 하는 영상('맨날 이러는 거지, 형제(It's Everyday Bro)')은 사상 최고로 혐오스러운 유튜브 동영상 중 하나가 되었는데,[6] 소셜 미디어 추종자들의 숫자 면에서 '카다시안을 이기자'*라는 그의 목표를 이루는 데 아무런 지장을 주지 않았다.

물론, 이 글을 쓸 때에도, 그는 여전히 그 파티에 대해 사과하지 않았다.

---

*   beat Kardashians: 미국 리얼리티쇼로 유명한 킴 카다시안(Kim Kardashian)과 그의 가족들을 지칭한다.

그러나 이 책의 3판을 쓰게 되면, 그의 악명은 워딩턴처럼 희미해지고 시들해질 것이다. 워딩턴의 영상은 이미 노 유어 밈*에만 등재되었을 뿐이다.[7]

생산적인 긴장, 계속되는 도전

유튜브는 많은 사람들이 엄청난 양의 영상 콘텐츠를 공유하고 소비하는 것 이상으로 그 미래가 어떻게 될지 모르는 상태에서 시작되었다. 이 상대적인 불충분한 결정 상태로 인해 유튜브 플랫폼의 상이한 사용법을 둘러싼 긴장이 발생했지만, 유튜브가 출범한 지 10년이 흐른 뒤에 나타난 사용량의 범위와 다양성, 장르, 형태, 수용자가 호스트 역할을 하는 관여 방식에서 혁신도 가능했다. 초기에 유튜브는 거대하고, 운영 방식이 느슨했고, 다양했는데, 이는 곧 콘텐츠, 문화, 공동체 측면에서 '해석 유연성'을 위한 조건을 만들어냈다(Burgess, 2015). 동시에, 이 '해석 유연성'으로 인해 유튜브 회사는 실행 가능한 현금화 전략을 끊임없이 추구하게 되었고, 항상 방송사와 음반 회사와 거래하면서 불확실한 줄다리기를 하면서도, 다른 한편으로는 아마추어 콘텐츠 창작자들을 꾸준히 초대해야 했다. 다른 플랫폼들처럼, 저작권과 사회적 행위, 혐오 발언을 둘러싼 압력을 받으면서도 유튜브는 중립적인 통신 회사이자 잘 관리하는 회사라는 이미지를 유지하려고 했다. 합법의 테두리 안에 머물려고 했지만, 사용자 공동체 안에서 불만의 목소리가 커지고 치명적인 수준에 도달하는 것을 막을 정도는 아니었다. 이 초기에, 유튜브 플랫폼은 특별한 사용 방식이나 시장을 목표로 삼지 않았기 때문에 성공했다. 그리고 다른 영상 공유 사이트들과 달리, 유튜브는 아마추어 콘텐츠 창작을 배제하려고 거대 매체 제작자들을 스카우트하지 않

---

*   Know Your Meme: 한때 유명했던 유튜브 영상들을 모아놓은 웹사이트이다.

았다. 이런 개방성, 규모, 다양성은 온라인 영상 시장에서 유튜브가 성공할 수 있는 원인이 되었지만, 유튜브 플랫폼의 의미, 사용 방식, 가능한 미래를 둘러싼 계속되고 점증하는 갈등의 원인이 되기도 했다.

유튜브의 미래에 관한 가장 큰 쟁점 중 하나는 광대역 폭 유지비용, 과밀한 온라인 영상 시장, 그리고 (2017년 10월에도 여전히 유지되는) '누구나' 영상을 유튜브에 올릴 수 있게 하는 상시적인 초대라는 조건에서 계속 유지될 수 있는, 수익성이 있는 성장이 가능한가 여부였다. (유튜브가 이미 성취한) 대량 대중화, 혁신, (장기적인 투자, 그리고 창작자와 수용자의 안정적이고, 충실하고, 사회적으로 기능하는 공동체가 필수적인) 유지 가능성 사이에 균형을 찾아야 하는 것도 중요한 도전일 것이다. 게다가, 가치의 공동 창작이라는 새로운 경제학으로 인해 사용자와 플랫폼 제공자 사이에 권력과 책임을 둘러싼 새로운 관계가 등장했고, 이는 플랫폼들을 불균등하게 계발하고 보호하는 것이었으며, 점점 더 규제와 관리상의 도전에 직면하게 되었다. 사용자의 공동 창작에 의존하는 모든 기업처럼, 유튜브는 변화하는 경쟁 상황과 기술 상황에 적응하고, 문화 다양성과 예술 다양성을 지지하고, 다양한 가치를 지닌 형태의 제작을 도우려고 작업하는 사용자 공동체의 대행자 역할을 존중하고, 국가-기반 규제라는 압력에 맞서면서, 성장의 규모와 비율을 유지할 수 있는 새로운 방법을 계속 찾아야 할 필요가 있었다.

유튜브의 경쟁적인 환경은 하나의 플랫폼으로서 성장한 과정에서 엄청난 변화를 겪었고, 온라인 영상 사업은 유튜브가 처음 시작되었을 때보다 2017년에 이르러 훨씬 더 복잡해지고 다양해졌다. 넷플릭스, 홀루, 아마존 Amazon과 같은 스마트 텔레비전이나 스트리밍 플랫폼 들, 그리고 미국 이외의 시장에 있는 이들과 비슷한 서비스들은 텔레비전과 다른 장편 프리미엄 콘텐츠의 새로운 형태와 새로운 소비 방식이 등장하는 것을 보게 되었다. 홀루는 프리미엄 텔레비전 방영의 선구자였고, 넷플릭스, 아마존, 그리고 다양한 국제 시장의 아날로그 플랫폼들이 뒤를 이었다. 이런 현상은 스트리밍 사업은 물론 오리지널 프로그램 사업에서도 나타났다. 바인은 짧고 반복되는 영상이라는 독특한 포맷으로 폭발적인 인기를 끌어서, 수많은 현대의 소셜 미디어 연예인의 경력을 시작하게 만들었다. 이 소셜 미디어 연예인들은 인스타그램, 스냅챗, 트위터, 페이스북, 트위치, 위챗과 같은 다른 플랫폼에서도 활발하게 활동한다.

유튜브는 최근에 유튜브 TV(주류 텔레비전 회사와 협력 관계를 맺고 제공하는 디지털 영상 녹화 기능이 있는 구독-기반 서비스)를 제공함으로써 프리미엄 콘텐츠 구독 모델을 도입했다. 유튜브 TV는 2017년 5월에 미국의 다섯 개 주요 도시에서 출시되었고 2017년 9월에는 추가로 여덟 개 도시로 확대되었다(Popper, 2017; Deahl, 2017). 영화 대여와 유튜브 레드를 포함한 구독 모델을 다양하게 반복하는 것에 머물지 않고, 유튜브 회사는 자체 프로그램 제작을 시도했다. 그렇게 함으로써 유튜브는 〔릴리 싱(Lilly Singh), 스모시, 지지고저스(GigiGorgeous), 퓨디파이와 같은〕 예전의 아마추어 스타 유튜버들을 콘텐츠 채널로 받아들여서 시청자를 끌어모으려 했다. 유튜브 회사는 자사가 완전히 소유하거나 통제할 수 없는 인재에 집중 투자했는데, 이 인재들이 지닌 개인 브랜드의 평판은 진정성과 관련이 있고, 혹은 어떤 경우에는 '신랄함'과 순응하지 않는 태도에 달려 있다.

유튜브가 정식으로 상업적인 관리 구조를 채택함에 따라, 유튜브는 공중과 광고주에게 유리하게 공동체와 기관의 사회 규범을 '운영'하라는 거센 압력에 대응해 왔다. 카일리 재럿Kylie Jarrett이 보기에, 이것이 바로 '당신 자신을 방송하라'는 원래 슬로건과 그 슬로건에 붙어 있던 트레이드마크 사이에 근본적인 기업적 충돌을 야기한 것이었다(2008). "역사적으로 유튜브를 구성했던 무정부적인, 자기-조직화된 체계가 유튜브 사이트의 경험성과 사업성의 근본적인 구성 요소이자 재정적으로 중요한 구성 요소이기에 공동체에 해로운 것은 회사에도 해롭다는 것"을 유튜브 회사가 인식하게 된 반면에, "이런 자유방임 입장과 그로 인한 유튜브의 미래가 계속 유지될 수 있는가는 이 메커니즘으로 인해 거둔 바로 그 성공 때문에 위협을 받게 되었다"(Jarrett, 2008: 137). 바이어컴 고소 사건이 일어나자 구글은 "매체 회사들과 다른 협력사들이 승인하거나 포스팅한" 영상들에만 광고 판매를 한정해서 광고 판매가 허용된 영상은 전체 업로더들의 4% 정도였다는 보고서를 보면 알 수 있듯이(Delaney, 2008), 이런 위협의 실제는 유튜브의 선별적 현금화의 역사, 그리고 그것이 유튜브의 주목 경제에 미치는 영향이라는 예를 들어 설명할 수 있다. 그러나 이 사건 이전에도 유튜브는 일반적으로 보수적인 광고업계와 맞서 싸워야 했다. 이 광고업계는 자기들이 광고할 기회가 줄어들지 않을 정도로 충분히 피해가 없다는 것을 보장할 콘텐츠가 부족하다는 점에 대해 불평해 왔다(Delaney, 2008).

앞 장에서 볼 수 있듯이, 하나의 플랫폼으로서 유튜브의 발전 경로를 살펴보면, '공동체'와 '전문적인, 기업' 논리의 융합은 계속 긴밀해졌었다. 그러나 유튜브의 이 두 특성 사이의 긴장은 사라지지 않았다. 콘텐츠 창작자들은 언제나 유튜브 공동체 지침을 준수해야 했는데,[8] 이 지침에는 신체 노출, 혐오 발언, 위협, 소비자를 대상으로 사기를 치는 유튜브의 오남용과 같은 사항이 포함된다. 여기에 더해, 유튜브 플랫폼은 광고주에게 '안전한' 환경을 유지하기 위한 '광고주-친화적인' 콘텐츠 지침을 명문화했고, 광고 수익을 공유하기 원하는 콘텐츠 창작자들은 이를 따라야 한다.[9] 이 규정의 일차적인 의도는 폭력적이고 극단적인 콘텐츠를 막는 것이지만(Gesenhues, 2017), 유튜브 플랫폼에서 많은 추종자들을 거느리게 된 '보수적'인 브이로거와 극우파 들에게 이 지침을 적용하는 것을 둘러싼 논쟁이 많이 벌어졌다. 유튜브 플랫폼에서 이런 지침이 (점점 더 자동화되어) 작동하는 방식으로 인해 특히 2017년에 거의 1년 동안 지속된 '광고의 종말' 사태라고 알려진 일련의 사건들에서 격렬한 논쟁이 발생했다. '광고의 종말' 사태는 콘텐츠 규제, 가치-기반의 공동체 관리, 광고의 사회 기술적 운영 사이에서 발생하는 지속적인 융합이 문제가 많다는 점을 강조한다.

2017년 3월, ≪가디언Guardian≫이 자사 프로그램의 광고가 폭력적이고 극단적인 유튜브 콘텐츠에 달렸다는 것을 깨달은 후에(Martinson, 2017), ≪가디언≫을 비롯해, 수많은 영국과 미국의 유명한 브랜드들이 유튜브 서비스로부터 광고를 내리거나 혹은 내리겠다고 경고했다. 4월, 유튜브는 채널당 1만 명 이상의 시청 횟수를 기록하고, 그 뒤에 수작업으로 승인을 한 뒤에야 그 채널에 입금해 줄 수 있다는 지침을 공표했다. 이 공표는 다음과 같다.

오늘부터 우리는 유튜브 파트너 프로그램(YPP) 채널이 시청 횟수 1만에 도달해야 광고를 제공할 것입니다. 이 새로운 기준으로 우리는 한 채널의 타당성을 정할 수 있는 충분한 정보를 얻을 수 있습니다. 또한, 이로써 한 채널이 우리의 공동체 지침과 광고주의 정책을 따르고 있는지 확인할 수 있습니다. 1만 시청 횟수 기준을 지킴으로써, 우리는 적극적인 창작자들에게 소정의 사례를 할 수 있으리라고 봅니다. 그리고 물론, 오늘까지 1만 명에 도달하지 못한 채널은 사례를 받지 못할 것입니다.

몇 주 안에, 우리는 유튜브 파트너 프로그램에 합류하려고 지원하는 새로운 창작자들을 심사하는 과정을 추가할 것입니다. 창작자가 자기 채널에서 1만 시청 횟수를 기록하면, 우리는 창작자의 행위가 우리 정책을 위반했는지를 심사할 것입니다. 만약 모든 것이 괜찮다면, 우리는 이 채널을 YPP에 포함시키고 이 콘텐츠에 광고를 답니다. 이 새로운 기준을 통해 규칙을 지킨 창작자들만이 수익을 올리도록 도울 것입니다(YouTube Creator Blog, 2017).

그리고 6월, 유튜브는 극단주의적인 콘텐츠를 확인하기 위해 '브랜드 안전성'이라는 서비스에서(Marvin, 2017), 자동, 수동, 자문을 새로 조합한 고성능 심사 방법을 도입했다(Gesenhues, 2017).

그 전략은 불완전하게 실행되어서 유튜브 공동체 안에서 엄청난 혼란을 야기했다. 유튜버들은 밤새 자기 영상이 '입금 취소'되었다는 것을 발견했고 이를 보고했다. 즉, 그들은 파트너 프로그램의 일부인 수익 공유 협정에서 자동으로 제거되었다. 영상의 비현금화는 유튜버들의 자금 흐름에 직접적인 피해를 주었는데, 어떤 유튜버는 수입의 80% 손실을 보았다고 보고했다(Seavers, 2017). 창작자들이 이미 심혈을 기울여서 콘텐츠를 만들었는데, 거기에 유튜브가 현금화 금지를 해제하는 데 필요한 간접비도 추가로 들어갔고, 재심 청구 결과와 직접 심사 과정도 기다려야 했다.

유튜브가 상품 브랜드들과 연계함으로써 빼버리려 한 바로 그 극단적인 콘텐츠와 연결된 보수적인 극우파 동영상블로거들로부터 엄청난 항의가 쏟아져 나오는 동안, ≪데일리 도트The Daily Dot≫의 크리스 시버스Kris Seavers는 '그레이트 워 채널The Great War Channel'이라는 좀 더 우량 콘텐츠를 담은 예에 대해 보도했다(2017).[10] 이 채널은 매주 제1차 세계 대전에 관한 교육용 영상을 포스팅했고 2017년 10월에 구독자 수가 72만 5000명을 넘었다. 그 영상들은 잠재적으로 폭력적인 주제였기 때문에, 75% 정도가 자동적으로 심사 경고 깃발을 받았다고 시버스는 보도했다. 비슷한 상황에 놓인 다른 콘텐츠 창작자처럼, 제작자 플로리언 위티그Florian Wittig도 유튜브 파트너 프로그램 대신에 페이트리언Patreon이라는 구독 서비스로 옮겼다.[11] 페이트리언은 '크라우드펀딩crowdfunding' 플랫폼보다 나았다. 여기서는 독립적인 창작자들이 구독-기반 서비스인 '프리미엄'을 운영할 수 있는데, 이 '프리미엄'을 통해 충성스러운 팬들에게 '특권적인 경험과 무대 뒤 행동 콘텐츠'를 제공하고 직접 수익을 낼 수도 있다. 그러나 페이트리언을 유튜브 채널과 결합하려면 '엔드-스크린'을 이용해서 유튜브 플랫폼과 페이트리언 플랫폼을 연결해야 한다. 문제는, 2017년에 '엔드-스크린'으로는 유튜브가 승인한 사이트만 연결할 수 있었다는 점이다(Grubb, 2017). 2017년 9월, 유튜브는 파트너 프로그램 회원들만 이 엔드-스크린으로 연결할 수 있게끔 바꾸었다. 그 다음에는 최소 1만 구독자라는 현금화 기준을 통과한 채널에 대한 직접 심사 과정은 필수적이게 되었고, 구독자가 적은 유튜브 채널은 페이트리언 플랫폼에 접근할 수 없게 만들었다(유튜브의 이런 정책 변화에 대한 논의와 연결에 관해서는 Grubb, 2017 참고). 페이트리언도 콘텐츠 규제와 플랫폼 관리라는 도전에 대응해야 해서, 자체 공동체 지침을 수정해서 혐오 발언과 불법 콘텐츠에 관한 규칙을 강화하고, 에로틱한 콘텐츠와 성매매 종사자에게 부여한 허용 범위도 축소했다. 그리고 유튜브와 마찬가지로 플랫폼이 자의적으로 혹은 순전히 자사의 이익만을 고려해서 관리하는 방식으로 전환했기에 생계에 피해를 받을 수도 있다고 여긴 창작자들은 이에 대해 분노했다(Cooper, 2017). '광고의 종말'에 대한 콘텐츠 창작자들의 대응은 핵심적인 인재를 유지하기 어려운 유튜브의 취약성과, 모든 종류의 디지털 매개 업체의 작동 환경이 지닌 불안정성을 보여준다.

광고주를 위해 유튜브 문화를 정화하려는 시도로 인해 사회문화적 쟁점과 정치적 쟁점을 상업적 쟁점과 결합하는 과정에서 많은 문제가 발생했고, '공동체'와 '기업의 논리' 사이에 있는 긴장의 한계가 어디까지인가를 보여주었다. 이 문제는 페이스북과 트위터에서도 악명 높았다. 지금도, (기업 매체 사업과 일상 문화를 위한 열린 플랫폼이라는) 유튜브의 두 가지 차원은 여전히 역동적인 긴장 관계를 유지하고 있고(Burgess, 2012a), 이 긴장이 유지되는 한 유튜브는 계속해서 문화 혁신과 다양성을 생성하는 현장일 것이다. 그러나 유튜브의 사회 규범, 투명성, 관리를 둘러싼 도전은 사회적으로 무척 중요하다. 그리고 이는 신뢰, 사회 통합, 문화 다양성, 창의적 혁신성이라는 쟁점과도 관련이 있다. 이런 도전은 2016~2017년 기간에 소셜 미디어에서 허위 정보와 유해 콘텐츠가 유통되는 현상으로 인해 더욱 부각되었고, 소수의 강력한 플랫폼이 지배하는 매체 환경의 건강성에 위협이 상존한다는 점을 강조했고, 공적 문화와 토론에 참여하는 여성과 소수자에게 안전을 보장하려는 플랫폼의 역할에 대한 중요한 질문을 제기했다. 이 기업형 플랫폼들에 치유책을 완전히 떠넘겨야 하는가는 진지하게 생각해 봐야 한다. 이 기업형 플랫폼들이 최소한 부분적으로는 규제의 부담을 회피하려는 욕망과 광고주와 기업 들이 소셜 미디어 콘텐츠와 문화와 관련해서 '안전함'을 느낄 수 있게 하려는 욕망을 가지고 움직인다는 점은 이해할 만하다. '브랜드 안전성'(Marvin, 2017)을 고려하느라 극단적인 우익의 목소리를 가진 이들이 자금을 마련하지 못하는 결과를 초래하더라도, 다양성과 포용을 위해서라도 브랜드 안전성은 작동하지 않을 수도 있다. 특히 자동 심사 방법과 같은 광고주-친화적인 콘텐츠 규제 방식은 학대, 혐오 발언, 극단적인 행위를 저지하려는 의도로 사용될 수 있는 것처럼 급진적인 진보 정치의 강경함이나 인권 유린의 증언을 효과적으로 약화시킬 수도 있다. 그리고 콘텐츠 규제에서 성적 콘텐츠와 유해 발언을 별도로 구분하지 않고 다루는 것은 성 소수자에 대한 의도하지 않은 차별로 귀결될 수도 있다. 예를 들어, 비현금화가 성 소수자 영상들의 가시성에 어떻게 영향을 미치는가에 대한 논의로 프리디^{Molly Priddy}의 연구(2017)를 참고하라.

그 어느 때보다, 유튜브에 관한 실질적이고, 풍부하고, 상황에 맞는 연구가 필요하다. 이런 연구는 점점 더 유튜브 플랫폼의 사업 환경, 사회 기술적 특성, 관리 체계는 물론, 문화 활용 방식과 사회 규범을 고려해야 한다. 이 책을 통해, 우리는 유튜브가 중요한 분석 대상이라는 점을 입증하는 다양한 주제를 다룬 학자들이 수행한 뛰어난 작업들을 소개했고, 유튜브는 앞으로도 계속 흥미로운 주제라는 점이 밝혀졌다. 연구자들은 디지털 매체 플랫폼에 관한 경험적 연구와 상세한 기술을 하는 것은 물론, 유튜브 플랫폼의 패러다임과 앞으로 상충되는 미래가 지닌 중요한 함의를 통해 사고하는 중요한 역할을 한다(Burgess, 2015). 학자의 역할에는 규제의 필요성을 주창하는 것은 물론, 사용자 공동체와 그들의 일상적 실천의 상황을 고려하고, 존중심을 가지고 이해해서 문화의 생동성을 유지하고 관리 방식을 개선하는 방향을 어떻게 제시할 수 있는지를 보여주는 것이 포함된다. 앞으로도 할 일은 많을 것이고, 우리 역시 그 프로젝트의 일부가 되기를 기대한다.

1장 유튜브는 어떻게 중요해졌는가

1 전문은 https://www.google.com/press/youtube_viacom_documents.html에서 확인 가능하다. 주요 내용은 Eato(2010)을 참고하기 바란다.

2 유튜브의 원 발표문의 사본을 https://www.slideshare.net/AlexanderJarvis/youtube-pitch-deck에서 확인 가능하다.

3 이전 해에 마이스페이스를 인수한 뉴스 코퍼레이션(News Corporation)은 응찰자로 소문이 있었다(Allison and Waters, 2006).

4 닐슨의 보도 자료는 www.nielsen-netratings.com/pr/pr_071106_2_UK.pdf에서 확인 가능하다.

5 https://alexa.comsiteinfor/youtube.com을 확인 바란다.

6 이 수치는 유튜브 내에서 와일드카드 검색 운영을 통해 제시된 것으로서 2008년 4월에 운영이 중지되었다.

7 이 발표는 유튜브의 여덟 번째 '생일' 축하 영상의 일부로 만들어졌고 ≪버지(The Verge)≫를 포함해 널리 알려져 있다. https://theverge.com/2013/5/19/4345514/youtube-users-upload-100-hours-video-every-minute.

8 유튜브 자체로부터 나온 업데이트된 통계 지표는 2017년 10월을 기준으로 보도 자료로 나온 페이지에서 확인할 수 있다. https://www.youtube.com/yt/about/press/.

9 http://www.comscore.com/press/release.asp?press=2223.

10 카림은 2006년 일리노이 대학교(University of Illinois at Urbana-Champaign) 강연에서 이 이야기를 언급했는데 2008년에는 유튜브를 통해서 확인할 수 있었지만 이후 삭제되었다.

11 2005년 보도 자료는 http://www.marketwired.com/press-release/youtube-receives35m-in-funding-from-sequoia-capital-736129.htm에서 확인 가능하다.

2장 유튜브와 매체

1 유튜브 키즈 론칭에 대한 공식 발표는 https://youtube.googleblog.com/2015/02/youtube-kids.html에서 확인 가능하다.

2   http://www.thelonelyisland.com.

3   이 경쟁은 http://youtube.com/mygrammymoment에서 주관했으나 URL 주소는 더 이상 존재하지 않는다.

4   http://youtube.com/fromeretoawesome.

5   크로커의 '브리트니' 영상은 http://youtube.com/watch?v=kHmvkRoEowc 참조.

6   '헤이' 영상은 http://youtube.com/watch?v=-_CSoigOd48에서 확인 가능하다.

7   영상은 2009년에 영화 제작자인 케빈 스미스(Kevin Smith)가 그의 영화 〈점원들 2 (Clerks 2)〉의 홍보 일환으로 패러디했다. 패러디임을 소개하면서 스미스는 이 영상을 유튜브의 상징으로 불렀다. 스미스의 패러디는 http://www.youtube.com/watch?v=zuuV7f3ux58에서 확인할 수 있다.

8   2014년 픽시스의 영상은 https://youtube.com/watch?v=fCRZrfonyZU에서 볼 수 있다.

9   텔레비전에 관한 헤퍼넌의 블로그는 ≪뉴욕 타임스≫에서 확인할 수 있다(http://screens.blogs.nytimes.com/). 2007년에 그녀의 관심 영역은 텔레비전에서 인터넷 문화로 확대되었고, 블로그는 http://themedium.blogs.nytimes.com으로 바뀌었는데 론리걸에 관한 그녀의 포스팅은 아직 이용 가능하다. 헤퍼넌은 미디엄(The Medium)은 완전히 포기하고 2009년에 ≪뉴욕 타임스 매거진(New York Times Magazine)≫의 블로그인 아트 비트(Arts Beat)로 옮겨갔는데, 이 블로그는 뉴 아트와 문화에 대한 곳이다.

10   ≪PC 매거진(PC Magazine)≫에서 제시한 자료에 따르면, 유튜브의 미국 방문자만의 수치는 2006년 3월 564만 4000명에서 2006년 5월 1266만 9000명으로 급증했는데, 이는 약 124%의 증가를 보인 것이다.

11   미국 내에서는 http://www.hulu.com에서 확인 가능하다.

12   바이어컴의 수정 고소문은 http://beckermanlegal.com/Documents/viacm_youtube_080418-AmendedComplaint.pdf에서 확인할 수 있고, 유튜브의 답변은 http://beckermanlegal.com/Dopcuments/viacom_youtube_080523AnswertoAmendedComplaint.pdf에서 볼 수 있다.

13   보도 자료는 현재 웹에서는 볼 수 없으나, 소송 관련 기록에 대한 ≪마셔블(Mashable)≫ 리포트는 http://mashable.com/2007/03/13/viacom-youtube/에서 볼 수 있다.

14   소셜블레이드의 MCN 순위 목록은 https://socialblade.com/youtube/top/networks

에서 볼 수 있다.

3장 유튜브의 인기 문화

1   유튜브 홈페이지의 초기 버전을 인터넷 아카이브(The Internet Archive) 웨이백 머신(https://web.archive.org/web/*/http://youtube.com)에서 볼 수 있는데, 이 중 몇몇은 글들에 스크린숏으로 포착되어 있다(Carrasco, 2013 참고).

2   서비스에서 제거된 영상들에 대해 비슷한 결론을 보인 유튜브에 대한 비드메터(Vidmeter.com)의 저작권 영상에 관한 2007년 연구를 참고하라. http://www.vidmeter.com/i/vidmeter_ copyright_report.pdf.

3   이 삭제된 영상들은 이용할 수 있는 정보와 메타데이터에 기반해 이용 가능한 곳에서 아직 코딩되고 있다.

4   2008년 2월, 서비스는 이미 사이트에 있는 영상과 음성의 질적 수준을 높이기 위한 기술을 시험하고 있었다. http://cybernetnews.com/2008/02/29/watch-high-resolution-youtube-videos/를 참고.

5   이 용어를 제시해 준 샘 포드에게 감사의 말을 전한다.

6   http://youtube.com/watch?v=LbkNxYaULBw.

7   http://youtube.com/watch?v=GoLtUX_6IXY.

8   스트리미 어워드는 https://www.streamys.org/에서 확인할 수 있다.

9   http://youtube.com/watch?v=5kG43DIelWo에 있는 '유튜브 풉 ― 루이지 엄마를 내버려둬!(Youtube Poop ― LEAVE MAMA LUIGI ALONE!)' 영상은 크리스 크로커의 '브리트니를 내버려둬' 호소에서 나온 영상을 이용한다.

10 http://youtube.com/user/unsw.

11 http://youtube.com/user/ucberkeleycampuslife.

12 http://youtube.com//watch?v=czAagpS6I.

13 http://youtube.com/user/fordmodels.

14 https://www.youtube.com/user/redbull.

15 http://youtube.com/user/nalts.

16 https://www.youtube.com/user/charlestrippy.

17 https://www.youtube.com/user/blunty3000.

18 미아 로즈의 채널은 http://youtube.com/user/miaarose이다.

19　오리지널 자료들은 훨씬 더 다듬어진 '크리에이터 아카데미(Creator Academy)' 자료로 많이 대체되었지만, 플레이북 콘텐츠를 살펴볼 수 있는 오리지널 프로모션용 영상은 https://www.youtube.com/watch?v=nzdD6qnczDo에서 확인할 수 있다.

20　넥스트업 프로그램의 공식 유튜브 페이지는 https://www.youtube.com/creators 이다.

21　유튜브 스페이스에 관한 공식 정보는 https://www.youtube.com/yt/space/에 있다.

22　유튜브의 일곱 번째 생일 영상은 http://www.youtube.com/watch?v=GLQDPHoul Cg&feature=youtu.be에 있다.

23　'유튜브의 모든 것'은 https://www.youtube.com/watch?v=WwoKkq685Hk이다.

24　≪튜브필터≫의 유튜브 백만장자 칼럼 홈페이지는 https://www.tubefilter.com/category/youtube-millions/이다.

25　2013년 5월에 구독자 수가 높은 영상을 확인하려면 http://youtube.com/charts에 방문하면 되었다. 2017년 10월에는 이 페이지는 음악 차트로 연결된다.

26　2013년 5월에 가장 인기 있는 채널 목록은 http://youtube.com/charts에서 볼 수 있었다. 2017년 10월에는 유튜브 '톱 40' 음악 차트로 연결된다.

27　https://socialblade.com/youtube/ 참고.

4장 유튜브 공동체

1　12seconds.tv는 2010년에 폐쇄되었고, 그 주제에 관한 판타스틱블래빙스의 더 긴 영상(원래 http://www.youtube.com/watch?v=BBxjscfmon4에 있었다)은 유튜브에서 더 이상 볼 수 없다. 그러나 유튜버 케니 세이든스(Kenny Seidens)는 몽타주 스타일 헌정 영상을 https://www.youtube.com/watch?v=L_WJDavStTc를 통해 공개했는데, 이것을 보면 동영상블로거들이 12seconds.tv에 참여하는 범위를 잘 알 수 있다.

2　중요한 개선책 중 하나로 2015년까지 유튜브는 대부분 브라우저에서 기본 설정으로 HTML5에서 사용할 수 있게 되었다(YouTube Engineering and Developers Blog, 2015).

3　구글 블로그는 자동 자막의 도입을 발표했다. https://googleblog.blogspot.com/au/2009/11/automatic-captions-in-youtube.html.

4　자막 교정 도구는 http://nomorecraption.com에 있다.

5   TheDeafCaptioner on Medium 참고. https://medium.com?@mlockery.

6   '안 될 것 같은 임무: 하나의 외침'은 원래 여기에 있었지만, 지금은 볼 수 없다.
     http://youtube.com/watch?v=rV2tG9m_Pow

7   피터 오클리는 2014년에 암으로 사망했다. 그의 마지막 영상은 죽기 몇 달 전에 올
     라왔다.

8   오클리의 첫 번째 영상은 http://youtube.com/watch?v=p_YMigZmUuk에서 볼 수
     있다.

9   '컴퓨터가 무서운 사람들을 위해' 영상은 다음과 같다. http://youtube.com/watch
     ?v=jKJ8jR XNJJg.

10   '낼츠가 오프라에? 노프라(Nalts on Oprah? Noprah)' 영상은 http://youtube.com/
     watch?v= c_ZNVES1wGw에 있다.

11   리네토의 영상은 http://youtube.com/watch?v=IYRucYmDsMo에 올려졌으나, 지
     금은 없어졌다.

12   페이퍼릴리스의 '유튜브 황금기의 명복을 빈다'는 https://www.youtube.com/watch
     v=JKo5 NZUqVZo에 있다.

13   블런티의 채널은 https://www.youtube.com/user/Blunty3000이다. 2017년 10월에
     구독자가 33만 3200명이었다.

14   해너의 채널은 여전히 https://www.youtube.com/xgobobeanx이고, 구독자는 2만
     8000명이다.

15   유튜브 스타스 웹사이트는 https://www.bkserv.net/YTS/YTMostViewed.aspx이지
     만, 지금은 없어졌다. 이 페이지의 인터네 아카이브 웨이백 머신의 마지막 버전은
     유튜브로 연결되는데, 이는 유튜브가 이 웹사이트를 인수했거나 혹은 폐쇄했음을
     암시한다.

16   그 이후 그 영상은 삭제되었다.

17   리사노바의 채널은 https://www.youtube.com/user/LisaNova이고, 2017년 10월에
     구독자는 53만 명이었다.

5장 유튜브의 문화 정치

1   "당신의 냉장고가 당신에 대해 무엇을 말해주나요?(what does YOUR fridge say
     about YOU?)"라는 질문에 응답할 사람들은 http://youtu.com/watch?v=sqduQT

242Iw에서 초대에 응할 수 있었다. 그러나, 이 사이트는 이제는 없다. 이 초대는 아시아계 미국인 유튜버 케브줌바〔이 채널은 나중에 '케브(kev)'라고 이름을 바꾸었고, 2017년 10월에는 구독자가 290만 명 정도였다〕가 아시아계에 대한 고정관념에 관해 논의하는 익살스러운 브이로그에 대한 대응이었다.

2   (자기 유튜브 채널에서 사회 문제를 토론하고, 문제를 인식하고 관용과 공감을 촉진하는 창작자들을 위한) '변화를 추구하는 창작자들' 프로그램의 구체적인 내용은 다음에서 볼 수 있다. https://www.youtube.com/yt/creators-for-change.

3   계정 설정 방식은 여기서 볼 수 있다. https://www.youtube.com/account.

6장 유튜브의 상충되는 미래

1   〈커런트 어페어〉의 그 영상은 https://youtu.be/xcoCB6URrVo이다.

2   랜덤 브레인웨이브는 이 사기에 대해 논의한 사이트는 다음과 같다. http://random-brainwave.blogspot.com/2008/01/world-gets-brainwavd.html 그렇지만 이 블로그는 더 이상 볼 수 없다.

3   채널4의 보도는 http://youtu.be/watch?v=sQgg7SIWppo에서 볼 수 있었지만, 지금은 볼 수 없다.

4   그 스토리를 담은 폭스의 '블래스트' 에피소드는 비공식적으로 올린 http://youtube.com/watch?v=Hnls6FocNy4에서 볼 수 있었지만, 이제는 볼 수 없다.

5   개선된 워딩턴이 출연한 〈스튜디오 10〉 코너는 https://www.youtube.com/watch?vGl9l51 wacgo에 있다.

6   폴의 영상은 2017년 10월에 가장 혐오스러운 영상 목록에서 7위를 기록했다. https://www.youtube.com/playlist?playlist=PLirAqAtl_h201ismi1dr5SbvB8Mf7Ve6Aa 참고.

7   노 유어 밈의 '코리 워딩턴의 파티(Corey Worthington's Party)' 영상은 https://knowyourmeme.com/memes/events/corey-worthingtons-party이다.

8   유튜브 공동체 지침은 https://youtube.com/yt/policyandsafty/communityguidelines.html에 있다.

9   유튜브의 광고주-친화적인 콘텐츠 지침에 관한 설명은 https://support.google.com/youtube/answer/6162278?hl=en에 나온다.

10   그레이트 워 채널은 https://www.youtube.com/user/TheGreatWar이다.

11   https://www.patreon.com 참고.

참고문헌

'Best YouTube Videos' (2007) *A Current Affair*. Nine Network, Australia, 31 December.

'Premier League to take action against YouTube' (2007) *Telegraph Online*, 23 May. Available at: http://www.telegraph.co.uk/sport/football/2312532/Premier-League-to-take-action-against-YouTube.html.

'Teachers in Website Closure Call' (2007) *BBC.co.uk*, 1 August. Available at: http://news.bbc.co.uk/2/hi/uk_news/scotland/6925444.stm.

'UPDATE 2-Mediaset sues Google, YouTube; seeks $780 mln' (2008) *Reuters-UK*, 30 July: Available at: http://uk.reuters.com/article/governmentFilingsNews/idUKL04549520080730.

'Your 15 Minutes of Fame … Um, Make that 10 Minutes or Less' (2006) *Broadcasting Ourselves; The Official YouTube Blog*, 26 March http://youtube-global.blogspot.com/2006/03/your-15-minutes-of-fameummm-make-that-10.html.

'YouTube's Most Watched' (2007) *Today Tonight*. Seven Network, Australia, 31 December.

'YouTube's Greatest Hits With The Billionaire Founders' (2007) *The Oprah Winfrey Show*. Available at: http://www.oprah.com/tows/pastshows/200711/tows_past_20071106.jhtml.

'YouTube Tackles Bullying Online' (2007) *BBC.co.uk*, 19 November. Available at: http://news.bbc.co.uk/1/hi/education/7098978.stm.

Abidin, Crystal (2015a) 'Micromicrocelebrity: Branding Babies on the Internet'. *M/C Journal* 18(5): http://www.journal.media-culture.org.au/index.php/mcjournal/article/view/1022.

_____ (2015b) 'Communicative intimacies: Influencers and Perceived Interconnectedness'. *Ada: A Journal of Gender, New Media, and Technology* 8: http://adanewmedia.org/2015/11/issue8-abidin/.

Adegoke, Yinka (2006) 'PluggedIn: New rock stars use Web videos to win fans'. *Reuters News*, 25 August. Accessed via Factiva database.

Allison, Kevin and Richard Waters (2006) 'Google and Murdoch Among the Suitors Circling YouTube'. *Financial Times,* London, 7 October. Accessed via Factiva database.

Anderson, Monica (2015) '5 Facts About Online Video, for YouTube's tenth Birthday'. *FactTank: News in the Numbers.* Pew Research Centre, 12 February. Available at: http://www.pewresearch.org/facttank/2015/02/12/5-facts-about-online-video-for-youtubes-10thbirthday/.

Andrejevic, Mark (2003) *Reality TV: The Work of Being Watched.* Lanham, MD: Rowman and Littlefield.

_____ (2013) 'Estranged Free Labor'. *Digital Labor: The Internet as Playground and Factory.* Ed. Trebor Scholz. New York and London: Routledge, pp. 149~164.

Arrington, Michael (2005) 'Comparing the Flickrs of Video'. *TechCrunch*, 6 November. Available at: http://www.techcrunch.com/2005/11/06/the-flickrs-of-video/.

Arthur, Charles (2006) 'Has YouTube changed since its purchase this month by Google?' *Guardian*, London, 26 October. Accessed via Factiva database.

Aufderheide, Patricia and Peter Jaszi (2011) *Reclaiming Fair Use: How to Put Balance Back in Copyright.* Chicago: University of Chicago Press.

Balzac, Honoré de (1993[1891]) *The Bureaucrats.* Ed. Marco Diani, Trans. Charles Foulkes. Evanston: Northwestern University Press.

Baker, Sarah Louise (2004) 'Pop in(to) the Bedroom: Popular Music in Pre-Teen Girls' Bedroom Culture'. *European Journal of Cultural Studies* 7(1): 75~93.

Bakioğlu, Burcu S. (2016) 'Exposing Convergence: YouTube, Fan Labour, and Anxiety of Cultural Production in Lonelygirl15'. *Convergence: The International Journal of Research into New Media Technologies*: 1~21. Online first DOI: https://doi.org/ 10.1177/1354856516655527.

Banet-Weiser, Sarah (2012) *AuthenticTM: The politics of Ambivalence in a Brand Culture.* New York: New York University Press.

Banks, John and Sal Humphreys (2008) 'The Labour of User Co-Creators: Emergent Social Network Markets?' *Convergence: The International Journal of Research into New Media Technologies* 14(4): 401~418.

Bawden, Tom and Dan Sabbagh (2006) 'Google to buy YouTube for $1.65bn'. *The Times*, London, 10 October, p. 53.

Becker, Anne (2007) 'YouTube to Viacom: We Will Pull Your Clips'. *Broadcasting and Cable*, 2 February.

Becker, Howard S. (1982) *Art Worlds*. Berkeley: University of California Press.

Benkler, Yochai (2006) *The Wealth of Networks: How Social Production Transforms Markets and Freedom*. New Haven and London: Yale University Press.

Berry, Trine Bjørkman (2015) *The Film of Tomorrow: A Cultural History of Video-blogging. Doctoral Dissertation*. University of Sussex. Available at: http://sro.sussex.ac.uk/53713/.

Berryman, Rachel and Misha Kavka (2017) ' "I Guess a Lot of People See Me as a Big Sister or a Friend": The Role of Intimacy in the Celebrification of Beauty Vloggers'. *Journal of Gender Studies* 26(3): 307~320.

Biggs, John (2006) 'A Video Clip Goes Viral, and a TV Network Wants to Control It'. *New York Times*, New York, 20 February. Available at: http://www.nytimes.com/.

Blakely, Rhys (2007) 'YouTube fails to satisfy critics over copyright'. *The Times*, London, 17 October, p. 49.

Bovill, Moira and Sonia Livingstone (2001) 'Bedroom Culture and the Privatization of Media Use'. *Children and Their Changing Media Environment: A European Comparative Study*. Mahwah, NJ: Lawrence Earlbaum Associates, pp. 179~200.

boyd, danah (2007) 'Why Youth (Heart) Social Network Sites: The Role of Networked Publics in Teenage Social Life'. *MacArthur Foundation Series on Digital Learning — Youth, Identity, and Digital Media Volume*. Ed. David Buckingham. Cambridge, MA: MIT Press.

_____ (2017) 'Did Media Literacy Backfire?' *Journal of Applied Youth Studies* 1(4): 83~89.

boyd, danah m. and Nicole B. Ellison (2007) 'Social Network Sites: Definition, History, and Scholarship'. *Journal of Computer-Mediated Communication* 13(1): 210~230. Available at: http://jcmc.indiana.edu/vol13/issue1/boyd.ellison.html.

Bradley, Laura (2017). 'Why Disney Just Severed Ties with a Famously Obnoxious

YouTuber'. *Vanity Fair*, 25 July. Available at: https://www.vanityfair.com/holly-wood/2017/07/jake-paul-disney-bizaardvark-neighbors-controversy.

Broersma, Matthew (2007) 'Viacom to YouTube: Take Down Pirated Clips'. *ZDNet*, 2 February. Available at: http://news.zdnet.com/2100-9595-6155771.html.

Bromwich, Jonah Engel (2017) 'Jake Paul, a Reality Villain for the YouTube Generation'. *The New York Times*, 20 July. Available at: https://www.nytimes.com/2017/07/20/arts/who-is-jake-paul.html.

Brügger, Niels (2017) 'Web History and Social Media'. *The Sage Handbook of Social Media*. Eds. Jean Burgess, Alice Marwick, and Thomas Poell. London: Sage, pp. 196~212.

Bruno, Antony (2007) 'The YouTube Conundrum', *Billboard*, 3 March. Accessed via Factiva database.

Bruns, Axel (2008) *Blogs, Wikipedia, Second Life, and Beyond: From Production to Produsage*. New York: Peter Lang.

Burgess, Jean (2006) 'Hearing Ordinary Voices: Cultural Studies, Vernacular Creativity and Digital Storytelling'. *Continuum: Journal of Media and Cultural Studies* 2(20): 201~214.

_____ (2008) ' "All Your Chocolate Rain are Belong to Us?" Viral Video, YouTube and the dynamics of participatory culture'. In *Video Vortex Reader: Responses to You-Tube*. Amsterdam: Institute of Network Cultures, pp. 101~109.

_____ (2012a) 'YouTube and the Formalisation of Amateur Media'. *Amateur Media: Social, Cultural and Legal Perspectives*. Eds. Dan Hunter, Ramon Lobato, Megan Richardson, and Julian Thomas. New York, Oxford: Routledge, pp. 53~58.

_____ (2012b) 'The iPhone Moment, the Apple Brand and the Creative Consumer: From "Hackability and Usability" to Cultural Generativity'. *Studying Mobile Media: Cultural Technologies, Mobile Communication, and the iPhone*. Eds. Larissa Hjorth, Ingrid Richardson, and Jean Burgess. New York and London: Routledge, pp. 28~42.

_____ (2015) 'From "Broadcast Yourself!" to "Follow your Interests": Making Over Social Media'. *International Journal of Cultural Studies* 18(3): 281~285.

_____ (2016) 'Digital Media and Generations'. *Communication Across the Life Span.* Ed. Jon F. Nussbaum. New York: Peter Lang, pp. 21~26.

_____ (2017) 'Convergence'. *Keywords for Media Studies.* Eds. Laurie Ouellette and Jonathan Gray. New York: New York University Press, pp. 47~49.

Burgess, Jean and Joshua Green (2008) 'The Entrepreneurial Vlogger: Participatory Culture Beyond the Professional-Amateur Divide'. *The YouTube Reader.* Eds. Pelle Snickars and Patrick Vonderau. Stockholm: National Library of Sweden/ Wallflower Press, pp. 89~107.

Burgess, Jean and Ariadna Matamoros-Fernández (2016) 'Mapping Sociocultural Controversies Across Digital Media Platforms: One Week of #gamergate on Twitter, YouTube, and Tumblr'. *Communication Research and Practice* 2(1): 79~96.

Burgess, Jean, Peta Mitchell, and Felix Münch (2018) 'Social Media Rituals: The Uses of Celebrity Death in Digital Culture'. *A Networked Self: Birth, Life, Death.* Ed. Zizi Papacharissi. New York: Routledge (in press).

Butsch, Richard (2000) *The Making of American Audiences: From Stage to Television, 1750~1990.* Cambridge: Cambridge University Press.

Butterfield, Stewart (2006) 'Eyes of the World'. *FlickrBlog.* Available at http://blog.flickr.com/flickrblog/2006/03/eyes_of_the_wor.html.

Byrne, Seamus (2005) 'Be seen, read, heard'. *The Sydney Morning Herald*, Sydney, 3 September, p. 4.

Callon, Michel (1998) 'Introduction: The Embeddedness of Economic Markets in Economics'. *The Laws of the Markets.* Ed. Michel Callon. Oxford: Blackwell, pp. 1~57.

Campbell, Angela J. (2016) 'Rethinking Children's Advertising Policies for the Digital Age'. 29 Loy. Consumer L. Rev. 1. Available at SSRN: https://ssrn.com/abstract= 2911892.

Carrasco, Ed (2013) 'YouTube Grows Up: A Visual History of How the Video-Sharing Site Has Changed Over the Past 8 Years'. *New Media Rockstars*, 14 February. Available at: http://newmediarockstars.com/2013/02/youtube-grows-up-a-visual-history-of-how-the-videosharing-site-has-changed-over-the-past-8-years/.

Cha, Meeyoung, Haewoon Kwak, Pablo Rodriguez, Yong-Yeol Ahn, and Sue Moon (2007) 'I Tube, You Tube, Everybody Tubes: Analyzing the World's Largest User Generated Content Video System'. Paper presented at *IMC'07: Internet Measurement Conference*, San Diego, CA.

Charny, Ben (2007) 'YouTube Gave User's Data to Paramount's Lawyers'. *Dow Jones News Service*, 21 October. Accessed via Factiva database.

Chonin, Neva (2006) 'Who's That Girl?' *San Francisco Chronicle*, 3 September, p. 14.

Cohen, Stanley (1972) *Folk Devils and Moral Panics: The Creation of the Mods and Rockers*. London: MacGibbon and Kee.

Cooper, Daniel (2017) 'The real consequences of Patreon's adult content crackdown'. *Engadget*, 27 October. Available at: https://www.engadget.com/2017/10/27/patreon-adult-content-crowdfunding-uncertainty/.

Couldry, Nick (2000) *The Place of Media Power: Pilgrims and Witnesses of the Media Age*. London and New York: Routledge.

_____ (2003) *Media Rituals: A Critical Approach*. London and New York: Routledge.

_____ (2006) *Listening Beyond the Echoes: Media, Ethics and Agency in an Uncertain World*. Boulder, CO: Paradigm.

Couldry, Nick and Tim Markham (2007) 'Celebrity Culture and Public Connection: Bridge Or Chasm?' *International Journal of Cultural Studies* 10(4): 403~421.

Craig, David and Stuart Cunningham (2017) 'Toy Unboxing: Living in a(n Unregulated) Material World. *Media International Australia*, online first: http://journals.sagepub.com/doi/abs/10. 1177/1329878X17693700.

Cunningham, Stuart and David Craig (2017) 'Being "really real" on YouTube: Authenticity, Community and Brand Culture in Social Media Entertainment'. *Media International Australia* 164(1): 71~81.

Cunningham, Stuart, David Craig, and Jon Silver (2016) 'YouTube, Multichannel Networks and the Accelerated Evolution of the New Screen Ecology'. *Convergence: The International Journal of Research into New Media Technologies* 22(4): 376~391.

Cunningham, Stuart and Tina Nguyen (2000) 'Popular Media of the Vietnamese

Diaspora'. *Floating Lives: The Media and Asian Diasporas.* Eds. Stuart Cunning-
ham and John Sinclair. St Lucia, Queensland: University of Queensland Press, pp.
91~135.

Davis, Joshua (2006) 'The Secret World of Lonelygirl'. *Wired* 14(12): 232~239.

Deahl, Dani (2017) 'YouTube TV is Expanding to Eight More Cities'. *The Verge,* 14
September. Available at: https://www.theverge.com/tech/2017/9/14/16308664/you-
tube-tv-google-eight-more-cities.

Delaney, Kevin J. (2006) 'Garage Brand: With NBC Pact, YouTube Site Tries to Build a
Lasting Business'. *The Wall Street Journal*, 27 June, p. A1.

Delaney, Kevin J. (2008) 'Google Push To Sell Ads On YouTube Hits Snags — Video Site
Is Key To Diversification; The Lawsuit Factor'. *Wall Street Journal*, New York, 9
July, p. A.1.

Deuze, Mark (2007) *Media Work.* Cambridge: Polity.

Diana, Alison (2011) 'YouTube Acquires Next New Networks'. *Information Week*, 8
March.

Dreher, Tanja (2009) 'Listening Across Difference: Media and Multiculturalism Beyond the
Politics of Voice'. *Continuum* 23(4): 445~458.

Driscoll, Catherine and Melissa Gregg (2008) 'Broadcast Yourself: Moral Panic, Youth
Culture and Internet Studies'. *Youth, Media and Culture in the Asia Pacific
Region.* Eds. Usha M. Rodrigues and Belinda Smaill. Newcastle: Cambridge
Scholars Publishing, pp. 71~86.

Drotner, Kirsten (1999) 'Dangerous Media? Panic Discourses and Dilemmas of Modern-
ity'. *Paedagogica Historica* 35(3): 593~619.

_____ (2000) 'Difference and Diversity: Trends in Young Danes' Media Uses'. *Media,
Culture and Society* 22(2): 149~166.

_____ (2008) 'Leisure is Hard Work: Digital Practices and Future Competencies'. *Youth,
Identity, and Digital Media.* Ed. David Buckingham. The John D. And Catherine
T. Macarthur Foundation Series on Digital Media and Learning. Cambridge, MA:
The MIT Press, pp. 167~184.

Duffy, Brooke E. (2017) *(Not) Getting Paid to Do What You Love: Gender, Social*

Media, and Aspirational Work. New Haven: Yale University Press.

Dupere, Katie (2016) 'Deaf YouTubers Lead Movementto Put an End to Crappy Video Captions'. *Mashable*, 11 November. Available at https://mashable.com/2016/11/11/youtube-closed=captioningnomorecraptions/.

Eaton, Kit (2010) ' "Steal It" and Other Internal YouTube Emails from Viacom's Copyright Suit'. *Fast Company*, 18 March. Available at: https://www.fastcompany.com/1588353/steal-it-and-other-internal-youtube-emails-viacoms-copyright-suit.

Edwards, Scott (2017) 'When YouTube Removes Violent Videos, It Impedes Justice'. *Wired*, 10 July. Available at: https://www.wired.com/story/when-youtube-removes-violent-videos-it-impedes-justice/.

Elfman, Doug (2006) 'Wag of the Finger at YouTube'. *The Chicago Sun-Times*, Chicago, 31 October. Accessed via Factiva database.

Elias, Paul (2006) 'Google Reportedly Talking With YouTube'. *Associated Press Newswires*, 7 October. Accessed via Factiva database.

Ellcessor, Elizabeth (2016) *Restricted Access: Media, Disability, and the Politics of Participation*. New York: New York University Press.

Ellis, Katie (2010) 'A Purposeful Rebuilding: YouTube, Representation, Accessibility and the Socio-Political Space of Disability'. *Telecommunications Journal of Australia* 60(2): 1~12.

Fine, Jon (2006) 'The Strange Case of lonelygirl15'. *Business Week*, 11 September, p. 22.

Fiske, John (1989) *Reading the Popular*. Boston: Unwin Hyman.

_____ (1992a) *Understanding Popular Culture*, London and New York: Routledge.

_____ (1992b) 'The Cultural Economy of Fandom'. *The Adoring Audience: Fan Culture and Popular Media*. Ed. Lisa A. Lewis. London: Routledge, pp. 30~49.

Flaxman, Seth, Sharad Goel, and Justin M. Rao (2016) 'Filter Bubbles, Echo Chambers, and Online News Consumption'. *Public Opinion Quarterly* 80(S1): 298~320.

Gal, Noam, Limor Shifman, and Zohar Kampf (2016) ' "It Gets Better": Internet memes and the construction of collective identity'. *New Media and Society* 18(8): 1698~1714.

Galloway, Anne, Jonah Brucker-Cohen, Lalya Gaye, and Elizabeth Goodman (2004)

'Panel: Design for Hackability'. *Designing Interactive Systems (DIS2004)*. Available at: http://www.sigchi.org/DIS2004/Documents/Panels/DIS2004_Design_for_Hackability.pdf.

Galperin, Eva (2011) '2011 in Review: Nymwars'. *Electronic Frontier Foundation*, 26 December. Available at: https://www.eff.org/deeplinks/2011/12/2011-review-nymwars.

Gandy, Oscar H. (2002) 'The Real Digital Divide: Citizens Versus Consumers'. *Handbook of New Media: Social Shaping and Consequences of ICTs*. Eds. Leah A. Lievrouw and Sonia Livingstone. London: Sage, pp. 448~460.

Gannes, Liz. (2006) 'Jawed Karim: How YouTube Took Off'. *Gigacom*, 26 October. Available at: http://gigaom.com/2006/10/26/jawedkarim-how-youtube-took-off/.

Gehl, Robert (2009) 'YouTube As Archive: Who Will Curate this Digital Wunderkammer?' *International Journal of Cultural Studies* 12(1): 43~160.

Geist, Michael (2006) 'Why YouTube Won't Become Napster Redux'. *The Toronto Star*, Toronto, 16 October, p. C3.

Gell, Alfred (1998) *Art and Agency: An Anthropological Theory*. Oxford: Oxford University Press.

Gentile, G. (2006) 'Online Mystery of Video-Diary Posting by "Lonelygirl15" Continues to Deepen'. *Associated Press Newswires*, 11 September. Accessed via Factiva database.

Gesenhues, Amy (2017) 'YouTube: We've Manually Reviewed 1M+videos to Improve Brand Safety Processes'. *Marketing Land*, 19 October. Available at: https://marketingland.com/youtube-manually-reviewed-1m-videos-improve-brand-safety-efforts-around-extremist-content-226579.

Gibbs, Martin, James Meese, Michael Arnold, Bjorn Nansen, and Marcus Carter (2015) '#Funeral and Instagram: Death, Social Media, and Platform Vernacular'. *Information, Communication and Society* 18(3): 255~268.

Gibson, Margaret (2015) 'YouTube and Bereavement Vlogging: Emotional Exchange Between Strangers'. *Journal of Sociology* 52(4): 631~645.

Gill, Phillipa, Martin Arlitt, Li Zongpeng, and Anirban Mahanti (2007) 'YouTube Traffic

Characterization: A View From the Edge'. Paper presented at *IMC'07*, San Diego, CA.

Gillespie, Tarleton (2010) 'The Politics of "Platforms" '. *New Media and Society* 12(3): 347~364.

_____ (2016) 'Algorithms'. *Digital Keywords: A Vocabulary of Information Society and Culture*. Ed. Benjamin Peters. Princeton and Oxford: Princeton University Press, pp. 18~30.

_____ (2017) 'Governance Of and By Platforms'. *The Sage Handbook of Social Media*. Eds. Jean Burgess, Alice Marwick, and Thomas Poell. London: Sage, forthcoming. Preprint: http://culturedigitally.org/wp-content/uploads/2016/06/Gillespie-Govern-ance-ofby-Platforms-PREPRINT.pdf.

Goetz, Thomas (2005) 'Reinventing Television'. *Wired* 13(9). Available at: http://www.wired.com/wired/archive/13.09/stewart.html.

Goo, Sara Kehaulani (2006) 'Ready for its Close-Up; With Google Said to be a Suitor, YouTube Enters Mainstream'. *The Washington Post*, 7 October, p. D1.

Gorali, Nir (2014) 'Israeli YouTube Stars No Longer Mime the Pixies, They Direct the Band's Video'. *Haaretz*, 16 September. Available at: https://www.haaretz.com/israel-news/culture/theater/.premium-1.616075.

Gracy, Karen F. (2007) 'Moving Image Preservation and Cultural Capital'. *Library Trends* 56(1): 183~198.

Graham, Jefferson (2005) 'Video websites pop up, invite postings; Digital cameras spread capability'. *USA Today*, National, 22 November, p. B3.

Gray, Jonathan, Cornel Sandvoss, and C. Lee Harrington (2008) 'Introduction: Why Study Fans?' *Fandom: Identities and Communities in a Media World*. Eds. Jonathan Gray, Cornell Sandvoss, and C. Lee Harrington. New York and London: New York University Press, pp. 1~16.

Green, Joshua (2008) 'Why Do They Call it TV When It's Not On the Box? "New" Television Services and "Old" Television Functions'. *Media International Australia Incorporating Culture and Policy* 126 (February): 95~105.

Green, Joshua and Henry Jenkins (2009) 'The Moral Economy of Web 2.0: Audience

Research and Convergence Culture'. *Media Industries: History, Theory and Methods.* Eds. Jennifer Holt and Alisa Perren. Chichester/Oxford: Wiley.

Grossman, Lev (2006a) 'How to Get Famous in 30 Seconds'. *TIME.* Available at http://time.com/time/magazine/article/0,9171,1184060,00.html.

_____ (2006b) 'Time's Person of the Year: You'. *TIME.* Available at: http://time.com/time/magazine/article/0,9171,1569514,00.html.

Grubb, Jeff (2017) 'YouTube Creates Confusion by Herding Creators into Partner Program to Fight "Abuse"'. *VentureBeat*, 28 September. Available at: https://venturebeat.com/2017/09/28/youtube-patreon-endscreen-links/.

Gutelle, Sam (2016) 'There Are Now 2,000 YouTube Channels With at Least One Million Subscribers'. *TubeFilter*, 4 April. Available at: http://www.tubefilter.com/2016/04/04/youtube-millionaires-2000-channels/.

Hall, Stuart (1981) 'Notes on Deconstructing "the Popular"'. *People's History and Socialist Theory.* Ed. Raphael Samuel. London: Routledge and Kegan Paul, pp. 227~239.

Hall, Stuart et al. (1978) *Policing the Crisis: Mugging, the State, and Law and Order.* London: Macmillan.

Harley, D. and G. Fitzpatrick (2008) 'YouTube and Intergenerational Communication: The Case of Geriatric1927'. *Universal Access in the Information Society.*

Harris, John (2006) 'The Vision Thing'. *Guardian*, London, 11 October, p. 6.

Hartley, John (1999) *Uses of Television.* London: Routledge.

_____ (2004) 'The "Value Chain of Meaning" and the New Economy'. *International Journal of Cultural Studies* 1(7): 129~141.

_____ (2008a) *Television Truths: Forms of Knowledge in Popular Culture.* London: Blackwell.

_____ (2008b) ' "Numbers Over Knowledge"? Journalism and Popular Culture'. *Handbook of Journalism Studies.* Eds. Karin Wahl-Jorgensen and Thomas Hanitzsch. Mahwah, NJ: Lawrence Erlbaum Associates, forthcoming 2009. Author version cited.

Hartley, John, Jean Burgess, and Joshua Green (2007) ' "Laughs and Legends", or the

Furniture That Glows? Television as History'. *Australian Cultural History* 26: 15~36.

Hastie, David (2008), 'Web Invite Sees Party Explode into Drunken Rampage'. *The Courier Mail*, Brisbane, 14 January. Accessed via Factiva Database.

Heath, Stephen (1990) 'Representing Television'. *Logics of Television: Essays in Cultural Criticism*. Ed. Patricia Mellencamp. London: BFI and Indiana: Indiana University Press, pp. 267~302.

Hebdige, D. (1988) *Hiding in the Light: On Images and Things*. London: Routledge.

Heffernan, Virginia and Tom Zeller Jr. (2006) 'Well, It Turns Out That Lonelygirl Really Wasn't'. *The New York Times*, New York, 13 September. Accessed via Factiva database.

Helmond, Anne (2015). 'The Platformization of the Web: Making Web Data Platform Ready'. *Social Media+Society*. Online first DOI: 10.1177/2056305115603080.

Hermes, Joke (2005) *Re-Reading Popular Culture*. Malden: Blackwell.

_____ (2006) 'Hidden Debates: Rethinking the Relationship Between Popular Culture and the Public Sphere'. *Javnost — The Public* 13(4): 27~44.

Herring, Susan C. (2008) 'Questioning the Generational Divide: Technological Exoticism and Adult Constructions of Online Youth Identity'. *Youth, Identity, and Digital Media*. Ed. David Buckingham. The John D. and Catherine T. Macarthur Foundation Series on Digital Media and Learning. Cambridge, MA: The MIT Press, pp. 71~92.

Hilderbrand, Lucas (2007) 'YouTube: Where Cultural Memory and Copyright Converge'. *Film Quarterly* 61(1): 48~57.

Hobbs, Renée (1998) 'The Seven Great Debates in the Media Literacy Movement'. *Journal of Communication* 48(1): 6~32.

Hof, Karina (2006) 'Something You Can Actually Pick Up: Scrapbooking as a Form and Forum of Cultural Citizenship'. *European Journal of Cultural Studies* 3(9): 363~384.

Hoggart, Richard (1957) *The Uses of Literacy*. Harmondsworth: Penguin.

Hughes, Gary (2008) '500 Teens Rampage as Police End Party'. *The Australian*, 14

January. Accessed via Factiva database.

Humphreys, Sal (2005) 'Productive Players: Online Computer Games' Challenge to Conventional Media Forms'. *Journal of Communication and Critical/Cultural Studies* 1(2): 36~50.

Hutchinson, Bill (2007) 'YouTube Hails Web Wonders', *New York Daily News*, 27 March. Accessed via Factiva database.

Jarrett, Kylie (2008) 'Beyond Broadcast YourselfTM: The Future of YouTube'. *Media International Australia* 126: 132~144.

Jenkins, Henry (2006a) *Convergence Culture: Where Old and New Media Collide.* New York: New York University Press.

_____ (2006b) *Fans, Bloggers and Gamers: Exploring Participatory Culture.* New York: New York University Press.

_____ (2006c) 'YouTube and the Vaudeville Aesthetic'. *Confessions of an Aca-Fan*, 20 November. Available at: http://www.henryjenkins.org/2006/11/youtube_and_the_vaudeville_aes.html.

_____ (2009) 'What Happened Before YouTube.' *YouTube: Online Video & Participatory Culture.* Jean Burgess and Joshua Green. Cambridge: Polity, pp. 109~125.

Jenkins, Henry, Sam Ford, and Joshua Green (2013) *Spreadable Media: Creating Value and Meaning in a Networked Culture.* New York: New York University Press.

Jenkins, Henry, Ravi Purushotma, Katie Clinton, Margaret Weigel, and Alice J. Robison (2006) *Confronting the Challenges of Participatory Culture Media Education for the Twenty-First Century.* Chicago: MacArthur Foundation.

Johnson, Michael, Jr. (2014) 'The It Gets Better Project: A Study in (and of) Whiteness — in LGBT Youth and Media Cultures'. *Queer Youth and Media Cultures.* Ed. Christopher Pullen. London: Palgrave Macmillan, pp. 278~291.

June, Laura (2017) 'YouTube has a Fake Peppa Pig Problem'. *The Outline*, 16 March. Available at: https://theoutline.com/post/1239/youtube-has-a-fake-peppa-pig-problem.

Kafka, Peter (2014) 'It's Over! Viacom and Google Settle YouTube Lawsuit'. *Recode*, 18 March. Available at: https://www.recode.net/2014/3/18/11624656/its-over-viacom-and-google-settle-youtube-lawsuit.

Karnitschnig, Matthew (2007) 'New Viacom deal takes swipe at YouTube', *The Wall Street Journal*, 20 February, p. B12. Accessed via Factiva database.

Karnitschnig, Matthew and Kevin Delaney (2006) 'Media Titans Pressure YouTube Over Copyrights'. *The Wall Street Journal*, 14 October, p. A3. Accessed via Factiva database.

Kastrenakes, Jacob (2016) 'YouTube's New Plan to Deal with Awful Comments: Have Commenters Help Moderate'. *The Verge*, 21 September. Available at: https://www. theverge.com/2016/9/21/13001520/youtube-heroes-comment-moderation-program-announced.

Keen, Andrew (2007) *The Cult of the Amateur: How Today's Internet is Killing Our Culture*. New York: Random House.

Kerwin, Ann Marie (2006) 'NBC Doesn't Believe in Viral'. *Advertising Age* 77(9): 51.

Kirsner, Scott (2005) 'Now Playing: Your Home Video'. *The New York Times*, New York, 27 October. Accessed via Factiva database.

Kleeman, David (2015) 'YouTube Kids: Implication for the Kids Media Industries'. *Huffington Post: The Blog*. Published 26 February 2015. Available at: http://www. huffingtonpost.com/david-kleeman/youtube-kids-implications_1_b_6763714.html.

Knight, Brooke A. (2000) 'Watch Me! Webcams and the Public Exposure of Private Lives'. *Art Journal* 59(4): 21~25.

Knobel, Michele and Colin Lankshear (2014) 'Studying New Literacies'. *Journal of Adolescent and Adult Literacy* 58(2): 97~101.

Kolaki, Rosie (2017) 'These Drama Channels are Causing a Huge Storm on YouTube for the Wrong Reasons'. *We the Unicorns*, 28 March. Available at: http://www.wetheunicorns.com/youtubers/drama-channels-youtube/.

Kopytoff, Verne (2006). 'Copyright questions dog YouTube/Deals with entertainment industry limit site's liability'. *The San Francisco Chronicle*, San Francisco, 27 October, p. D1.

Kornblum, Janet (2006) 'Now Playing on YouTube'. *USA Today*, 18 July. Available at: http://www.usatoday.com/tech/news/2006-07-17-digital-download-youtube_x.htm.

Koskela, Hille (2004) 'Webcams, TV Shows and Mobile Phones: Empowering Exhibitionism'. *Surveillance and Society* 2(2/3): 199~215.

Kranz, Cindy (2008) 'Schools take stance on bullying: Pushed by state law, and public incidents, districts crack down'. *The Enquirer*, Cincinnati [online], 2 March. Accessed 31 March 2008 from http://news.enquirer.com/apps/pbcs.dll/article?AID=/20080302/NEWS0102/803020345.

Kumar, Sangeet (2016). 'YouTube Nation: Precarity and Agency in India's Online Video Scene'. *International Journal of Communication* 10: 5608~5625.

Lange, Patricia G. (2007a) 'Commenting on Comments: Investigating Responses to Antagonism on YouTube'. Paper presented at Society for Applied Anthropology Conference, Tampa, Florida.

_____ (2007b) 'Publicly private and privately public: Social networking on YouTube'. *Journal of Computer-Mediated Communication* 13(1): 361~380.

_____ (2007c) 'The Vulnerable Video Blogger: Promoting Social Change Through Intimacy'. *The Scholar and Feminist Online* 5(2). Available at: http://www.barnard.edu/sfonline/blogs/lange_01.htm.

_____ (2014) *Kids on YouTube: Technical identities and digital literacies.* Walnut Creek, CA: Left Coast Press.

Letzing, John (2007) 'UPDATE: Google Unveils Copyright Protection Tools For YouTube'. *Dow Jones Business News*, 16 October. Accessed via Factiva database.

Li, Kenneth (2006) 'Viacom asks YouTube to purge certain clips'. *Reuters News*, 31 October. Accessed via Factiva database.

Livingstone, Sonia (2004) 'Media Literacy and the Challenge of New Information and Communication Technologies'. *The Communication Review* 7: 3~14.

Livingstone, Sonia, Elizabeth Van Couvering, and Nancy Thumim (2008) 'Converging traditions of research on media and information literacies'. *Handbook of Research on New Literacies.* Eds. Julie Coiro et al. New York: Lawrence Earlbaum and Associations, pp. 103~132.

Lobato, Ramon (2016) 'The cultural logic of digital intermediaries: YouTube multichannel networks'. *Convergence* 22(4): 348~360.

_____ (2017) 'Rethinking International TV Flows: Research in the Age of Netflix'.

Television and New Media: 1~16, online first DOI: 10.1177/1527476417708245.

Lotz, Amanda D. (2007) *The Television Will be Revolutionized*. New York and London: New York University Press.

McCosker, Anthony (2014) 'Trolling as provocation: YouTube's agonistic publics'. *Convergence: Journal of New Media Technologies* 20(2): 201~217.

McIntyre, Hugh (2017) 'Report: YouTube is the Most Popular Site of On-Demand Music Streaming'. *Forbes*, 27 September. Available at: https://www.forbes.com/sites/hugh-mcintyre/2017/09/27/the-numbers-prove-it-the-world-is-listening-to-the-music-it-loves-on-youtube/.

Mckee, Alan (2011) 'YouTube versus the National Film and Sound Archive: Which is the more useful resource for historians of Australian television?' *Television and New Media* 12(2): 154~173.

McKenna, Barrie (2006) 'At YouTube, a Copyright Conundrum Continues'. *The Globe and Mail*, Canada, October 11, p. B1.

McRobbie, Angela and Jenny Garber (1976) 'Girls and Subcultures'. *Resistance Through Rituals: Youth Subcultures in Post-War Britain*. Eds. Stuart Hall and Tony Jefferson. London: Harper-Collins, pp. 209~229.

McRobbie, Angela and Sarah Thornton (2002) 'Rethinking "Moral Panic" for Multi-Mediated Social Worlds'. *Youth Justice: Critical Readings*. Eds. John Muncie and Eugene Mclaughlin. London: Sage, pp. 68~79.

Marres, Noortje and Carolin Gerlitz (2016) 'Interface Methods: Renegotiating Relations between Digital Social Research, STS and Sociology'. *The Sociological Review* 64(1): 21~46.

Martinson, Jane (2006) 'Google faces copyright fight over YouTube'. *Guardian*, London, 13 October, p. 30.

_____ (2017) 'Guardian Pulls Ads from Google After They Were Placed Next to Extremist Material'. *Guardian*, 17 March. Available at: https://www.theguardian.com/media/2017/mar/16/guardian-pulls-ads-google-placed-extremist-material

Marvin, Ginny (2017) 'With Brand Safety in Mind, YouTube Steps Up Efforts to "Fight Online Terror"'. *Marketing Land*, 21 June. Available at: https://marketingland.com/

brand-safety-youtube-efforts-fight-online-terror-218028.

Marwick, Alice and Rebecca Lewis (2017) 'Media Manipulation and Disinformation Online'. New York: Data and Society Research Institute. Available at: https://datasociety.net/output/media-manipulation-and-disinfo-online/.

Massanari, Adrienne (2017) '#Gamergate and The Fappening: How Reddit's algorithm, governance, and culture support toxic technocultures'. *New Media and Society* 19(3): 329~346.

Matthews, Nicole (2007) 'Confessions to a New Public: Video Nation Shorts'. *Media, Culture and Society* 29(3): 435~448.

Meikle, Graham (2002) *Future Active: Media Activism and the Internet*. Sydney: Pluto Press.

Mensel, Robert E. (1991) 'Kodakers Lying in Wait: Amateur Photography and the Right of Privacy in New York, 1885~1915'. *Arts Quarterly* 1(43): 24~45.

Miller, Claire Cain (2011) 'YouTube Acquires a Producer of Videos'. *The New York Times*, 7 March. Available at: http://www.nytimes.com/2011/03/08/technology/08youtube.html.

Mills, Eleanor (2007) 'Viacom Sued Over Colbert Parody on YouTube'. *ZDNet*, 22 March. Available at: http://news.zdnet.com/2100-9595-6169765.html.

Miltner, Kate and Tim Highfield (2017) 'Never Gonna GIF You Up: Analyzing the Cultural Significance of the Animated GIF'. *Social Media+Society* 3(3). http://journals.sagepub.com/doi/abs/10.1177/2056305117725223.

Mittell, Jason (2006) 'Narrative Complexity in Contemporary American Television'. *The Velvet Light Trap* 58: 29~40.

Morreale, Joanne (2014) 'From Homemade to Store Bought: Annoying Orange and the Professionalization of YouTube'. *Journal of Consumer Culture* 14(1): 113~128.

Morrissey, Brian (2006) 'Old Media Faces a Hard Lesson On Sharing'. *Adweek*, 3 April.

Moylan, Brian (2015) 'A Decade of YouTube Has Changed the Future of Television'. *Time*, 23 April. Available at: http://time.com/3828217/youtube-decade/.

Murdock, Graham and Robin McCron (1976) 'Youth and Class: The Career of a Confusion'. *Working Class Youth Culture*. Eds. Geoff Mungham and Geoff Pearson. London: Routledge and Kegan Paul, pp. 10~26.

Murphy, Candace (2006) 'Today's Kids Have their own Outlets for Creativity'. *The Oakland Tribune*, 22 July. Accessed via Factiva database.

Murray, Simone (2004) ' "Celebrating the Story the Way it Is": Cultural Studies, Corporate Media and the Contested Utility of Fandom'. *Continuum: Journal of Media and Cultural Studies* 1(18): 7~25.

Napoli, Philip and Robyn Caplan (2017) 'Why Media Companies Insist they're not Media Companies, Why they're Wrong, and why it Matters'. *First Monday* 22(5). https://journals.uic.edu/ojs/index.php/fm/article/view/7051.

Nazerali, Sanjay (2017) 'How YouTube Influencers are Rewriting the Marketing Rulebook'. *Huffington Post*, 2 Oct. Available at: http://www.huffingtonpost.com/entry/how-youtube-influencers-are-rewriting-the-marketing_us_59d2b250e4b03905538d17c3.

Nead, Lynda (2004) 'Animating the Everyday: London on Camera Circa 1900'. *Journal of British Studies* 1(43): 65~90.

Niemeyer, Dodie J. and Hannah R. Gerber (2015) 'Maker Culture and Minecraft: Implications for the Future of Learning'. *Educational Media International* 52(3): 216~226.

Nightingale, Virginia (2007) 'The Cameraphone and Online Image Sharing'. *Continuum: Journal of Media and Cultural Studies* 21(2): 289~301.

Noguchi, Yuke and Sara Kehaulani Goo (2006) 'To the Media, YouTube Is a Threat and a Tool'. *The Washington Post*, 31 October. Accessed via Factiva database.

Nussenbaum, Evelyn, Oliver Ryan, and Peter Lewis (2005) 'Media on the cutting edge'. *Fortune* 152(11): 217.

O'Brien, Sarah Ashley (2017) 'YouTube and Syria: Tech's Role as Archivist'. *CNN Tech*, 24 August. Available at: http://money.cnn.com/2017/08/24/technology/culture/youtube-syria-videos/index.html.

O'Reilly, Tim (2005) 'What is Web 2.0? Design Patterns and Business Models for the Next Generation of Software'. *O'Reilly Network*. Available at: http://www.oreillynet.com/pub/a/oreilly/tim/news/2005/09/30/what-is-web-20.html.

Paolillo, John C. (2008) 'Structure and Network in the YouTube Core'. Paper presented at

41st Hawaii International Conference on System Sciences.

Patchin, Justin W. and Sameer Hinduja (2006) 'Bullies Move Beyond the Schoolyard: A Preliminary Look At Cyberbullying'. *Youth Violence and Juvenile Justice* 4(2): 148~169.

Perez, Sarah (2017) 'YouTube's App is Dominating Mobile by Monthly Users, Time Spent'. *TechCrunch*, 13 September. Available at: https://techcrunch.com/2017/09/13/youtubes-app-is-dominating-mobile-video-by-monthly-users-time-spent/.

Phillips, Whitney (2015) *This is Why We Can't Have Nice Things: Mapping the Relationship Between Online Trolling and Mainstream Culture.* Cambridge, MA: MIT Press.

Plantin, Jean-Christophe, Carl Lagoze, Paul N. Edwards, and Christian Sandvig (2016) 'Infrastructure Studies Meet Platform Studies in the Age of Google and Facebook'. *New Media and Society.* Online first doi: https://doi.org/10.1177/1461444816661553.

Popper, Ben (2015) 'Red Dawn: An Inside Look at YouTube's New Ad-Free Subscription Service'. *The Verge*, 21 October. Available at: https://www.theverge.com/2015/10/21/9566973/youtube-red-ad-free-offline-paid-subscription-service.

_____ (2017) 'YouTube TV Review: A DVR to Rule Them All'. *The Verge*, 5 April. Available at: https://www.theverge.com/2017/4/5/15177462/youtube-tv-review-streaming-cable-subscription-service.

Postigo, Hector (2016) 'The socio-technical architecture of digital labor: Converting play into YouTube money'. *New Media and Society* 18(2): 332~349.

Potts, Jason, Stuart Cunningham, John Hartley, and Paul Ormerod (2008a) 'Social Network Markets: A New Definition of the Creative Industries'. *Journal of Cultural Economics* 32(3): 167~185.

Potts, Jason, John Hartley, John Banks, Jean Burgess, Rachel Cobcroft, Stuart Cunningham, and Lucy Montgomery (2008b) 'Consumer Co-Creation and Situated Creativity'. *Industry and Innovation* 15(5): 459~474.

Prelinger, Rick (2007) 'Archives and Access in the twenty-first century'. *Cinema Journal* 46(3): 114~118.

Prensky, Marc (2001a) 'Digital Natives, Digital Immigrants'. *On the Horizon* 9(5).

_____ (2001b) 'Digital Natives, Digital Immigrants'. *On the Horizon* 9(6).

Priddy, Molly (2017) 'Why is YouTube Demonetizing LGBTQ Videos?' *Autostraddle*, 22 September. Available at: https://www.autostraddle.com/why-is-youtube-demonetizing-lgbtqia-videos-395058/.

Punathambekar, Aswin (2015) 'Satire, Elections, and Democratic Politics in Digital India'. *Television and New Media* 16(4): 394~400.

Ramadge, Andrew (2008) 'Why Party Boy Corey is a Genius'. *News.com.au*. Available at: http://www.news.com.au/story/0,23599,23066396-5015729,00.html.

Rao, Leena (2016) 'YouTube CEO Says There's "No Timetable" for Profitability'. *Fortune*, 29 October. Available at: http://fortune.com/2016/10/18/youtube-profits-ceo-susan-wojcicki/.

Raun, Tobias (2016) *Out Online: Trans Self-Representation and Community Building on YouTube*. Oxford and New York: Routledge.

Rawstorne, Tom and Brad Crouch (2006) 'The Free-for-All Called YouTube'. *The Sunday Mail*, Australia, 15 October. Accessed via Factiva database.

Rieder, Bernhard, Ariadna Matamoros-Fernández, and Oscar Coromina (2017) 'From Ranking Algorithms to "Ranking Cultures": Investigating the Modulation of Visibility in YouTube Search Results'. *Convergence*, forthcoming (final author version cited).

Rimmer, Matthew (2017) 'The Dancing Baby: Copyright Law, YouTube, and Music Videos'. *Research Handbook on Intellectual Property in Media and Entertainment*. Eds. Megan Richardson and Sam Ricketson. Cheltenham, UK, Northampton, MA: Edward Elgar, pp. 150~194.

Rose, Richard (2005) 'Language, Soft Power and Asymmetrical Internet Communication'. *Oxford Internet Institute Research Report No. 7*. Available at: http://www.oii.ox.ac.uk/research/project.cfm?id=7.

Ross, Andrew (2000) 'The Mental Labor Problem'. *Social Text* 2(18): 1~31.

Rossiter, Ned (2016) *Software, Infrastructure, Labor: A Media Theory of Logistical Nightmares*. London, New York: Routledge.

Rowan, David (2005) 'The Next Big Thing: Video-Sharing Websites; Trendsurfing'. *The*

Times, London, 19 November, Magazine, p. 14.

Ryan, Oliver (2006) 'Don't Touch That Dial'. *Fortune* 154(5): 76~77.

Sánchez-Olmos, Cande and Eduardo Vinuela (2017) 'The Musicless Music Video as a Spreadale Meme Video: Format, User inteaction, and Meaning on YouTube'. *International Journal of Communication* (II)21. Available at: http://ijoc.org/index.php/ioc/article/view/6410.

Schilt, Kristen (2003) ' "A Little Too Ironic": The Appropriation and Packaging of Riot Grrrl Politics By Mainstream Female Musicians'. *Popular Music and Society* 26 (10): 5~16.

Schroeder, Stan (2012). 'YouTube Opens Partner Program to Everyone'. *Mashable*, 13 April. Available at: http://mashable.com/2012/04/13/youtube-opens-partner-program.

Seavers, Kris (2017) 'YouTubers warn: The 'adpocalypse' is here — and it's killing them'. *The Daily Dot*, 18 September. Available at: https://www.dailydot.com/upstream/youtube-adpocalypse/.

Segev, Elad, Niv Ahituv, and Karine Barzilai-Nahon (2007) 'Mapping Diversities and Tracing Trends of Cultural Homogeneity/Heterogeneity in Cyberspace'. *Journal of Computer-Mediated Communication* 12(12): 69~97.

Seiberling, Grace and Carolyn Bloore (1986) *Amateurs, Photography, and the Mid-Victorian Imagination*. Chicago: University of Chicago Press.

Senft, Theresa M. (2008) *Camgirls: Celebrity and Community in the Age of Social Networks*. New York: Peter Lang.

_____ (2013) 'Microcelebrity and the Branded Self'. *A Companion to New Media Dynamics*. Eds. John Hartley, Jean Burgess, and Axel Bruns. London: Wiley-Blackwell, pp. 346~354.

Serazio, Michael and Brooke Erin Duffy (2017) 'Social Media Marketing'. *The Sage Handbook of Social Media*. Eds. Jean Burgess, Alice Marwick, and Thomas Poell. London: Sage, pp. 481~496.

Shah, Chirag and Gary Marchionini (2007) 'Preserving 2008 US Presidential Election Videos'. Paper presented at *IWAW'07*, Vancouver, British Columbia, Canada.

Shefrin, Elana (2004) 'Lord of the Rings, Star Wars, and Participatory Fandom: Mapping New Congruences Between the Internet and Media Entertainment Culture'. *Critical Studies in Media Communication* 21(3): 261~281.

Shifman, Limor (2014) *Memes in Digital Culture*. Cambridge, MA: MIT Press.

Shirky, Clay (2008) *Here Comes Everybody: The Power of Organizing Without Organizations*. New York: Penguin.

Shribman, Bill (2015). 'YouTube Kids New App: The Experts Weigh In'. *GeekDad*. Published 1 March 2015. Available at: http://geekdad.com/2015/03/youtubes-new-kids-app/.

Slonje, Rober and Peter K. Smith (2008) 'Cyberbullying: Another main type of bullying?' *Scandinavian Journal of Psychology* 49(2): 147~154.

Smit, Rik, Ansgard Heinrich, and Marcel Broersma (2017) 'Witnessing in the new memory ecology: Memory construction of the Syrian conflict on YouTube'. *New Media and Society* 19(2): 289~307.

Smith, Bridie (2007) 'Schools Ban YouTube Sites in Cyber-Bully Fight'. *The Age*, Melbourne, 2 March. Available at: http://www.theage.com.au/.

Smith, Daniel (2014) 'Charlie is so "English"-like: Nationality and the Branded Celebrity Person in the Age of YouTube'. *Celebrity Studies* 5(3): 256~274.

Snickars, Pelle and Patrick Vonderau (2009) Eds. *The YouTube Reader*. Stockholm: National Library of Sweden.

Soha, Michael and Zachary McDowell (2017) 'Monetizing a Meme: YouTube, Content ID, and the Harlem Shake'. *Social Media+Society* 2(1): http://journals.sagepub.com/doi/abs/10.1177/2056305115623801.

Solomon, Leron (2015) 'Fair Users or Content Abusers? The Automatic Flagging of Non-Infringing Videos by Content ID on YouTube'. *Hofstra Law Review* 44(1): 237~268.

Springhall, John (1999) *Youth, Popular Culture and Moral Panics: Penny Gaffs to Gangsta Rap, 1830~1997*. London: Palgrave Macmillan.

Spurgeon, Christina (2008) *Advertising and New Media*. London and New York: Routledge.

Stein, Joel (2006) 'Straight Outta Narnia'. *Time* 167(17): 69.

Stevenson, Nick (2003a) *Cultural Citizenship: Cosmopolitan Questions*. Maidenhead: Open University Press.

_____ (2003b) 'Cultural Citizenship in the "Cultural" Society: A Cosmopolitan Approach'. *Citizenship Studies* 3(7): 331~348.

Stone, Brad (2007), 'Young Turn to Web Sites Without Rules'. *New York Times*, 2 January. Available at: http://www.nytimes.com/2007/01/02/technology/02net.htm.

Storey, John (2003) *Inventing Popular Culture: From Folklore to Globalization*. Malden, MA and Oxford: Blackwell.

Strangelove, Michael (2010) *Watching YouTube: Extraordinary videos by ordinary people*. Toronto: University of Toronto Press.

Street, Brian (1984) *Literacy in Theory and Practice*. Cambridge: Cambridge University Press.

Suciu, Peter (2007) 'YouTube Goes Local With 9 Country-Specific Versions', *TechCrunch*, 19 June. Available at: https://techcrunch.com/2007/06/19/youtube-goes-local-with-9-country-specific-versions/.

Swartz, Jon (2007) 'YouTube Gets Media Providers' Help Foiling Piracy'. *USA Today*, 16 October, p. B4.

Terranova, Tiziana (2000) 'Free Labor: Producing Culture for the Digital Economy'. *Social Text* 2(18): 33~58.

Thompson, John B. (2005) 'The New Visibility'. *Theory, Culture and Society* 22(6): 31~51.

Tracey, Michael (1998) *The Decline and Fall of Public Service Broadcasting*. Oxford and New York: Oxford University Press.

Turner, Fred (2006) *From Counterculture to Cyberculture: Steward Brand, the Whole Earth Network and the Rise of Digital Utopianism*. Chicago: Chicago University Press.

Turner, Graeme (2004) *Understanding Celebrity*. London: Sage.

_____ (2006) 'The Mass Production of Celebrity: "Celetoids", Reality TV and the "Demotic Turn"'. *International Journal of Cultural Studies* 2(9): 153~166.

van Dijck, José (2013). *The Culture of Connectivity: A Critical History of Social Media*. Oxford: Oxford University Press.

van Dijck, José and Thomas Poell (2013) 'Understanding Social Media Logic'. *Media and Communication* 1(1): 2~14.

Vascellaro, Jessica E., Amir Efrati, and Ethan Smith (2011) 'YouTube Recasts for New Viewers'. *Wall Street Journal*, 7 April. Available at: http://www.wsj.com/articles/ SB10001424052748704 013604576247060940913104.

Veiga, Alex (2006) 'Anti-Piracy System Could Hurt YouTube'. *Associated Press Newswires*, 13 October. Accessed via Factiva database.

Von Hippel, Eric (2005) *Democratizing Innovation*. Cambridge, MA: The MIT Press.

Wallenstein, Andrew (2006a) 'Biz not sure how to treat upstart YouTube'. *The Hollywood Reporter*, 21 March. Available at: http://www.hollywoodreporter.com/hr/ search/article_display.jsp?vnu_cotent_id=1002199881.

――― (2006b) 'MTV2 embraces embattered YouTube video-sharing site'. *Reuters News*, 3 March. Accessed via Factiva database.

Waxman, Sharon (2011) 'YouTube Unveils Original Content Channels in Challenge to TV'. *The Wrap*, 28 October. Available at: http://www.thewrap.com/youtube-launch-dozens-original-content-channels-challenging-television-32297/.

Weinberger, David (2007) *Everything is Miscellaneous: The Power of the New Digital Disorder*. New York: Times Books.

Whelan, Ella (2017) '#metoo: A Moral Panic About Men'. *Spiked Online*, 18 October. Available at: http://www.spiked-online.com/newsite/article/metoo-a-moral-panic-about-men.

Wikström, Patrik (2013) 'The Dynamics of Digital Multisided Media Markets'. *A Companion to New Media Dynamics*. Eds. John Hartley, Jean Burgess, and Axel Bruns. London: Wiley-Blackwell, pp. 231~246.

Williams, Raymond (1958) 'Culture is Ordinary'. *Resources of Hope. Culture, Democracy, Socialism*. Ed. Robin Gable (1989). London: Verso, pp. 3~18.

YouTube (2017a) Community Guidelines, 8 October. Available at: https://www.youtube.com/yt/policyandsafety/communityguidelines.html.

_____ (2017b) What is fair use?, 8 October. Available at: https://www.youtube.com/yt/copyright/fair-use.html.

YouTube Creator Blog (2017) 'Introducing Expanded YouTube Partner Program Safeguards to Protect Creators'. 6 April. Available at: https://youtube-creators.googleblog.com/2017/04/introducing-expanded-youtube-partner.html.

YouTube Engineering and Developers Blog (2015) 'YouTube Now Defaults to HTML5 〈video〉'. 27 January. Available at: https://youtube-eng.googleblog.com/2015/01/youtube-now-defaults-to-html5_27.html.

YouTube Official Blog (2010) 'Broadcast Yourself'. 18 March. Available at: https://youtube.googleblog.com/2010/03/broadcast-yourself.html.

Zimmermann, Patricia (1995) *Reel Families: A Social History of Amateur Film*. Bloomington: Indiana University Press.

Zittrain, Jonathan (2008) *The Future of the Internet and How to Stop It*. New Haven: Yale University Press.

찾아보기

주제어

가명성 155~156

가송* 135

가십 100, 108, 121, 160

가짜 뉴스 146 **오보 참조**

감시 67, 80

개인화 92, 122~123, 165~166, 175

개편 103~104, 106, 169

거대 매체* 71, 150~151, 155, 189

검색 기능 38, 51, 91, 95, 135

#게이머게이트 논란 157~158

게임 35, 81, 125, 133, 149

게임 공략 109, 123

게임 리뷰 97

격렬한 설전 158~160

경쟁 58

고백 문화 111

고화질 영상 105

공공 반달리즘* 53

공동체 24~25, 33, 44, 62, 67, 70, 129~
    130, 133~160, 163~170, 190~192, 195

공동체 지침 75, 180, 192~193

'공식' 취합 채널 123~125

공영 방송 43, 179 **주류 매체 참조**

공유 기능 22, 26~27, 29, 64, 74, 102

공정 이용 원칙* 75

공정 이용 조항 75~76

관련 영상 목록 26, 93, 95

관음주의 67

광고 23~24, 30, 32, 48, 51, 61, 72, 82~
    83, 85, 99, 144, 175, 177, 192~196

'광고의 종말' 134, 155, 192~193, 195

괴롭힘 48, 53~54, 169

교내 난투극* 53

교수 영상 **교육 영상 참조**

교육 영상 64, 101, 109, 115, 148~149

교육 자료 114

교차 플랫폼 활동 137~138, 143, 191

구글 23, 25, 31, 70, 72~74, 83, 85, 114,
    140, 156, 175, 192

구글 대 바이어컴 법정 소송 23, 72, 74,
    192

구글/알파벳* 31, 85, 175

구글 영상 서비스 73

구글/유튜브* 175

구글 플러스 156

구독 23~24, 32, 118, 191, 194

구독자 74, 89, 120~125, 144

인명은 성(last name), 이름(first name)의 순서대로 나열했다. * 표시한 색인어는 옮긴이가 추가한 것이다.

'구독자 수' 채널　74, 120~125

구매품 논평 동영상　81

국가 규제 체제　175, 190

국가 특유의 웹사이트 버전　172~174

'국제 영화 경쟁'　58

규모

　댓글 순화　155

　사용자 규모　23~24

　연구 접근　36~39

　콘텐츠 규모　25, 29, 33, 36

규제

　국가 규제 체제　175~176, 190

　브랜드 안전성　193~196

　아동 보호　48, 51~53

　악플　155~157

　콘텐츠 규제　31~32, 134, 175~176, 190

그래미 시상식　58

그레이트 워 채널　194

극단적 콘텐츠　192~196

극우파　146, 158, 192, 194, 196

기술 이국주의*　50

기업가형 브이로거　60

기존 매체　주류 매체 참조

난동*　53

'남캘리포니아식' 사업 모델　33

내장　22, 26, 72, 138

냅츠　116, 151

넥스트 뉴 네트워크스　117

넥스트셀렉션 라이프스타일 그룹　117

넥스트업 프로그램　118

넷플릭스　26, 60, 90, 190

노굿TV　115

노동관계　79~80, 132~133, 149

#노모어크랩션 캠페인　140

노상강도 사건　52

노 유어 밈*　189

노출증(과시)　53, 67

'노프라'　151

논란　149~150, 173~174, 192~196

'논의 횟수' 콘텐츠　74, 91~93, 108~113

누마 누마*　118

뉴 리터러시 연구 운동　145

뉴스　35, 47~49, 97, 99~100, 106, 113, 123, 146, 183~187

니가히가*　122, 124

니켈로디언　72

다면 매체 시장　30

다양성　163~171, 174, 190, 195~196

다중채널 네트워크(MCN)　30, 83, 96, 122, 144, 159~160, 174, 188

다큐멘터리　113

단편 영화　58, 109, 143

당신의 디지털 동영상 창고*　28, 177

당신 자신을 방송하라*　28, 97, 139, 177, 191

대규모 멀티 플레이어 온라인 비디오 게임*　133

대량 대중화* 190

대량 문화 **상업적 대중문화** 참조

대중문화(인기 문화) 35, 41~43, 78, 92, 108, 164~166, 178~180

대학 114

대행자 44, 130~132

댓글 기능 26, 155~157

댓글 순화 155~157

데이터 과학* 31

데이터베이스* 75, 92

데이터세트* 39

데이터 이용 132

데이터화* 35

도덕성 48, 50~55, 67

도덕적 공황 50~55, 183

도둑맞은 세대 185

도발적 콘텐츠* 104

도서관 178, 180

독립 제작사 99

동료 학습 129, 144~149

동영상블로거* 36, 67, 111, 114~116, 118, 120, 167~168, 177, 194

동영상블로그 **브이로그** 참조

동영상 스트리밍 26, 85, 190

동요 124

듀드 퍼펙트* 124

디빅스* 105

디아스포라 공동체 169

디즈니 188

디지털 미디어 리터러시 144~148, 170, 185

디지털 밀레니엄 저작권 법(DMCA) 27, 75~76

디지털 소작* 79~80, 132

디지털 연구 방법* 37, 39

디지털 원주민 50, 147

디지털 유토피아주의* 42

디지털 포용* 170

따라 하기 영상 **교육 영상** 참조

딱 걸렸어* 69, 107

라이브 동영상 채팅 136

라이브저널 134

라이프스타일 영상 115, 117

랜덤 브레인웨이브 184

런던 심포니 오케스트라 58

레드불 TV 116

'레이지 선데이' 스케치 27, 56, 71~72

론리걸15 68~70

론리 아일랜드 웹사이트 56

롱테일* 166

리네토 151

리믹스 66, 73, 75~78, 111, 135, 137, 186

리뷰 97

리사노바 159

리얼리티쇼 악당* 188

리얼리티 텔레비전 57~58, 60, 67, 99, 111

리틀베이비범* 125

릭롤링* 119

릴리 싱* 191

립싱크 53, 65~66

'**마**이 그래미 모멘트' 경쟁 58

마이스페이스 69, 107, 183~184

마이크로블로그 137

마인크래프트 146

마케팅 27, 43, 61, 82, 133 광고;
　브랜드 참조

말하기 인식 기술 140

매체 공황 47, 50~55

매체 패권 55

머시니마(다중채널 네트워크) 83

머시니마(애니메이션) 97, 109

머천다이즈 78, 83, 120

메이커 스튜디오 83, 159

메타데이터* 38~39, 135

메타비즈니스 29

메타-유튜브 영상 141~143

목격 영상 106, 180, 196

무신론자 167

문자 뮤직비디오 77

문화 시민권 163~170, 174

문화 연구 36, 41~42, 51~52, 164

문화 연행* 66

뮤지션 채널 57~58

뮤직비디오 35, 57~58, 66, 77~78, 97,
　99, 101, 107~108, 113, 115, 117, 123~
　125, 176~177

미국 대통령 선거 99, 106~108, 146,
　158

미국 의회 도서관* 180

미디어 리터러시 144~149

미디어세트 73

미디어 연구 36, 164

미시-미시유명세* 63

미시유명세(유명인) 63, 67, 187

#미투 운동 55

민속 문화 42~43, 78

민속지학 연구 167

민주화 42, 54~56, 59

밈 63, 77~78, 137, 167~169, 184~185

바이럴 마케팅 27, 43

바이럴 콘텐츠 49, 60, 63, 65~66, 74,
　78, 118, 142, 175, 177

바이어컴 23, 71~74, 104, 115, 192

바인 109, 111, 138, 188, 191

박물관 178

반려동물* 28, 38, 64

반려동물 동영상 64, 98

반사회적 행동 48, 52~55, 155~157, 189

반향실 효과 170

방송 매체 　주류 매체; 공영 방송; 텔레비전
　참조

범주화 시스템 38

벼락출세담* 58

변화를 추구하는 창작자들 프로그램
　171

보드빌 112, 119

부모 통제 기능 51

부우글* 188

'북캘리포니아식' 사업 모델 33

불안정한 노동 132

뷰티 영상 115, 117

브랜드 28, 32, 43, 61, 70, 83, 122, 144, 164

브랜드 안전성 193~196

브로드밴드TV 84

브리* 68~69

브이로그 35~36, 65~70, 81, 97, 101, 110~117, 137, 141~143, 147~148, 167~168, 186

블런티 3000 116, 153

블로거 22

블로그 22, 111, 119, 138

비기업적 톱 100* 154

비디오 게임 공략 영상* 109

비보 123

비상호 매개* 83, 171

비연예인-유명인* 59

비트불링 채널 54

비트토렌트 105

비판적 디지털 연구 방법 39

비현금화 83, 134, 194~196

사별 브이로그 168

'사상 최고의 길거리 파티' 183~184

사용 문화 36, 38, 56, 89, 130, 149

사용자 규모 23~26, 29, 120~121

사용자 인터페이스 38~39, 89, 91~95, 122~123, 131, 135

사용자 창작 콘텐츠 아마추어 콘텐츠 참조

사용자 혁신 129, 134~144

사이버폭력 48, 53~54

사진 공유 플랫폼 22, 130, 171

사회 계급 50, 55, 165

사회 규범 36, 56, 157, 191

사회적 구축 165

사회적 우려 50~55

삭제 정책 176, 180

상업적 대중문화 42~43, 103, 149~152, 154~155

상업화 32~33, 59, 149, 151~155, 159

상향식 모델 35, 85, 142, 152~153, 178

상호 매개 30, 83~84, 95, 119

선정주의 151, 153

'선호도' 콘텐츠 91~93, 100~102, 107

성 소수자 164, 168~169, 196

성적 대상화* 48

성적 콘텐츠 23, 53, 195~196

성차별 157

세계화 171~176

세쿼이아 캐피털 투자 유치 발표 23~24

셀카 문화 67

소리 지르기 초대 143

소비 31, 42~43, 104, 135

소셜 네트워크 기능 22~23, 26, 31, 36,

69, 129, 134~142, 149

소셜 네트워크 분석 37

소셜 미디어 엔터테인먼트 33, 61, 113, 138, 191

소셜 미디어 인플루언서 51, 61, 82, 115, 132, 138

소셜블레이드 84, 96, 123~125

수익성 84, 190

수익원 현금화 참조

　유튜브 23~24, 32, 82~85, 132, 150, 190

　콘텐츠 제작 30, 61, 78, 116, 121, 134, 144, 192~196

순위 문화* 95

스냅챗 111, 138, 191

스마트 텔레비전 190

스모시* 121~124, 191

스세필 61

스케치 코미디 참조

스케치 코미디* 56, 97, 99, 101, 112, 121

'스케치' 코미디 시상식 58

스크랩북 만들기 165

스튜디오 공간 32, 118, 134

스트리미 어워드 110

스트리밍 서비스 26, 60, 190~191

스티캠 136~137

스파이크 115

스포츠 73, 77, 97, 99, 101, 106, 115, 122, 169

스포티파이 26

시간 제한 105, 109

시리아 내전 180

시민성* 157

시민 저널리즘 106

신인 발굴 경쟁 58

실리콘 밸리 33, 42

실시간 게임 플레이 35, 81, 125

실험 109~110

실황 음악 영상 99, 101

아니메 169

아니메 뮤직비디오 97, 109

아동 48, 51~54, 63, 125 청년 참조

아마존 190

아마추어 콘텐츠

　개발 프로그램 32, 117~118, 133

　'광고의 종말' 192~196

　'구독자 수' 채널 74, 120~125

　규제 31~32, 134, 190~196

　기존 매체 콘텐츠의 재이용 75~78, 169, 186

　'논의 횟수'와 '응답 횟수' 콘텐츠 74, 91~93, 108~113

　매체 이벤트에 대한 반응 183~187

　연구 결과 96~102, 108~113

　유명인(유명세) 56~63

　일상 문화 63~70

　장르 33, 65~66, 77, 81, 89, 96~97, 99, 108~113, 118~120, 122~123

저장고 177

전문화 32~33, 60, 78, 117~119, 133

진정성 42~44, 62, 68~70, 129, 142,
150~151, 153, 160, 191

항의 영상 150~153, 155, 173

혁신 129, 134~144

현금화 30, 61, 78, 116, 121, 134,
144, 192

협력 135~138, 143

아메리칸 라이프 64

아이튠스 29

악플 155~157

'안 될 것 같은 임무: 하나의 외침' 143

알고리듬 39, 44, 51, 79, 95, 122, 156,
158

알트라이트 146, 158, 192, 194, 196

압축 기술 105

애니메이션 99, 101

애니메이션화한 GIF 77, 109

애도 168

애플 29

야후! 174

양면 매체 시장 30

양적 분석 39

어노잉 오렌지 78

언론 주류 매체 참조

언술적 생산성* 77

언어 선택 173

업로더 정체 91, 99~101, 114~119, 177

엑스고보빈스 154

엔드-스크린* 194~195

여론 조작 74, 142

여성주의학 131~132

연결성* 35

연구 방법론 35~40, 90~92, 96~97

영상 주석 139

영상 캡처 137

영상 화질 105

예술가 개발 지원 프로그램 32, 117~
118, 133~134

예술계 131~132

'예전 인기' 콘텐츠 92

오리지널 프로그램 119

'오리지널 휴먼 테트리스 공연' 110

오보 146, 158, 196

오커트 143

오케이 고 57

오프컴 145

온라인 프레젠테이션* 114

왕립 호주 공군* 114

워드프레스 22

원디렉션* 124

윗더벅 61

'윗 송 이즈 디스?' 110

웨이백 머신 179

웹 전용 영상 제작 신생 기업 115

웹캠 문화 67, 111

웹 2.0 22~24, 42, 49, 54, 145, 171~172

위챗 31, 191

윈도 무비메이커* 147~148

유* 54, 81

유명인(유명세) 48, 56~63, 81~82, 100, 106, 108, 150~151, 153, 160

유명인 가십 100, 108, 121, 160

유명인 인터뷰 97, 99~100, 115

유용성 135~136

유지 가능성 190

유통 기능 24, 27, 33, 35, 44, 71~73, 96, 149

유튜버* 32~33, 47, 55, 58~64, 66, 68, 70, 74, 82~83, 95, 113, 118~123, 125, 129~130, 132, 134, 136~144, 147, 149~160, 168, 171, 191, 194

유튜브 공동체 위원회 174

유튜브 드라마 113, 158~160

유튜브 레드 32, 118~119, 191

유튜브 백만장자 121, 160

유튜브 스페이스 32, 134

유튜브 시상식 110

'유튜브에서 젊은 여자로 살기' 157

'유튜브의 모든 것' 118

유튜브 크리에이터 플레이북 117

유튜브 키즈 51

유튜브 트렌드 블로그 95

'유튜브 폽' 110

'유튜브 황금기의 명복을 빈다' 152

유튜브 히어로 프로그램 156

유튜브 TV 85, 160, 191

음반 회사 29, 57, 83, 117, 121~122, 177, 189

음악 경쟁 58

음악 스트리밍 26, 108

음악 없는 뮤직비디오 77

'응답 횟수' 콘텐츠 74, 91~93, 108~113

'이름 전쟁' 156

익명 155

인공지능 85

인권 180, 196

인기
  측정 74, 89~95, 120~125, 142~144
  형성 89, 92~96

인기 채널 목록 123

인민의 문화* 42~43

인스타그램 138

인용 77, 105~106, 135, 169, 186

인재(재능) 32, 47, 49, 56~60, 83~84, 114, 116, 118, 191

인재 개발 프로그램 32, 117~118, 134

인종적 소수자 164

인터넷 아카이브 프로젝트 179

인터뷰 97, 99~100, 113, 115

'인터페이스 연구 방법'* 39

인플루언서 51, 61~62, 82, 115, 132, 138

일상 동영상* 60, 63

일상 문화 34~35, 42~44, 47, 62~70, 78~79, 85, 118~120, 125, 187, 195

'일상의 단면' 영상 97

일상적 창의성* 42, 64~65, 77, 79, 85, 118, 172

일상 콘텐츠 **아마추어 콘텐츠** 참조
임시 계약 경제 132
잇 겟츠 베터 프로젝트 168

자기표현 28~29, 49, 64, 101
자동 자막 140
자동차 서핑* 53
자본주의 42~43, 50
장난감 언박싱 동영상 51, 125
장르 33, 65~66, 77, 81, 89, 96~97, 99,
 108~113, 118~120, 122
장애인 운동 139~141
재영토화* 175
저작권 23, 27, 32~33, 47~48, 70~80,
 97, 104~105, 179~180, 189
저작권 센터 75
저장고 기능 28, 81, 106, 149, 176~180
저화질* 105, 131
전문 매체* 32
점프TV 스포츠 115
접근성 139~141
정보 격차 50, 165
정보 콘텐츠 64, 97, 99~100, 106~107,
 113, 115
정치 캠페인 99~100, 106
정치 토론 106
제리애트릭1927 147~148
제비드* 105
제작 회사 32
제품 브랜드 보증 61, 82~83, 117

제품 프레젠테이션 114
제 프랭크 111
조나스 브라더스 108
'조회 수' 콘텐츠 74, 91~93, 100~102,
 120~124, 147, 154, 186
존 서네임* 184
종교적 소수자 164
주류 매체 **텔레비전** 참조
 도덕적 공황 50~55, 183
 매체 이벤트 보도 183~187
 붕괴 165
 아마추어 재이용 콘텐츠 75~78,
  169, 186
 업로드된 자료 99~101, 177
 유명인(유명세) 56~63, 150~152
 유튜브에 대한 기사 27~28, 40, 47~
  49, 62, 68~69, 71, 81~82, 107
 유튜브 콘텐츠 23, 27, 29, 35, 47~
  48, 72~78, 89, 96~108, 121~125,
  150~155, 176~177, 189
 저작권 문제 27, 47~48, 70~80,
  104~105
 주류 플랫폼으로서 유튜브 47, 80~85
 콘텐츠의 수용자 이용 103~108
주석 138~139
주제 분석* 47
중간 조정 층위* 84
중립성 31, 189
중소기업(SME) 99, 121
지리적 제한 콘텐츠 173

지리-지역 여과 장치 175~176

'지상에서 대박으로' 콘테스트 58

지지고저스* 191

진정성 42, 44, 62, 68~70, 129, 142,
    150, 152~153, 160, 191

질적 연구 방법 36, 39

짜깁기 영상 109

착취 48, 63, 132

찰스트리피 116

참여 격차* 170

참여 문화 34~35, 40~44, 54, 133, 156,
    163~166, 187

참여 전환* 43

창작자* 29~30, 32~33, 60, 62, 75~76,
    78~80, 82~84, 86, 90, 96, 112, 116~
    119, 129~130, 132~135, 138, 141~
    144, 149~150, 171, 189~190, 192~195

채널 32, 38, 58, 82, 89, 119~125

채널 후원 82, 120

채널101닷컴 56

첫 화면 등장 영상 목록 150

청년 27, 47~55, 65~66, 98, 144, 168,
    183~185 **아동** 참조

추천 영상 기능 26, 38, 51, 125

'춤추는 아기' 사례 77

취합 채널 123

침실 문화 53, 66, 117

카네기 홀 58

카다시안* 188

캐스팅 대행사 32

캡션 페일 시리즈 140

커밍아웃 영상 168

커버 동영상 66

컴스코어 25

'컴퓨터가 무서운 사람들을 위해' 148

케브줌바* 122

코미디 27, 56, 58, 97, 101, 116, 121~
    122

코미디 센트럴 72

콘텐츠 규모 25, 29, 33, 36

콘텐츠 규제 31~32, 134, 175~176,
    190~197

콘텐츠 아이디 32, 75, 77, 79

콘텐츠 접근 방법 37~39, 91~95

콘텐츠 창작 22, 24, 31~32, 44, 64, 74,
    76~80, 96, 108~113, 117~118

콘텐츠 큐레이션 22, 37~38, 44, 74,
    91~92, 123~125, 165, 177~178

콘텐츠 프로모션 92, 150~151

'쿨한 채널 다섯 개만 말해줘'* 143

크라우드소싱* 178

크라우드펀딩* 194

클래식 음악 58

키보드 캣* 118

타블로이드 텔레비전* 59, 187

태그 기능 38

테라 나오미 57

텐센트   31

텔레비전   **주류 매체 참조**

   뉴스   47, 49, 100, 106, 123, 183~187

   리얼리티 텔레비전   58, 60, 66, 99,
     111

   스마트 텔레비전   190

   아마추어 재이용 콘텐츠   77, 110

   연구   35, 90

   연속극   99, 101, 104, 169

   유명인(유명세)   56~61, 159

   유튜브 콘텐츠   27, 70~71, 77, 81~
     82, 97, 99, 101, 186, 187

   유튜브와 교차 플랫폼 활동   81~82,
     150~153

   유튜브에 대한 보도   47~49

   저장고   81, 106, 177~178

   토크쇼   60, 99, 111, 187

텔레비전 연속극   99, 101, 104, 169

토크쇼   60, 99, 111, 187

투과성*   138

투자자   30~31, 44

트랜스 동영상블로거*   168

트롤   155~158, 185

트롤 부대*   107

트롤 짓*   157, 159, 185, 187

트릭 영상   109~110

트위치   138, 191

트위터   37, 77, 107, 137~138, 180, 191,
  195

틈새시장*   49, 166

팀 10   188

파트너 프로그램   82, 116, 133, 159,
  193~195

판도라   26

판타스틱블래빙스   137~138

패권   41, 55

패러디   74~75, 77, 143, 184

패션 영상   115

팬 공동체   43~44, 57, 77, 117, 169

팬 영상   73, 77~78, 97, 109

페르난플루*   124

페이스북   31, 77, 129, 171, 175, 180,
  183, 191, 195

페이트리언   194

페이퍼릴리스   152

폐쇄 자막   140

폐쇄형 소스*   139

포드 모델스   114~115

포퓰리즘   107

폭력적 콘텐츠   23, 53~54, 180, 192~195

폭스   26, 56, 72, 184

푸 파이터스*   58

퓨디파이   81

퓨 인터넷   64

프레이밍   47~49

프로모션용 콘텐츠   92, 150

프로페셔널 콘텐츠   23, 32~33, 44, 48,
  68, 80, 89, 96~108, 122~125, 150~
  155, 177, 189   **주류 매체 참조**

프로페셔널화 32~33, 60, 78, 117~119, 133~134

프리미어 리그 73

프리미엄 콘텐츠 23~25, 32, 118, 190~191

플랫폼 고유문화* 120

플랫폼 연구 39

플랫폼 패러다임 30~35, 175, 196~197

플랫폼화* 30

플리커 22, 134, 171~172

픽시스 65~66

필터 버블 170~171

하위문화 63, 137, 163, 166

하이퍼링크 38, 139

하향식 모델 35, 85, 135

학교 49, 53

할리우드 32~33, 59, 160

핫포워즈 61

항의 영상 150~155, 173

향수 177

해킹 가능성 136, 139

해피 슬래핑 53, 98

해피슬립* 122

'헤이' 클립 65~66

혁신 129, 134~144

현금화 78, 83, 132, 134, 144, 159, 189, 192~196 수익원 참조

현지화 171~176

혐오 발언 175, 189, 192, 195~196

혐오자 148, 155~156

협동 몽타주* 141

협력 135, 137, 143

호주 국립 영화 및 음향 자료원 178

호주 원주민 185~187

홍보 영상 99, 114

확산 미디어* 68

'활성화 정도' 콘텐츠 92

후닝* 98

후원 130~134

훌루 71~72, 190

힘 돋우기 63, 67

힘을 돋우는 과시 행위* 67

ABC(호주) 177, 186

ABC 네트워크(미국) 62

BBC 25, 177

C-SPAN 73

DIY* 37, 58~59, 65, 70

GIF 77

G4 TV 115

HBO 177

MSN 174

MTV 57, 72, 168, 188

MTV2　72

NBA*　99
NBC 유니버설　27, 71~72

P2P 방식　73

QQ　31

TF1　73

'1위 경험' 콘텐츠　92
100만 이상 구독자 채널　121
12seconds.tv　137

4챈　158, 185

인명
갠디, 오스카(Oscar H. Gandy)　165
겔, 로버트(Robert Gehl)　179
겔, 앨프리드(Alfred Gell)　130
굿프리드, 그레그(Greg Goodfried)　69
그레그, 멜리사(Melissa Gregg)　55
그레이시, 캐런(Karen F. Gracy)　178
길레스피, 탈턴(Tarleton Gillespie)　31
깁슨, 마거릿(Margaret Gibson)　168

나이팅게일, 버지니아(Virginia Nightin-
　gale)　130

나폴리, 필립(Philip Napoli)　31

도노번, 리사(Lisa Donovan)　159
드로트너, 키어스틴(Kirsten Drotner)
　50, 52
드리스콜, 캐서린(Catherine Driscoll)
　55
디디, 피(P. Diddy)　153
디제너러스, 엘런(Ellen DeGeneres)
　60, 125
디프랭코, 필립(Philip DeFranco)　61

랭, 퍼트리샤(Patricia Lange)　36, 113,
　156, 167~168
러드, 케빈(Kevin Rudd)　185, 187
레이먼드, 기욤(Guillaume Reymond)*
　110
로바토, 라몬(Ramon Lobato)　84, 90
로스톤, 톰(Tom Rawstorne)　52, 54
로즈, 리처드(Richard Rose)　237
로즈, 미아(Mia Rose)　117
로츠, 어맨다(Amanda Lotz)　80
로크리, 마이클(Michael Lockrey)　140
론, 토비아스(Tobias Raun)　168
리더, 베른하르트(Bernhard Reider)　95
리빙스턴, 소니아(Sonia Livingstone)
　145

마돈나(Madonna)　119
매코스커, 앤소니(Anthony McCosker)

157

매키, 앨런(Alan McKee) 178

맥도웰, 재커리(Zachery McDowell) 79

모리얼, 조앤(Joanne Morreale) 78

모타, 베서니(Bethany Mota) 81

미젤, 리탈(Lital Mizel) 65~66

바우어(Bauer) 79

바질라이-나혼, 카린(Karine Barzilai-
　Nahon) 174

반 다이크, 호세(José van Dijck) 135

발자크, 오노레 드(Honoré de Balzac)
　185

뱅크스, 존(John Banks) 133

버지스, 진(Jean Burgess) 30, 42, 136

버클리, 마이클(Michael Buckley) 61

버터필드, 스튜어트(Stewart Butterfield)
　171~172

베를루스코니, 실비오(Silvio Berlusconi)
　73

베리, 트라인 비요르크만(Trine Bjørk-
　mann Berry) 65, 111

베커, 하워드(Hoawrd Becker) 131

베케트, 마일스(Miles Beckett) 69

벵클러, 요하이(Yochai Benkler) 43

보이드, 데이나(danah boyd) 146

브룬스, 액셀(Axel Bruns) 103

비버, 저스틴(Justin Bieber) 57

새비지, 댄(Dan Savage) 168

샘버그, 앤디(Andy Samberg) 56~57

세게프, 엘라드(Elad Segev) 174

센프트, 테리사(Theresa Senft) 65, 67

소하, 마이클(Micheal Soha) 79

슈내퍼, 아키바(Akiva Schnaffer) 56

스위프트, 테일러(Talyor Swift)* 124

스토셀, 존(John Stossel) 62

스티븐슨, 닉(Nick Stevenson) 166

시버스, 크리스(Kris Seavers) 194

아히투프, 니드(Nid Ahituv) 174

애슬리, 릭(Rick Astley) 119

에드워즈, 스코트(Scott Edwards) 180

에미넴(Eminem)* 124

엘리스, 케이티(Katie Ellis) 140

오를로바, 말리나(Malina Orlova) 61

오바마, 버락(Barack Obama) 108

오클리, 타일러(Tyler Oakley) 81

오클리, 피터(Peter Oakley) 147~148

와인버거, 데이비드(David Weinberger)
　29

워딩턴, 코리(Corey Worthington)
　183~189

워치츠키, 수전(Susan Wojcicki) 84

위티크, 플로리언(Florian Wittig) 194

윈프리, 오프라(Oprah Winfrey) 150~
　151, 153~155

응우엔, 티나(Tina Nguyen) 169

재럿, 카일리(Kylie Jarrett) 191

제이 지(Jay Z) 119
젱킨스, 헨리(Henry Jenkins) 40, 64, 109, 112, 170
주커, 제프(Jeff Zucker) 71
준, 로라(Laura June) 51

첸, 스티브(Steve Chen) 21~22

카림, 자베드(Jawed Karim) 21~22, 26
캘런, 미셸(Michel Callon) 94
커닝엄, 스튜어트(Stuart Cunningham) 33, 84, 169
커처, 애슈턴(Ashton Kutcher) 119
콜버트, 스티븐(Stephen Colbert) 73
쿨드리, 닉(Nick Couldry) 57
크라우치, 브래드(Brad Crouch) 52, 54
크레이그, 데이비드(David Craig) 33
크로커, 크리스(Chris Crocker) 60
클린턴, 힐러리(Hillary Clinton) 108
킨, 앤드루(Andrew Keen) 54

타바타베이네자드, 모스타파(Mostafa Tabatabainejad) 106
타일러, 보니(Bonnie Tyler)* 77
태코네, 조마(Jorma Taccone) 56
터너, 그래임(Graeme Turner) 59
터너, 프레드(Fred Turner) 42
톰슨, 존(John Thompson) 107
트란, 내털리(Natalie Tran) 113
트레이시, 마이클(Michael Tracy) 165

페리, 케이티(Katy Perry) 124~125
포스티고, 헥터(Hector Postigo) 95
포인터, 리키(Rikki Poynter) 140
폴, 론(Ron Paul) 107~108
폴, 제이크(Jake Paul) 188
프렌스키, 마크(Marc Prensky) 50
프렐링어, 릭(Rick Prelinger) 179
프리디, 몰리(Molly Priddy) 196
프리머만, 아디(Adi Frimerman) 65~66
플린더스, 메시(Mesh Flinders) 69
피스크, 존(John Fiske) 77
피츠패트릭, 제럴딘(Geraldine Fitzpatrick) 135

하틀리, 존(John Hartley) 59, 103~104
할리, 데이브(Dave Harley) 135
해너, 질(Jill Hanner) 154
허미스, 조크(Joke Hermes) 164
헐리, 채드(Chad Hurley) 21~22
험프리스, 샐(Sal Humphreys) 133
헤퍼넌, 버지니아(Virginia Heffernan) 68
헬먼드, 앤(Anne Helmond) 30
헵디지, 딕(Dick Hebdige) 50
호프, 카리나(Karina Hof) 164~165
홀, 스튜어트(Stuart Hall) 41, 52
히스, 스티븐(Stephen Heath) 35
힐튼, 패리스(Paris Hilton) 81, 153

노래, 영화, 잡지, TV 프로그램 등

≪가디언≫ 193

「강남 스타일」 118, 175

〈글리〉 168

〈나니아 연대기〉* 26

「네버 고너 기브 유 업」* 119

≪뉴욕 타임스≫ 27, 68~69, 188

〈더 부〉 56

≪데일리 도트≫ 194

〈데일리 쇼〉 72~73

「링 더 벨」* 66

〈비자드바크〉 188

〈빅뱅 이론〉* 82

〈빅 브라더〉 60

〈새터데이 나이트 라이브〉 26~27, 56~
57

≪샌프란시스코 크로니클≫ 68

≪선데이 메일≫ 52

〈세서미 스트리트〉* 176

「스타 스팽글드 배너」* 110

〈스튜디오 10〉 187

≪스파이크트 온라인≫ 55

〈엘런〉 토크쇼 60, 124

≪엘에이 타임스≫ 68, 85

〈오썸타운〉 56

위 더 유니콘스 채널 160

유튜브 스타스 블로그 151, 154

〈채널 4 뉴스〉 184

〈커런트 어페어〉 49, 183, 186~187

〈콜버트 리포트〉 73

≪타임≫ 28, 54, 81

≪테크크런치≫ 22

〈토털 이클립스 오브 더 하트〉* 77

〈투데이 투나잇〉 49

≪튜브필터≫ 110, 121

〈트와일라잇〉 76

〈페파 피그〉 51

「프리텐더」* 58

「할렘 셰이크」 79

〈20/20〉 62

지은이

진 버지스(Jean Burgess)는 퀸즐랜드 공과대학교의 디지털 미디어 교수이자 디지털 매체 연구소 소장을 맡고 있다. 주요 연구 분야는 디지털 미디어 기술, 플랫폼, 문화의 사회적 의미와 혁신적 디지털 연구 방법이다. 최근 저서로는 *Everyday Data Cultures* (Polity Press, 2022)가 있다.

조슈아 그린(Joshua Green)은 비즈니스 및 기술 컨설팅 회사 슬라롬(Slalom)의 고객 전략 부문 책임자로 일하고 있다. 퀸즐랜드 공과대학교에서 미디어 연구로 박사 학위를 받았고, 텔레비전, 뉴미디어, 참여 문화에 관해 연구하고 있다. 2006년 헨리 젱킨스와 '엔터테인먼트의 미래(Futures of Entertainment)' 컨퍼런스를 공동 개최했고, MIT 융합 문화 컨소시엄(MIT Convergence Culture Consortium)의 책임 연구원을 역임했다.

옮긴이

권재웅은 한림대학교 미디어스쿨 교수다. 미시건 주립 대학교에서 텔레커뮤니케이션으로 석사학위를 받고, 템플 대학교에서 매스 미디어 앤드 커뮤니케이션 전공으로 박사학위를 받았다. 애니메이션 분야에 집중해 애니메이션의 산업, 제작 과정, 스토리텔링, 세계관 등에 대한 연구에 초점을 맞추고 있다. 관련 연구로 「트랜스미디어 콘텐츠로서의 한국 애니메이션 사례 연구」, 「원작 콘텐츠의 활용과 세계관 유형 분석 연구」, 「미디어 윈도우 전용 애니메이션 제작 활성화를 위한 연구」, 「대중문화에 재현된 동아시아 자본주의 사회의 담론」, 「애니메이션 제작공정에 관한 이론적 고찰」 등이 있다.

노광우는 경성대학교 학술연구교수이다. 뉴욕 대학교에서 영화 연구로 석사학위를 받고, 서던일리노이 대학교에서 매스 커뮤니케이션 앤드 미디어 아츠 전공으로 박사학위를 받았다. 뉴욕 한국 영화제 창립 멤버, 캐나다 한국 영화제 객원 프로그래머, 서울드라마어워즈 예선 심사위원, 제천국제음악영화제 예선 심사위원을 역임했다. 저서로는 『유튜브의 이해와 활용』(2021, 공저), 『청소년을 위한 매체 이야기: 유튜브, SNS, 게임, 영화 등 Z세대의 미디어 길라잡이』(2020, 공저), 『드라마의 모든 것: 막장에서 고품격까지, 지상파에서 케이블까지』(2016, 공저) 등이 있다. 번역서로는 『글로벌 미디어 스포츠』(2017, 공역), 『할리우드 만화영화: 고전 유성영화시대 만화영화의 문화연구』(1998) 등이 있다.

한울아카데미 2444

방송문화진흥총서 225

유튜브, 온라인 매체와 참여 문화

지은이 ㅣ 진 버지스·조슈아 그린
옮긴이 ㅣ 권재웅·노광우
펴낸이 ㅣ 김종수
펴낸곳 ㅣ 한울엠플러스(주)
편집책임 ㅣ 조인순
편집 ㅣ 김우영

초판 1쇄 인쇄 ㅣ 2023년 4월 5일
초판 1쇄 발행 ㅣ 2023년 4월 25일

주소 ㅣ 10881 경기도 파주시 광인사길 153 한울시소빌딩 3층
전화 ㅣ 031-955-0655
팩스 ㅣ 031-955-0656
홈페이지 ㅣ www.hanulmplus.kr
등록 ㅣ 제406-2015-000143호

Printed in Korea.
ISBN 978-89-460-7444-6 93070 (양장)
      978-89-460-8253-3 93070 (무선)

※ 본 저서는 방송문화진흥회의 저술지원 사업에 따른 지원을 받아 진행한
  점을 밝히고자 합니다.